大團體動力
理念、結構與現象

夏林清 ———— 著

五南圖書出版公司 印行

序

　　臺灣的團體工作一直是以小團體為主，坊間各種相關的團體諮商及治療的專業書籍，也清一色都是小團體為主的理論及方法。當我在二十五年前開始進入心理輔導這一專業時，所開始學習的也是小團體的方法。那個時期的我，十分努力學習如何觀察、記錄及帶領小團體，也深深地為小團體方法所蘊含的改變力量及民主的過程所吸引；小團體方法也就成為我的專業生涯的一個重要奠基石。這個時期大約是 1974 年到 1980 年之間。這段期間我由一名專任張老師（第一屆專任張老師）經歷出國唸完碩士，再到淡江與輔仁負責大學輔導中心的工作，都逐步地累積著小團體工作的經驗。在大學教書及四處從事教育及訓練的工作，使我對「諮商員」及「教師」的角色產生了一個重要的反省及抉擇。

　　「諮商員」的角色使我逐漸被別人視為一個「諮商專家」，不論是個別諮商或團體諮商的專業能力也與日增加；但是「教師」（稱「教育工作者」更合宜，因為我同時從事不少社會教育的工作）的角色及到社會不同群體中上課的經驗，促使我反省小團體諮商方法的侷限性，更迫使我面對人們日常生活中各種形式的團體（如班會、週會及各種無效率的會議）。應該是在 1981 年左右，我面對自己專業生涯中一個重要的內在的認同選擇——我選擇做一名「教育工作者」而不做「諮商工作者」。這個意思是說，我不選擇成為一個靠「諮商」吃飯的專業工作者，我選擇認同「教育者」（大學及社會教育）的專業身分。這個抉擇的意義在於我選擇一組傳統的社會角色關係（師生），來做為我的專業知識及方法著床的脈絡；而此一決定帶領我面對既存教育系統及社會環境中原本存在和運作著的團體。對大團體知識的注意也就從那時開始。

　　多年從事與推動團體工作的經驗，更令我確信下面三個課題，對希望自己能切實掌握團體方法的專業工作者是極為重要的：

　　1. 不被心理輔導與治療小團體操作形式，侷限了對團體場域中人類現象的理解。

2. 避免成為操弄團體活動的「專業技工」。

3. 有意識地走入團體經驗發生及運作的生活場域觀察與體會。

　　對臺灣許多熟悉小團體方法的專業工作者而言，增加對「大團體動力」的瞭解觀點是有助於上述三個課題完成的一個起點，這也是本書的主要企圖。

　　這本書的結構有兩部分，前四章為大團體動力的相關理論介紹，後五章則為描述分析特定場域中的團體現象與團體方法的實作議題。收錄自己在過去這些年的工作或研究報告於本書的目的，不是在驗證或建構什麼理論，團體工作做為一種介入改變的專業方法，發現理解與反映實驗的邏輯是它所依恃的邏輯。對工作者而言，在許多時刻，細微深刻理解的發生遠比操弄活動企圖影響來得更重要。本書最後一章的章名——想像與反思，也正是我希望讀者閱讀這本書的作用！

　　最後我要感謝這些年接納與允許我進出他們生活經驗的中、小學教師及工人朋友，我身上若有任何可以稱上「專業」的能力的話，他們所改變生活困頓處境的纏鬥精神是「專業」唯一的泉源。

夏林清　謹識

目　次

導　　　論

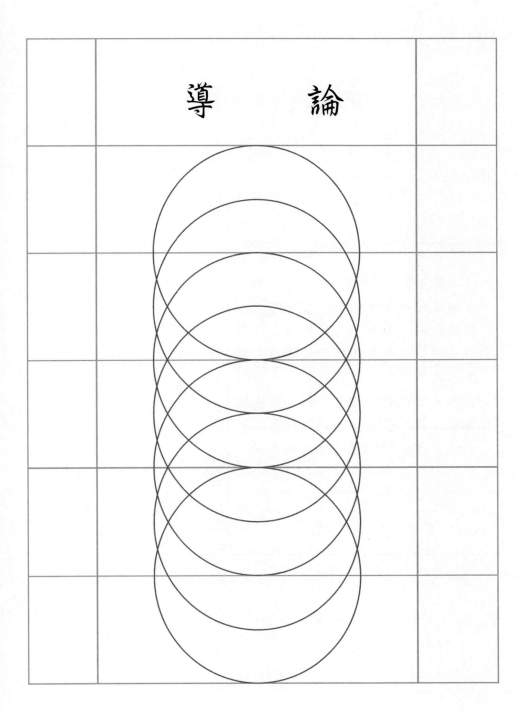

在這篇文章中，我均以「人我對待」在適當的地方取代一般通用的人際關係一詞，因為「人我對待」一詞明白的指明，主體與團體的相互關係，賦予產生行動的當事人一個明白地、在行動中擁有「我」的責任位置，而人際關係一詞則較易有將「我」這個主體抽離出其中的感覺。

動員月會即景之一

　　林校長：「各位老師，大家好！這個月的動員月會我們將要討論如何使我們的學生更有禮貌……我最近發現小朋友缺少應有的禮貌，儀容也不大整齊……我想在校內發起禮貌運動，每班選一名禮儀代表……並且讓他們戴上綵帶，表揚他們……。」

（會場一片沈靜）

　　一股遲滯而又熟悉的氣息馬上淹沒了孫老師，動員月會是老孫最不動員的時刻。「暫時停止思想」是老孫多次開會中煉成的安身之法。在一片沈靜中，老孫迅速的進入老僧入定的狀態。張主任在大家沈默了二、三分鐘後開口：

　　「校長，那我們要用什麼標準來判斷哪個學生最適合當選禮儀楷模？是制服最整潔，還是跟師長打招呼時，聲音最宏亮的小朋友？各位老師不妨表達一下意見。」

　　小沈厭惡地看了一眼張主任，頭撇向一邊望著窗外，心想：「又是這個應聲蟲、馬屁精，每次都想把我們搞得累死了！選個楷模有什麼用！……反正你規定你的，我班上的學生你別想管！到時我再隨便選個學生報上去，我才不浪費這種力氣。」

　　小沈想起上學期學期結束時，老孫鼓勵自己去考主任甄試時的情景。當時最後還是決定當級任導師的好。因為，當導師好多了！自己經營一個小王國，學生帶得順的時候真像當皇帝一樣舒服！這些主任們一會兒一個運動，一會兒又什麼個案報告，真是侵擾了自己圍牆內的小王國。

蕭棉揚的成功之道

　　小學三年級的蕭棉揚：「王老師，李達宏偷拿王美麗的橡皮擦！」

　　高二的蕭棉揚：「報告教官，我們班打掃完畢，請您來檢查。」

　　大學的蕭棉揚：「何教授最喜歡學生有空去找他討論書中的看法，這學期我有兩科在他手中，我應該多運用這個機會。」

　　成為上班族一員的蕭棉揚升遷順利的訣竅便是接近老闆，瞭解他的喜惡標準，然後投其所好。當蕭棉揚逐漸成為老闆心腹的同時，他和同事間的關係也微妙地變化著。李根進開始找尋各種機會和蕭棉揚做朋友，蕭棉揚不免因同事們設法接近和奉承自己而陶醉不已！但陶醉之餘，他隱約感到來自辦公室另一端張不為的嘲諷和不屑的眼神。「這種人就是酸葡萄！」蕭棉揚心想。

　　表面上看來，老孫和小沈並沒有呼應林校長的建議，但事實上，老孫的「暫時停止思想」以及小沈的「圍牆內的王國」卻也都是對林校長及張主任的一種回應。無疑地，老師們的沈默及低度參與所造成的遲緩與凝滯的會議氣氛，也一定影響了林校長對老師們的看法；成年後的蕭棉揚在人群關係中所表現的模式，和八歲時在學校的人際關係極為類似。老孫及小沈兩人與張主任及校長之間的相處之道和蕭棉揚與同事、老闆間的對待方式，都可以視為「社會角色關係的某一特定模式」。這本書便是想提供一些概念性的參考架構，以促進我們對人們日常生活大團體經驗的探討，使我們對個人的改變、大團體的動力與社會變革之間存在的關聯性有一個初步的認識。

第一節　大團體的界定

　　「我泥中有你，你泥中有我」不是只存在於你儂我儂的關係中，事實上，它指出了人際形式（二人、三人或團體）所共享的特點──人與人相互影響的本質。只要你參與了這個社會，就無法逃避自己影響了別人，也受到他人影響的這個事實（不論你是多麼孤獨或脫俗），人在「不溝通」時仍舊在溝通的這個道理，和「沈默也是一種語言」一樣，都在說明相同的本質。

　　在日常生活的各式團體中，最常見的現象便是人與人在相互對待之間產生了許多固定的模式，譬如小圈圈、派系的形成，也都涉及了

人們如何執著自己對他人的看法及做法，但通常我們不易察覺到自己的假設及做法是如何建構一個「我以為我看到」的「現實」（reality）。人們在小團體發言時所承受的威脅與冒險感，遠比在大團體中要輕得多，我們日常生活中的大團體經驗到底是怎樣的一個歷程，為什麼個人在大團體中不容易輕鬆的表現自己？大團體經驗的重要性在哪裡？

　　在探討大團體動力之前，需要先簡單的對大團體有個界定，以社會系統觀點來分，可劃分為下列兩大類：（*Kreeger, 1975*）

一、初級結構（成員可進行面對面的溝通）

　　1. 由三至二十個人的小團體。

　　2. 二十人以上的團體，但成員可以直接的聽和看到彼此。

二、次級結構

　　1. 多重團體結構，如各種複雜的組織　在這種團體中，成員的聯繫非常薄弱，例如成員依靠組織團體所形成的較小團體建立了彼此的關聯；譬如說一家大公司中可能有一個因「互助會」而形成的小團體，或其他性質的社團。

　　2. 較大的社區，如鄉、里所形成的社區。

　　3. 社會、國家等更大的社會系統。

　　在我們的日常生活中，典型的初級結構團體便是班級團體、會議與朝會、週會等集會團體。回想一下，當你四歲左右走出了最熟悉的家庭及左鄰右舍的小玩伴圈子後，是否就跨進了「集體」的團體生活中？由幼稚園、小學、國中、高中到大專，一路在人群中前行。進入了成年生活的你，或許在生命追尋的歷練中，長成了獨特而完全的一個「我」，但在大團體中、會議中的我又是一個怎樣的我呢？圓的？方的？鈍的？這一部分的你，又是如何主導了自己的學習、團體的發展及事物的進步呢？

　　如果行為也可以像是套制服的話，我們每個人也都有一套套在大

團體中換穿的制服。譬如會議中的沈默，課堂中的冥想邀遊等。會議中的沈默，都是建立在一共享、大家所賦予的對該情境的定義上。在大團體中常易出現的集體沈默或狀似冷漠的現象，似乎是必然存在的一個現象，但這並不是說個人應對這些行為負有責任；因為它們仍是個體在群體中所擁有的行為。相同的沈默行為對於不同的人，在意義上也許大不相同；但它們卻可能共享對一特定外界情境或人物的假設與認定。由集體的行為現象中，我們也可以探究大團體、集會等社會系統的維持與改變，是如何與個人的知覺及行動相互影響的。落實到個體的知覺與行為基礎上來探討大團體的動力是十分必要的，因為在面對大團體的複雜人類現象時，我們易逃避到概化及簡化的想法當中。在談論大團體的經驗時，發現成員常以「團體」做為一個單一的對象，用「團體」一詞便涵蓋了細緻繁多的個人與人際現象。這個情形是因為在大團體當中，個人和他人的接觸常是未完成式，因不完整的或是被中斷的互動而來的挫折感使得個人易藉「團體」這一個含混、簡化的對象來避開強烈的挫折感。所以大團體動力的探討不能只在團體現象的辨識與歸類上，而應該探究大團體情境中個人的心理基礎、行為表現，以及當相似或相異的許多個人行為的集合，形成了某些種特定的關係模式時，這些特定的關係模式又如何回過頭來鞏固了個人既存的認識方式。

第二節　團體動力是什麼？

團體動力不只是一門實踐的理論，更是一種思考的方式。團體動力融和了開放系統（open system）、脈絡主義（contextualism），以及辯證改變（dialectical change）思想（見本章附錄㈠及㈡）所形成的一種思考模式；它主要指涉的人類經驗範疇是：團體情境中的個體現象、團體現象與人類生存發展及變革經驗之間的關係。

做為一門實踐的理論（a theory for practice），團體動力的目的是在

於增加體制內教育、輔導與社會工作者，以及體制外社會運動、草根組織等實務工作者的團體運作能力，以促進個體成長和社會進展。因此，團體動力與各種團體運作的不同操作模式是相輔相成的實踐理論與方法。團體動力的理論需要經由團體運作的實際資料來驗證、充實；團體動力的知識則幫助實務工作者理解團體現象的概念架構。團體動力是人們生活中原本就存在著的豐富現象，它並非只能在實驗性質的團體或情境中才能被觀察、發現以及研究的，生活中就有豐富的團體經驗足以讓我們對這樣的一門學問加以探究。企圖探究團體動力的人，對下面三個基礎觀念的理解是很重要的：

1. 任何團體一定包含一「人我對待的行動世界」。

2. 任一「人我對待的行動世界」是建基在互動雙方或多方如何認識外界現象與訊息的歷程上。

有關認識歷程的觀念協助我們去詮釋社會心理學家寇特・勒溫（Kurt Lewin）所謂的「生命空間」（life space）概念。簡言之，生命空間即指個人和他在心理上所知覺的環境（psychological perceived environment）相互互動而形成的一個系統；（夏林清，1989）此一系統的維持及運作是靠個體的行動，而行動也是讓我們得以探究個體生命空間與認識歷程的一個指標。

3. 任一團體均是嵌屬於一特定的社會脈絡中。

團體絕對不可能孤立於社會脈絡之外而運作，因此對團體動力的探索也不能只視為抽離出外在環境的人際互動歷程而已。

暫且不論每個成員對團體情境中所發生的任何現象有多大的歧異性，團體就是其成員所共享的生命空間，個體的生存、適應與發展都與這個共享空間（即共同建構的生命空間）有著密切的關係。團體動力便是一門探討下列基本問題的學問：

1. 個體在團體中的感覺、認識及行動。

2. 當各個個體（成員）之間產生相互的關聯時，團體這一個體的集合體是如何在運動著。

3. 團體做為一個整體，它和外界的環境發生著怎樣的一種聯繫及作用。

第三節　團體中的認識歷程

借前面動員月會的場景來說，老孫和小沈並沒有呼應林校長的建議，但事實上，老孫的「暫時停止思想」以及小沈的「圍牆內的王國」卻也都是對林校長及張主任的一種回應，而無疑的，老師們的沈默及低度參與所造成的遲緩與凝滯的會議氣氛，也一定影響了林校長對老師們的看法。做為一個人來講，要逃避屬於自己的責任是十分輕易的，但要看清自己存在的方式並對它們負責任反而是十分困難（特別是在二十人以上的大團體中）。在大團體中，團體的中央像是一灘泥濘，又像是一盆燙水，誰也不願輕易踏進去撿起屬於自己的那一份。

在一次為期五天的團體（二十五人）動力研習會的第二天，團體成員審視自己在團體中的沈默行為到底反映了什麼時，陳述了他們對團體初期曖昧不明狀態的感覺及反應方式。（見表1）

表1　對團體沈默現象的知覺

大團體現象	成員當時心中的感覺	行動反應策略
沈默	・不安、怕出醜 ・孤單 ・擔心不被接納 ・焦慮 ・不安全 ・害怕 ・生氣 ・無奈	・按兵不動、等待 ・掙扎、度量人我的距離，在團體中保留自己的掙扎（不露出它們） ・對由過去經驗中學習到的團體規範，予以妥協 ・試探

　　由表 1 的陳述，約略可以看到團體成員如何感覺大團體中所出現的沈默現象，及如何反應的一個認識歷程；而所有成員各自所操作的認識歷程共同參與了建構大團體初期的曖昧不明狀態。不論內心是掙扎的，或者是觀望等待的，還是妥協的，每個成員都共同分擔了他們對團體的影響力，亦即建構團體當下現況的責任，是平均分擔在每個人身上的事實。更明白的說，「團體」只是提供給個人一個當下的脈絡（context），針對當下在團體中發生的現象，每個個體兀自進行著認識的歷程，而團體現實（reality）的建構，便在每個人同時進行的認識活動中被形成。那麼為了探究團體這種一個個人的集合體，我們便有必要先對在人我之間發生的認識歷程做進一步的瞭解。

　　「團體」這個字眼時常是十分含糊的用語，不同的人在說「團體」如何如何時，所指的團體可能代表不同的內容；不過不論團體的發展有多大的差異，任一團體都是建基於一人際互動的行為世界之中，所以對人際互動本質與歷程的理解，是探討團體動力的基礎。在這裡，我把人際互動的世界視為一由參與互動的雙方或多方所共同建構的世界。這個世界是在團體成員相互對待與回應的行動中被形成的；而不論成員們相互對待的內容如何，這些相互對待的行為本身，均共享了相同的結構，此一人我對待的基本結構可以被描述成表 2 的歷程。（見表 2）

表 2　人我對待歷程的基本結構

當事人觀察到 的外在現象	→	當事人對自己 對他人及對情 境的基本假設	→	行動策略	→	行動後果： 對自己、他人及情 境的影響

　　再以老孫和張主任為例：

　　老孫之所以能那麼迅速而熟稔的進入隔離的狀態，得自於他在一進入會場的瞬間便自動的對情境、對他人和自己立下了清楚的設定，相對的張主任也對當下的情境有他的假設。（見表 3）

表3　老孫與張主任對當時情境的假設

	瞬間成立的基本假設	行動策略
當老孫進會場，聽到了林校長熟悉的語氣及方式時	**老孫** **對當下的情境：** (1)這裡的權力結構是無法改變的；校長＞主任＞老師 (2)行政位置的高低決定了權力的大小，決定了意見被接受的程度。 **對張主任：**他的權力大於我，他的意見較我的會被接受。 **對校長：**他只聽取與他意見相同者的看法。 **對其他老師：**沒有人會表達他真正的、不同意校長的看法。 **對自己：**我不可能是個贏家，但我也不要成為輸家。	暫時停止思想
當團體以沈默來回應校長的建議時	**張主任** **對情境：**行政位置的高低決定了權力的大小。 **對校長：**再沈默久一點的話，校長就要不高興了！ **對其他老師：**真不敏感！都沒體會校長的心情。 **對自己：**我是敏感、體諒別人的，場面的維持多靠我。	場面維持

表1及表2基本上反映了人們認識歷程常見的二個特色：

一、隱藏的歷程

老孫和張主任對自己及他人的認定雖然大不相同，但他們共享一套對會議情境的假設（即是權力主宰一切的小世界）。在這個小世界中，老孫為了避免自己被權力大的一方所打擊而落入「失敗」的劣勢，因而選擇暫時停止思想的自我隔離策略，以避免任何可能導致自己失敗的機會。張主任則為了避免校長與教師間出現衝突而努力維持

和諧的場面。儘管老孫和張主任各自在自己的世界中知覺對方，但因為他們共享對情境的根本假設（即權力取決一切），所以雙方均不會在團體中揭露出對自己及他人的看法。

　　前面所描述老孫與張主任對自己、他人及當下情境的設定是一很重要的歷程，因為它們是根植於過去的經驗而形成的假設；這些對人、物、情境的基本假定是看不見的，但卻是主導了我們的行動變數。因此，個體在認識與回應外在現象界時，有可見的（可被觀察到的）行動策略以及不可見的、觀察不到的假設及推論歷程；而當我們想要去影響或改變一個人對待自己與他人的行為方式時，若未能增加他對自己行動背後假設的覺悟與反省時，根本的改變便不易發生。

　　「我眼中的你，你眼中的我」基本上說明了——人際行為互動世界的建構基礎是互動雙方對彼此及情境的設定；而跟隨著這一套假設而來的便是實踐這些假設的行動策略。

二、自圓其說的認識方式

　　以老孫為例，他的「暫時停止思想」的對策，很可能形成一自圓其說的效果：（如表4）

　　如果老孫在團體中不時運作著上面的歷程，那麼事實上他對外界或團體現象的認識是被自己的基本設定及行動策略所限制住，這時的老孫便一再依自己所建構出來的行為後果來認為那就是他所看到的「真實世界」，老孫的認識歷程便形成一封閉且無法發現自己在自圓其說之失誤的系統。相反的，倘若老孫一開始便改變自己一貫的行動策略，進而突破了自圓其說的認識歷程時，老孫的行動便對他以及他所知覺到的環境產生了移轉的功能（transactional function），即新的行動方式會帶來新的後果及經驗，因而影響了老孫原先對環境的知覺。

表 4　自圓其說的認識方式

情境 條件	基本 假設	行動主 導變數	行動 策略	行動 後果	他人的 反應
熟悉的會→ 議形式	當老孫感→ 到自己人 微言輕， 不易有贏 的機會時 （參照前 面的基本 假設）	儘量減少→ 自己失敗 的機會（ 輸／贏規 則）	「思想暫→ 停」策略 ：保持對 外界的訊 息不敏感 、不反應	• 增加自己→ 　與他人間 　的距離感 • 低參與 • 減低自己 　對他人認 　識的機會 　，自己對 　他人及團 　體無任何 　意見上的 　影響	• 忽略了老 　孫的存在 • 距離感大 　，不知如 　何與老孫 　相處、接 　近，認為 　老孫沒有 　什麼看法 　……

支持了老孫對自己的假設 ←

　　基本上，團體成員在團體中的所做所為，都是該成員與其所知覺
到的環境的互動；而團體中所有成員間的互動便建構了一個「社會─
心理脈絡」（social-psycho context），在一個團體中，每個成員對現象
可能各有其不盡相似、甚至極端差異的知覺，因而不同成員對自己行
動的方向、目標的認定均可能不同。如此一來，團體便像是一個充滿
能源的小磁場，不同成員所認同的相似或不同的目標及其行動之間便
形成互相促進、相互抑制或其他的種種關係。如果我們視每個成員為
團體的一個元素或一個小系統，那麼這些元素或小系統間的「關係」
對團體過程與動力的影響，要甚於個別元素（個人）的特殊屬性（如
人格特質）。這也就是勒溫的「力的磁場」理論（force-field theory）最
基本的概念。

　　「力的磁場」這樣的用詞可以使我們很快的捕捉到勒溫想表達的
觀念，但卻未能清楚的描繪出，團體中這種力量相互牽動的關係到底

是怎樣在運作。下面我以一班級團體互動實例以及學習線圈（learning loop）（*1982, Argyris*）的概念來描述團體中相互牽引、制約的關係。

學習線圈（learning loop）

在一個以自由討論為重，並擁有二十五人的大學班級團體中（男性六人，女性十九人），男女同學在討論課進行的前三週中，便形成了以二位男同學之間的意見爭辯為焦點，而絕大多數同學都處在沈默觀看的參與型態。針對此一班級團體現象，我引導學生探究每個人在當時的行動策略及內在歷程後，發現此一班級團體中的成員對待引發爭論的二名男同學的方式，使得二位男同學的爭辯，成為團體中一種持續存在的現象。現在我們以 X 及 Y 來代表此二名焦點學生，以「行動圖解」（action map）的方式描繪出這班學生的行動方式。（見圖1）

圖1由實線到虛線的回饋路徑稱之為團體中的學習線圈；而 X 與 Y 之所以成為團體的膠著點也是在多數成員沈默、退縮及保留態度之行為的烘托下出現的。如果教師在此時選擇介入與改變 X、Y 繼續成為團體焦點，但卻未引導其他成員省察到他們既定的學習假設；那麼 X、Y 成為焦點的團體現象或許改變了，成員可能不再厭煩、不再挫折，但團體成員既定的「學習來自教師」的學習導向卻未受到挑戰。換言之，這門強調自由討論的課堂，就失去了一次反映探究（reflective inquiry）學生自主學習的機會。又如果班級成員未能反觀到自己對兩性的固定看法是如何成為解釋自己與他人行為的理由，那麼這一次班級團體的經驗一定更加深了班上男、女同學對兩性的固定看法。這個班級團體的實例呈現了兩性互斥但又互相增強的行動系統，這種互斥卻又互相增強的關係若一直持續存在此一團體中，那麼此一班級的團體動態便被此種關係所決定了。學習線圈的圖解概念，則協助我們理解某種特定的關係是如何被維持不變或被改變的。

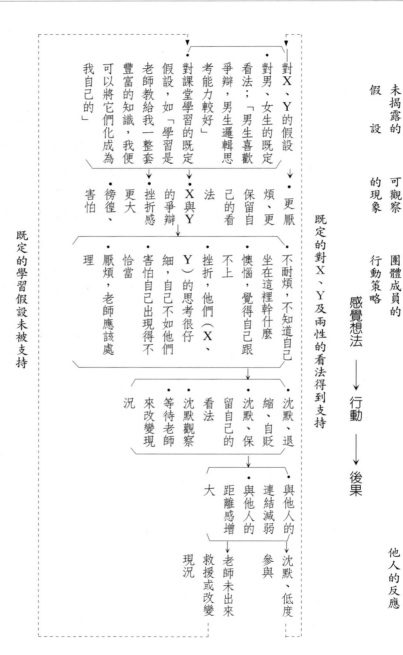

図 1　團體中的學習線圈

第四節　團體行為的四個層次

　　力的磁場與學習線圈的概念讓我們落實到行為的層面上來瞭解團體動力，但當一群人為了解決人的問題而產生一特定結構的團體時（企業組織、學校或是成長團體、治療團體），原有社會系統中既有的角色、關係及規範便無可避免的影響了團體的動力。個人在過去的生活經驗中對角色和關係的認定，影響了個別成員在團體中對自己角色、位置的設定以及對其他成員的應對。譬如我們會發現不論年齡增長了多少，一旦我們進入班級式的學習情境時，單向溝通、順從權威的師生關係模式就出現了。換言之，即便是你今天進入一新的班級團體，但既存在你心中的「師」「生」角色、關係及規範行為，便很快在你的行為中運作起來了。若如此，我們可以說班級團體是一個不斷地製造一既定社會關係模式的場合。在這裡，兩個問題便產生了：⑴生活經驗中原有的、既存的角色、關係和規範是如何影響了個人在團體中的參與，亦即個人是如何運作一個社會關係再生產的歷程？⑵任何一種社會關係的既定模式再生產的歷程，如何在團體中改變，朝向深化人們學習、解決問題和社會進展的方向發展？

　　第一個有關「關係再生產」的歷程在前一節討論個體的認識歷程時已觸及，所以暫不深入討論；而第二個問題則不只是討論到個體認識歷程的改變就能涵蓋的，因為個體在團體中的行為絕不單純的只等於個體的行為，它們都具有團體的意義在其中。在這裡，系統理論（the system theory）可以協助我們瞭解團體動力的複雜層面。簡單的說，任一團體都有四個抽象存在的系統在同時發揮著作用，團體動力的運作可以由這四個不同層次系統間的交互影響來探究。這四個系統是：（_Yonne M. Agazarian, 1982_）

　　⑴個人系統（person system）；

　　⑵成員系統（member system）；

(3)團體系統（group system）；

(4)團體整體的系統（group as a whole system）。

這四個系統可以說是用來瞭解個體在團體中行為以及瞭解團體動力的四種觀點（perspective），當我們採用任一觀點時，我們對團體中的個體行為便產生不同的解釋，前二系統皆是由個體的觀點在看，而後二系統則是以團體的觀點出發，更進一步的用下圖來說明這四個系統的區辨。

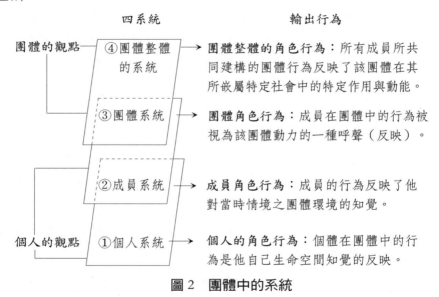

圖 2　團體中的系統

我們可以由兩方面來瞭解看待團體中個人行為的四種觀點：第一，所謂「抽象存在」是指它是我們賦予團體中個人行為的四種不同的解釋，因此在抽象概念的層次上存在著這四個系統；第二，至於產生行為的當事人，本身是否能由這四個觀點來意識到自己的行為則是另一個問題。以前一章小沈的例子來看（動員月會即景），我們可以由四個不同層次的系統觀點來瞭解他的行為。（見表 5）

對小沈來說，由上述四個不同觀點來增加他對自己在團體中行為角色和功能的認識，可以帶動小沈想要挑戰自己一貫反應模式以改變

表5　小沈的四層次系統觀點

事件描述 四層次 系統的觀點	小沈對張主任的負向情緒與不同的看法未在會議場中表達； 小沈選擇隔離的策略來保有自己對班級的獨立控制權。
①個人系統	揭露負向的情緒對小沈來說是具有威脅性的，所以小沈的行動目標指向避免負向情緒的流露。
②成員系統	小沈對團體情境的知覺是，團體中甚少表達不同意見的對立與負向情緒，團體有一保持和諧、避免衝突的氣氛，所以小沈選擇順從、符合團體的規範。
③團體系統	小沈的自我隔離策略像是一種團體的呼聲：「保持一定的安全距離，團體才能獲得穩定。」
④團體整體的系統	表面上看來，小沈的策略使她獲得了自主的生存空間，但若視團體為一整體的系統來看，小沈的隔離自保行動反而更「穩固」了張主任附合權威的行為。

既定社會關係的動力。若小沈只意識到自己發揮隔離作用的行動策略是個人對負向情緒的處理方式，小沈自然會覺得沒有必要在和張主任的關係中嘗試做一些改變，因為這個關係對小沈個人而言並沒有那麼重要。但若小沈認識到原來自己的隔離策略是更「固著」了張主任的附合行為，看到自己的「隔離抗拒」與張主任的「附合順從」像是+5與−5 的關係，相加起來對團體系統產生了「0」（無改變、無變化）的效果時，小沈或許會對「挑戰自己的行為方式」有較強的動力；這裡所涉及的問題便是——團體中改變與進展的力量到底要從哪裡來呢？小沈的例子所點出的是：不同層次的系統觀點提供了個人重新理解團體中個人行為的意義，而對新的意義的意識與認定，引發了個體在團體中挑戰自己固有行為習慣的歷程，團體中愈多的成員開始對自己的慣有行為模式挑戰時，新的不同的人際經驗才得以產生，團體中的關係模式才增加了更多不同的選擇性。如此，團體的運動與改變的歷程才得以發生。

　　由個人認識歷程的角度所描述的學習線圈概念說明了團體中人際行為世界的變與不變；系統概念讓我們得以用多重的眼光去看到個體行為在團體中意義的複雜層面。我將此兩種概念綜合成下圖，以做為暸解團體動力的一個概念架構：

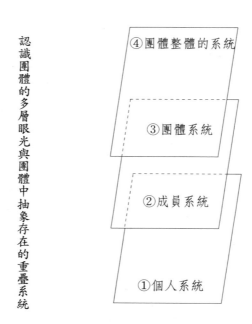

團體中人際行為世界的建構歷程

圖3　團體動力的水平與垂直結構

第五節　　大團體的社會治療功能

前面提及大團體的情境特別容易引發個人投射出自己對生存威脅

的知覺，進而相互影響形成了某些特定的動力結構；這些動力結構又回過頭來驗證了個人對生存威脅的知覺。這也是一個自圓其說的認識歷程。儘管如此，我們教育制度中班級團體固定的教學型態，頻繁的權威管理式集會都一再地鞏固了大團體中既存的僵硬模式。或許我們早已「習慣了」、「麻木了」，也「適應了」；但不能不看到的是這些「麻木」的適應行為也凍結了多少團體中自由思想、獨立思考與自主行動的學習機會！當我們習慣了在遲滯、僵硬的大團體中無聲無息的生存著時，「我」長成為獨立思考、自主自動的個體生機也就在不知不覺中喪失了！「發展」、「成長」的契機來自於既存生存適應模式的突破。大團體動力探討與班級團體輔導、會議形式革新的意義也就在此。Rapport（*Kreeger, 1975*）描述一大團體若能發展出下列四種功能的話，它對個人有不同的社會治療性的效果：

1. 包容性（permissiveness）的大團體功能

團體允許個體做真正的自己（to be his real self）。

2. 自治性（communalism）的大團體功能

每個人分享、探索、實驗和經驗一共享的社區生活。

3. 民主（democracy）的大團體功能

所有成員都有權力來決定社區（團體）政策，並且成員能控制這一自主的決定歷程。

4. 對質（confrontation）的大團體功能

成員隨時得面對自己到底在團體中做了什麼，並對自己的感覺、思想及行動負責。

和成長團體及其他形式的小團體最明顯的差別在於：大團體的經驗特別對我們「社會人」的這一部分提供了豐富的挑戰與學習的機

會。當我們在教育工作中強調「群」性的重要時，更需要探討如何創造教育系統中的大團體情境成為個體獨立、思想與自主行動的「群」體經驗，而非麻木生存、順從適應的「集合」而已。

由集體的行為現象中，我們也可以探究大團體、集會等社會系統的維持與改變是如何與個人的知覺及行動相互影響的。落實到個體的知覺與行為基礎上來探討大團體的動力是十分必要的，因為在面對大團體的複雜人類現象時，我們易逃避到概化及簡化的想法當中。在談論大團體的經驗時，發現成員常以「團體」做為一個單一的對象；並認為這一對象涵蓋了細緻繁多的個人與人際現象。這個情形是因為在大團體當中，個人和他人的接觸常是未完成式，這些因不完整或是被中斷的互動而來的挫折感，使個人易藉「團體」這一含混、簡化的對象，來避開強烈的挫折感。所以大團體動力的探討不能只在團體現象的辨識與歸類上，而應該探究大團體情境中個人的心理基礎與行為表現，以及當相似與相異的許多個人行為的集合形成了某些特定的關係模式時，它們又如何回過頭來鞏固了個人既存的認識方式。這些是我對團體動力這門學問的基本論點。

小　結

在臺灣，有關小團體理論的書籍已不少，但對大團體理論的介紹則少見。因此，在後面的章節中，我將逐一介紹英、法及德國的團體理論，以做為臺灣讀者認識大團體現象的一個起點。

在本書第一部分的理論介紹中，將以四章的篇幅（第二、三、四、五章）來介紹英國、法國及德國心理學者的大團體理論。又因為大團體的現象亦常涉及了較廣的社會系統運作，所以在社會學的領域中，對人類的集體行為亦多所探討；為了使讀者對人類大團體現象的瞭解，不只侷限於心理學的觀點，也認識到心理學與社會學觀點的銜接處，所以在第一章中，我選擇先對社會學的觀點做一簡略的說明。

本書的第二部分則針對不同人群與性質的大團體案例經驗進行探討，這些經驗性資料均是過去五年中，我在實務工作中所蒐集到的大團體的現象記錄；在五、六、七、八、九章中，有關臺灣大團體現象的發現與討論將是論述的重點。在第二部分中，藉由某些特定概念以臺灣的案例，將大團體中的部分現象呈現出來，目的是刺激讀者的想像及瞭解，因此並未將每一案例全盤托出。以某一案例為主的完整分析較宜用個案研究報告的方式出現，這本書的目的則偏重在概念架構的介紹，大團體案例現象只是用來做為協助讀者認識大團體的素材。

　　最後，為了使讀者能對開放系統及辯證改變的概念有一基本的瞭解，在這裡我附上二篇翻譯的文章，做為讀者的參考；有關脈絡主義的概念則在第一章中另有說明。

附錄㈠：開放系統（open system）

夏林清　摘譯整理

原著者：Daved J. Marion.

一、什麼是開放系統的思考方式？

㈠對存在（existence）的重新界定（reframing）

開放系統的思考涉及了我們將「過程」或「改變」當成存在的一個基本事實。例如雙手的運動是和較長與緩慢的身體運動相對應的一組短促及快速的行動波流。由這個觀點來看，人們在時間中的行動（改變）像是實實在在地延伸在空間中的某件事情；它是真實存在但變動不拘的。這種思考打破了我們視人與人之間是封閉、隔離的想法，物質也不再只是「客觀實體」；而需要、感覺、關係及行為方式也像山、房子及汽車等，都是客觀存在的一個部分。在系統思考中，事物的質地不是指它的物質基礎，而是指它的衝刺力量及方向——它將成為什麼、實現什麼以及停止成為什麼（不會成為什麼）。

㈡對因果性（causality）的重新界定

如果我們視一件事物的實體並不是某種「東西」而是展現「改變」的某一方式時，在我們的眼中，就不會視原因為單一事件或力量，而是一個具整體、延伸及變化的情境。這種思考角度使得我們能由較廣的人類動機、慾望及行為方式來對「正義」（justice）進行考察。換言之，人類行為的原因不是單行道，人們行動的原因可以同時來自內在世界及外在環境；溝通則是你我世界之間的交互作用。

　　上面這二個觀點對我們的思考方式具有深刻的影響力，它使得我們所看到的人類行為變成自由而開放。人類的活動並不是肇始於前因（事件），而是個體投身在事件持續發生的系統中，由個體間互為因果的參與行為所共同建構出來的。

二、開放系統模式中的成長及發展

㈠歷史脈絡的轉化觀點

　　開放系統模式對成長（growth）的看法是和機械論極端相左的。機械論視成長及發展為：依據事先設定之計畫而依序發生之各個部分的組合；而開放系統模式則視成長及發展為經由獨特及個別化的歷史所轉化推進的。一個人的才智、敏感度及能力並非天賦或是各自分開獨立存在的；它們存在個人身上，和個體的其他部分是息息相關的，而且我們只有在這個人生命發展的歷史脈絡中才能看清它們的發生及變化。同理，一個組織的結構、任務及方法，也是由該組織與其進進出出的成員，以及環境互動的歷史中轉化出來的。

㈡秩序（order）不是固定和既定的，而是可變化及發展的

　　在機械論的觀點中，秩序是固定不可變動的，這種保守的取向是因為它視整體為其所有各個部分的一個「結構」，所以每個部分不可任意變更而影響了結構。但開放系統則以為整體是能夠結構或修正的，這也是開放系統的思考模式是傾向進步與發展性而非保守的道理。

三、開放系統的三個基本要素

　　一個人、一個團體或組織會在某個程度上發展成一開放系統，有賴於三個要素的展現：

(一)反饋 (feedback)

反饋反映了系統產生與運用評估性訊息的能力,一系統若缺少了這種訊息,對自己行動的後果便盲目而不自知了。理性及穩定狀態的維持並非自動、固定不變的;它們反而較像是一組組不斷改變的動態關係,而檢視與修正是互動關係,因此就需要評估性訊息的反饋了。如果在該系統的行動中能發展出問題認定及問題解決的進步循環階段,這種反饋就成功地被生產出來了。換言之,自我導引及自我維持系統的建立有賴於此一過程。

(二)理性 (rationality)

指此一系統的行動具有目標性及因應性;當行為是防衛或發揮解構組織的性質時,該系統就缺少了理性的特質了。

有目標與因應行動要求系統的組成元素能被整合成一個「整體」,進一步的來說,該系統能適應環境及機會的要求。

無法將部分整合(拉)到一起,或未能適應環境的話,該系統就易出現重複、固定或非理性的行為。確實的知覺及有效的行動,有賴於該系統使用其感覺、思考、想像、意願及行動的各種力量。

(三)穩定狀態的維持 (steady-state maintenance)

這是指一系統累積及使用「資源」的能力。

一開放系統所使用的資源是物質的、能量的、資訊的以及束縛的張力。隨著開放系統的發展,這些資源漸漸高度地分化成部分。這些分化及差異性的細部發展是創造性的張力 (creative tensions),它們代表了行動的源泉以及改變的力量。

四、小 結

多數的現代社會未能理解隱藏在發展過程之下的系統模式。組織

及個人常被改變的強烈本質所威脅到，易陷入權力鬥爭及對未知恐懼的非理性需求中，而忽略了問題認定、深入及考察的過程。如此一來，張力（tension）便容易變成破壞性而非創造性；個人、團體及組織的整合功能與適應的態度就降低了。

附錄㈡：辯證的意義

夏林清　摘譯整理

原著者：Bertell Oilman, 1986

　　目前有關辯證的概念，有許多錯誤的訊息，所以我先由它不是什麼來說明起。辯證不是正一反一合三段論式的邏輯論證，它也未提供能讓我們預測及評價任何事的公式，它也不是歷史的機械式力量。辯證（dialectic）其實沒有解釋任何事情，未提供什麼來預測事物，也未導致哪些事情的發生。較適合的說法是，辯證是一種思考的方式，它將世界上可能發生的改變及互動全貌，帶入人們思考時的焦點，它包括了為了研究的目的，運用前述的觀點去組織一個現實，以及如何對那些未具辯證思考方式者呈現新的發現。

　　在羅馬神話 "Cacus" 中，辯證思考所欲揭示的主要問題清楚的被引用著。住在山洞中半人半獸的Cacus，夜間出來偷了人們養的牛，然後他使牛倒著走回山洞內而利用這些足跡來誤導追逐他的人。清晨，牛的主人在尋找牛隻時只發現這些足跡，於是便認為他們的牛走出了洞穴，但當他們跟隨蹄印走到草原中間時，便發現足跡不見了。

　　如果這些追尋者曾在大學裡學習過方法論的話，他們可能會仔細的數著足印並測量每一步的深淺，但他們可能達到同一結論，不論一個人多仔細，當他的注意力集中在表象，或全然的專注在最直接令他印象深刻的證據時，他可能全然的被誤導。這個例子中的錯誤並不少見，這是我們社會中多數人瞭解世界的方法。多數的人是依據他們所看到、聽到的事物，來立即反應他們當下的處境。但這往往會令他們得到一個和真理完全相反的結論。大多數與中產階級意識型態相關的

扭曲認識都是這一類的錯誤。

要瞭解「牛的足印」的真正意義，就得發現那晚曾發生了什麼及洞內到底有著什麼樣的情境。相同的，要瞭解我們日常經驗中的任何事，我們必須認識到某一事是如何發生、發展的，以及它如何嵌在較大的脈絡與系統當中。僅只看清這個道理仍是不夠的，因為人們很容易退回到對事物表象的執著上去。事實上，很少人會去否認世界上每件事都無時不以某種方式、某種速度在進行變化，並和外界互動著，而這些變化與互動的方式與外在真實世界有著歷史及系統的連結關係。但往往困難的是我們「如何思考它們而非曲解它們，以及如何給予它們應得到的注意與重視」，辯證思考正是企圖解決這個困難的方式；它企圖由二個向度去擴大我們對事物發展變化的認識——由發生及轉化過程以及事物存在其中的更寬廣的互動脈絡。只有在這一方式之中，我們對事物的研究會立即涉入對其自身歷史及涵括其存有系統的探討。

辯證思考重組我們對「現實」的思考，它使我們視「事情」為具有其歷史以及具有與其他事物間的外在聯繫。由「過程」的觀點來綜觀過去的歷史及可能的未來，以及由「關係」的觀點洞察自己亦身為其中一部分的關係脈絡。簡言之，它是一思考個人與世界關係的方法。辯證思考的假設是：人們的五官知覺到的均是自然界的一部分，而人們賴以區辨在時間和空間中事物的起源、發生和結束的概念，都是社會及心理建構。不同文化及不同哲學背景的人，在認識現象界時會勾繪出不同的界限。

當我們「抽象」瞭解資本為一「過程」和抽象的理解為一「關係」時，它使我們看到了存在於勞動、貨品價值、資本家及二人間，真實的聯繫。馬克思對資本主義的瞭解，均是藉由「過程」與「關係」此二抽象的概念而來的。基於這一辯證概念，對「事物變化發展」的探索從來不在追尋為什麼某些事開始改變，而是這一改變設定了哪些不同的形式，以及為何它們狀似「停頓」：例如不問這關係是

如何建立的，而是以什麼不同的形式展現出來，以及為何一既存關係的各層面看來像是各自獨立的。

除了做為看待世界的方式，辯證方法包括了它研究世界的方式，研究者組織他所發現事物的方式，以及他呈現這些發現，給他所選擇的聽眾的方式。但是，一個人如何探究已被抽象成二相互依靠過程的世界？他可由哪裡開始，他應看些什麼？非辯證的研究是由某些小部分的研究開始再經由建立它的連結，企圖去重組較大的整體。而辯證研究則由整體系統開始研究，或是在瞭解部分時要同時推進去檢驗它與其他部分和整體的關係（它是怎麼配合及如何產生功能的）。這樣的方向終究引導我們對整體得到一較全然的瞭解。而這種將部分由整體中抽離或分開來看待的後果，一開始分析時便認定事物或事件為一獨立的部分是假設了一個不真實的分離，意義的曲解也因此產生；而這種分離是稍後再做多少的關聯、相關性的探究都無法克服的。某些東西將失去了、被錯置了，像是 Humpty Dumpty（蛋狀之人，為一兒歌），一旦跌落就再也無法復合成原樣，一系統中發生著功能的部分，在一開始時曾被對待為彼此獨立的事物，便不易重新建立它的整體性。

辯證調查在尋求具體化資本主義社會中所發生的經驗，它尋找資本主義之所以進行與發展的媒介及形式，並將其發展傾向投射出來。一通則是，在研究它們由過去到現在的歷史進展之前，先考察那些當下建構問題的互動關係。

換言之，辯證法探究思考的次序是「系統先於歷史」，因為歷史從未是一個或二個孤立元素的發展。在對任一特殊事件或團體形式研究之中，這二種探究經常是互相交織的，由整體到部分以及由系統向內的研究方向，辯證研究基本上是指向下列四種關係的發現：認同／差異、對立面的解釋、質／量，以及矛盾。

(一)認同／差異

事物可同時相同與不同（即相同與差異可同時並存於二事物間），

即在對一特殊現象的詳細描述時不只看到一面（如相似性），而犧牲了差異性，或只看到差異性而忽略相似性。

㈡對立面的解釋

任一事物的外貌與功能皆是十分依賴周遭條件的，這些條件因素應用到「客體」以及「知覺它（客體）的人們」，譬如，機器對資本家而言是商品，是他在市場上買到的貨物，甚至代表它值多少錢，可以帶來多少利潤貨品。但對工人而言，即是一種工具，這個工具決定他在生產過程中的所有運動。

「不同的觀察者眼中的事物是不同的」的知覺因素，在辯證思想中占了十分重要的角色。對於對立、相反事物或力量的解釋使我們瞭解，沒有一件事、團體及人是那麼簡單的，因為你在一特定地方和時間下所看到或觀察的事物都是在某套條件下，被置放於其中的結果。

㈢質／量

質／量是同一過程中二暫時地分化的片刻間的關係，每一過程皆包括之前與之後的時刻，包含了合成、分解（buled-down）。一開始時，任一過程之內的運動以量變的形式出現，每一過程也是其各個層面組合成的一個關係，在變化的運動過程中，各層面在大小及數目上產生增加或減少（量變）。然後到了某一點時，質的轉化即發生了，質的轉化經由事物面貌及功能的改變而顯現出來。論及事物主要的建構關係時，在它維持相同本質的同時，它必須變成另一不同的事物。此一量的改變使我們對之前的過程產生一新的概念，例如，只有當金錢累積到某一點時它才成為資本，它才能產生購買動力的功能。相同的，當許多人的合作變成一新的生產力量時它不單只是等於個人力量的總合而已。質／量變的概念提高了一個人對無可避免的改變歷程的敏感。

㈣矛盾

矛盾被瞭解為，在同一關係內不同元素的不相稱發展；它也在說明這些元素同時也是相互依賴的。我們可以發現，被清楚標示成差異的，是基於某些特定條件的，而這些條件是經常在改變，所以，差異是在變化中的，又因為每一差異皆與其他部分發生關係，所以一個元素的改變影響了所有。在發展的歷程中，這些條件相互交織影響著，而且時常相互干擾、阻礙以及相互轉化、矛盾，為改變生活互動提供了最理想的工具，至於現在與未來，則亦同時被帶入一單一焦點。當下相互矛盾因素間的互動結果，是未來發展的重要潛力。矛盾是事物的一個基本的質地，它是一系統發展的必經過程。

第 1 章

社會學的觀點

1960 年以來，脈絡理論（contexual theory）逐漸成為心理學與社會學中有別於解釋人類行為傳統觀點的一個新的觀點。在心理學的領域中，對規則的探求，一向是有賴於依變項與自變項之間的相關；而這種相關的尋求，是將行動由該行動在其中發生的場境中抽取出來，而未對行動所發生的場境脈絡仔細考察。脈絡主義不同意這種將人類行動抽離出來的做法，它認為，只有對人們行動發生的場境脈絡進行分析才能使我們對行動的決定因素及其意義有所洞察，因為「意義」不是私有的、主觀的東西，它是被社會互動中人們的表達所共同創造出來的（*Haree & Lamb, 1989*）。

第一節　內在脈絡與外在脈絡

派蒂魯（Pettigrew）認為著重脈絡分析的研究方法是聯繫理論與實踐的一種方法，而進行脈絡分析時可分別由水平與垂直（亦即時空）建構因素的二個向度來考察。

派蒂魯將脈絡分為下列二個面相，並以圖 1 表示其脈絡主義的觀點：

(1)指涉組織內在特點的內在脈絡；

(2)指涉社會經濟及政治層面的外在脈絡。

簡單說來，派蒂魯強調了任何人類現象均為一歷史事件（historical event）的本質。由脈絡主義的觀點來看，任何的團體現象都是發生在一特定的社會脈絡（social context）之中；而社會脈絡也就是被其中的個體與群體行動所交織建構成的。反過來說，任一團體中成員與成員互動所指涉的內涵及表現形式，都一定會反映出外在社會政治經濟與文化範疇在個人與團體經驗上所發生的特定作用。

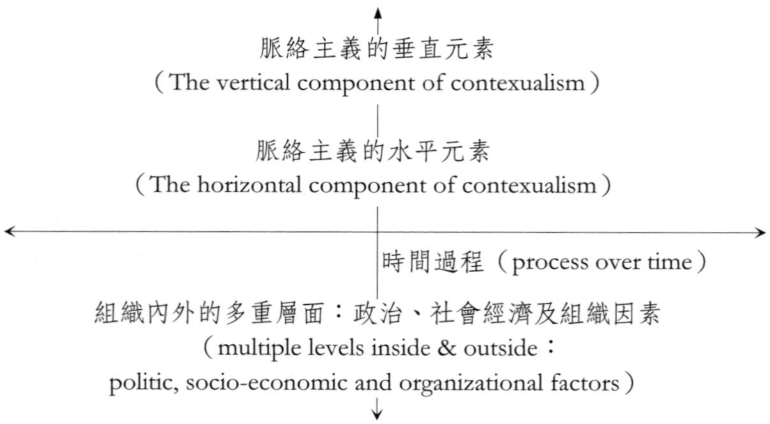

脈絡主義的垂直元素
（The vertical component of contexualism）

脈絡主義的水平元素
（The horizontal component of contexualism）

時間過程（process over time）

組織內外的多重層面：政治、社會經濟及組織因素
（multiple levels inside & outside：
politic, socio-economic and organizational factors）

圖 1　脈絡主義的垂直與水平元素（contexualism）

第二節　處境中的行動者

　　由脈絡理論的觀點來看，團體中的成員都是一特定社會處境中的行動者（a situated actor）。社會處境是指社會關係網路中一明確可被認定的特定位置，行動者根據他對特定位置的認同與否，而具有或不具有某一特定範疇的權利及義務。這些權利及義務，行動者可以主動的去實踐它，也可以只是被設定地應他人要求而被動做出來的。但不論行動者是主動或被動地行動著，他的行動均或強化、或鬆動，挑戰了社會脈絡中既存的社會關係的模式。例如，我們由一小學班級團體中班級幹部、導師與學生之間的相處方式，可以看到成人社會中權威者（管理幹部）及被管理者這一組社會關係模式的影子。美國社會學者安東尼‧基唐（Antony Giddens）用互動脈絡化（the contexuality of inter-action）一詞來表示人際互動具有建構其社會脈絡的作用。在基唐的理念中，人際互動是處境中的行動者（a situated actor）基於他對社會處境的設定而採取的行動，這些行動一方面是個體欲實現其意圖的行為，同時也具有繼續維持運作或是鬆動改變既有關係模式的作用。基唐稱

這種人際互動所具有的社會結構的屬性為「社會實踐」的屬性。而任一特定社會系統的存在或改變都依靠行動者的行動、人際互動與社會關係之間所聯繫形成的一個反饋功能系統，此反饋功能系統即是基唐系統再生產（system reproduction）概念的主要想法。（請參閱本章附錄）

　　社會脈絡、社會處境及系統再生產的概念，使我們對團體的動力結構與發展歷程的瞭解，加入了組織體制與政經結構對團體之作用力的考量，社會結構的觀點認為社會系統均有「能動的」（enabling）與「限制的」（constraining）兩種屬性，歷史的與物質的脈絡是限制性的屬性，而個體行動者的目標性、推理性行為則是能動的屬性；（夏林清，1990）因此團體的發展，雖然主要是靠其所屬成員有意識、有方向性的參與行動所推進，但體制與政經結構等因素，則一方面透過對角色與規範的設計滲透到個別行動者的行為表現中，另一方面也為團體生命（包括內容及形式）的可能發展預設了界線。例如，臺灣在解嚴前嚴格政治控制下所設立的各級工會團體（俗稱為御用或閹雞工會），無論在決定過程、會員凝聚力及領導角色功能上均無法表現出其自主性，相對地，解嚴後成立的各種自主性基層人民團體與工會等組織，均企圖在突破結構性限制中掌握其自主性格。在結構性限制與尋求團體自主性之間「抗爭」，則是我們用來形容一欲求取自主發展的團體，面對臺灣既存政經結構與體制法令所加諸於它的限制時，時常只得通過「衝突」的行動方式來突破結構性壓制力量的一個過程。（夏林清，1990）在這些團體的發展歷程中，社會脈絡與團體發展的辯證歷程清晰可見。

　　考察社會脈絡因素對團體發展的另一面向，是團體中既存的人際行為世界。在任一團體的人際行為世界中，我們可以看到既存社會關係中，某些特定模式的運作過程。例如，我在對臺灣國小班級團體所做的參與觀察研究中發現，小學班級團體中班級幹部與同學的關係有賄賂、討好、順從配合、抵制忽略以及抗議等對待方式，（夏林清，1989）在一年級國小班級團體中看到的幹部與同學的關係方式，與我們

在成人世界中經驗到的管理者與被管理者間的關係模式十分類似;換言之,在國小班級團體中,發生著社會角色關係特定模式的一個學習歷程。

社會學觀點對團體理論的貢獻在於它使我們避免了將團體生命視為孤立現象的錯誤;它在將團體放置在一較廣社會脈絡之中的同時,提供了我們考察個體行動者在團體中特定的情感依附及認識發展過程的社會性線索;也使我們對團體作用及功能的界定增加了下面的向度──「大團體做為個人與較大社會組織及體制之間的一環節性位置及功能」。我們可以說,團體在個體行動者與社會體制之間發揮了一凝聚個體情感與固定化人際互動方式的中介性功能;因此我們對大團體動力的認識對有關個體學習與社會變革理論的深化來說是重要的。

第三節　建構團體動力的社會性元素

當我們視大團體是一社會系統時,特別是指該團體中角色、關係與規範的設定及運作。角色、關係與規範是社會系統的基本元素,也是藉由它們社會中的人類現象才被結構化起來。換言之,在「關係」中人們不單只是和他人相遇,而是和附著於某些特定位置的不同角色相遇(例如學生遇見訓導主任)。由社會系統的角度來探究大團體動力是因為我們不能把大團體(例如班級團體)想像成是存在一真空中的團體;相反的,任一大團體是嵌在一特定的社會次系統中,而該次系統又嵌屬在外在社會更大的系統之中。這層層相嵌的關係是社會團體的根本屬性,它告訴了我們,對任一社會團體的瞭解,都一定不可忽略對該團體賴以存在的社會歷史、政治與經濟制度的考察。因為是這些歷史、政治與經濟的機制(mechanism)構成了社會團體生存與發展的生活脈絡(the living context)。因此,當我們將眼光轉移到對某一特定社會團體的考察上時,要能看到該團體內部動力的建構與外在社會系統的關係。若以學校系統中的班級團體為例,我們要問的是班級

團體中的哪些現象，反映出其社會系統的屬性，同時，這些特定的系統屬性對班級團體動力的建構有著重要的影響。這一節中所要討論的便是，當我們視團體為一小社會系統時，建構其動力的五個重要元素。

一、規範（norms）

「規範」可以說是團體成員們要達成其目標的行為通道（behavioral pathways）。當我們視團體為一系統時，規範執行著規律化的功能，以決定動力何時以及如何發生。（*Agazarian, 1981*）我們在學校求學，要達到完成學業得以畢業的目標，就一定要遵守某些規範，如穿制服上學、對師長有禮貌等。在學校這樣的一個社會系統中，這些行為規範像渠道一樣導引著學生行動的方式與走向。換另一個說法，規範是團體中能量（energy）出現的特定方式，而這一方式抑制了團體能量其他可能的出路，例如「對師長要尊敬、有禮貌」的規範限制了師生互動的形式，使得學生對老師的真實感覺或看法常無法自由表達。班級團體做為學校系統中的一個次系統，它的規範行為有兩層不同的意義；一方面，由班級團體的規範行為可以看到學校系統的一致性；另一方面，有的班級團體會發展出自己獨特的班級規範，或抵制、或對抗外在規範的強制性。因此，班級團體的規範不僅是我們瞭解該團體特殊動力的重要面相，同時也反映了該團體內部與外部環境的關係。

二、角色（roles）

「角色」對團體動力的重要性，在於「角色」不是只因個體的功能而存於團體中；換言之，角色是團體所發出的「呼聲」（the voice of the groups），它只在團體中才出現；離開了團體也根本沒有什麼角色了，一團體中不同的角色是一組相互關聯著的功能，這些功能對團體的運動及發展是有所助益的；例如班級團體中，班級幹部的角色是如何形成與執行，則是我們瞭解班級團體動力不可缺的面相。對所有一年級的孩童來說，「班級幹部」是一種家庭經驗中所沒有的新經驗；

不同班級中，班導師如何設定與運用幹部，對班級團體的結構會產生重要的影響。例如，教師清楚的授權給班長，使班長在教師不在時有處罰同學的權力，和未賦予班長此種職權的教師相比較的話；前者的班級中，「幹部」與「非幹部」之間易形成管理與被管理的階層結構。角色不僅對關係的模式有影響，並且和個體成員在團體中所主觀經驗到的感受有關；譬如，一個由小到大在班級中常擔任班長角色的人，因為班長這個角色帶給他與老師較多接近的機會，使他清楚老師的意向與喜好，並分享了老師對同學們的看法，令他習慣地處於老師和同學之間的位置；所以一旦他不再擔任幹部時，他可能會因為原先所熟悉的關係模式的改變感到焦慮，而不知如何發展平等及親近的同輩關係。除此之外，團體中亦存在一循環的角色關係。例如，班級中若有獨裁的風紀股長，就一定有一群被動的班級成員。這種相互循環的角色模式對團體的作用在於它們將團體的特定動力予以行動外化了（acts out a particular groups dynamics）。（*Agazarian, 1981*）

　　規範與角色對團體中人際關係的模式發生著規約性的作用；而下面的二個元素──凝聚力與結構，則對人際關係中能量的運動產生了重要的影響力。

三、凝聚力（cohensiveness）

　　凝聚力是指一系統內各元素間相互依靠的程度；它是團體的一股內在力量，是使團體成為系統的運作力量。由個別成員的眼光看來，凝聚力與成員期望的滿足有關；由團體的眼光來看，凝聚力愈大則表示團體的各種屬性都更能被動員起來。假若班級團體凝聚力強時，班上成員都能尋找到適當的參與位置，在團體中與他人的互動關聯著，在這裡，克瑞吉（Kreeger）要對二種團體凝聚力展現的不同方式加以區別：

　　⑴群體成員在彼此施與受的互動中相互依靠的互動模式是「整合」的模式。

(2)團體成員因分享共同規範而產生連結的互動模式是所謂的「團結」的模式。（*Kreeger, 1975*）以班級團體為例，在一位重視競賽成果老師的帶領下，一個班級在爭取班級榮譽的號令與行動規範的強制執行下而形成了某種氣氛一致的班級，與另一位不注重秩序比賽的教師，因經過長時期在班級團體中鼓勵孩童發問討論而逐漸形成了凝聚氣氛的班級，這二者的差別就是「團結」模式與「整合」模式的分野。

四、結構（structure）

簡單來說，結構是指一種模式化的關係。團體中的結構分別指：

(1)規範與角色的結構，即指角色與角色間以一種模式化了的關係相連結著，如獨裁與順從兩種角色的模式化關係。

(2)溝通的結構，亦即互動的模式，如獨裁幹部的振振有詞和順從成員慣於沈默、聽話的溝通模式。「凝聚力」與「結構」在團體動力的建構上，對團體中能量的運動起著相互呼應的作用；互動的溝通模式催化了「整合」的凝聚模式，而規範與角色的結構則生產了「團結」的凝聚模式。在團體人際互動中發生著的能量，因著凝聚力與結構的不同模式而發展著。最後可用來觀察團體中能量運動的團體動力建構要素則是涉及到方向的「團體目標」了。

五、目標（goals）

當我們由團體動力的眼光來觀察與解釋團體行為時，「目標」不單只是指個人層次上的意義，而更重要的是指由「團體做為一整體」（group-as-a-whole）的層次而言的「團體目標」（group goal）。在任一團體中，個人的目標是可被個人所陳述，或可由個人行動中觀察到的，例如學生甲在班級團體中順從規範是因為甲想博取同伴的友誼；而老師用強制手段要求學生們表現出符合規範的行為，可是為了免於每週秩序比賽吊車尾的情況下，成員不同的個人目標的組合，形成了一個團體層次的目標。在老師帶領下為全班所設定並明白表揚著的團

體目標則可能是「班級榮譽」，但在團體行為層次上所反映出來的隱含的團體目標則可能是貝昂所謂的「戰鬥—逃走」的基本假設傾向。（夏林清，*1987*）這裡主要想說明的是，團體目標看來淺白易懂，但「團體要到哪裡去？想做什麼？」卻涉及了前述個人、團體以及明擺著的與隱含的層次所建構的四個領域（如圖2所示）。

	個別成員的目標	團體的目標
明白揭露的目標		
隱含暗藏的目標		

圖2　團體目標的四個領域

一般而言，一個團體的成熟及有效性可以由其團體與團體目標是否具有相對的彈性及適宜性來看。例如，一位班級導師為了協助小朋友能在班級參與的過程中學習自律自主，選擇不以學校秩序與整潔的規範來強制要求孩童。結果是，在學校的秩序比賽中，這一班從未得過第一名；但此一班級團體在課堂學習中的參與及師生互動的模式上卻有其獨特的風貌。以班級團體的發展而論，團體本身發展出與教學過程較結合的團體目標；當然，在這個過程中，教師選擇面對並承受來自同事間相互比較的壓力以及訓導人員表示異議的壓力。

六、小結

規範、角色、凝聚力、結構與目標，均對團體中能量的運動發揮著它們的作用力。如果我們由勒溫的力場（force-field）觀點來對這五個元素對團體中能量運動的作用力做一簡略的描述，這五個社會性元素對團體的作用力則如表1所示。（*Hopper, 1975*）

表 1　建構團體動力的社會系統元素

規　　範	規範表現出一規約性的功能（regulating function），它是行為的修正者，決定了團體所允許使用的行為範圍與類別，它決定了團體能量所採取的形式。
角　　色	不同角色是被不同的行為組群所界定的；這些行為提供了團體力場中操作性的推動及限制的力量。
凝聚力	凝聚力是一能量的建構（energy construct），此種能量的建構是與在團體系統內各元素間相互連結著的力量有關的。
結　　構	結構可以說是路徑圖，團體的能量經由既定的結構才得以流動。
目　　標	目標是團體中力量運作的方向，它描述了團體運動的方向轉變。

　　除了對團體內部的作用力之外，這五個元素也反映了任一大團體所賴以存在及運作的體制及社會脈絡的特點。賀普（Eure Hopper）即表示過：「要對任何團體（特別是大團體）的結構及過程獲致一全然的瞭解，就要深入考察它所生存的外在環境。」（*Hopper, 1975, p.186*）

附錄：安東尼・基唐的「處境、社會認同與系統再生產」概念

（部分摘錄自夏林清著「社會變動與成人學習」一文中）

　　基唐是一社會學家，他批判性地接受馬克思的理論、功能主義以及詮釋學的觀點，並對當代的結構主義提出了很根本的一項質疑及他的看法──結構主義最大的缺憾就是它缺少了行動的理論。英國與美國哲學家所發展的行動哲學在論及人們行動時並未注重社會科學中的主要論題──體制分析（institutional analysis）、權力及社會改變；相反的，傳統功能學派與正統馬克思主義者卻又採取一社會決定論的觀點而忽略了行動哲學所關注的人類行為的各種現象。為了要展現出人們行動與社會結構間相互依賴的關係，基唐建立了他的行動理論與社會改變的理論。在基唐的行動理論中，他對「處境」、「社會認同」（即一般理解之角色）及系統再生產的概念，可以協助我們瞭解本章由社會學觀點對大團體現象的論述。

　　基唐的這三個概念，是他賴以建立個體行動與社會再生產之間連結的概念工具。

　　「處境」（positioning）是基唐理論的基石。社會處境是法律統治關係及個人意向所結構形成的交叉點。它涉及了社會關係網絡中一明確認同的特定位置。此一認同做為一「類別」（category），涉及了對一特定範圍之規範性的認定。簡言之，社會處境可被視為是社會認同，行動者依據此一認同而具有某一特定範疇的權利及義務。無可避免的是，每一行動者都是處於某一處境中；而行動者的行動皆產自社會中某一特定的處境，因此稱其行動為社會實踐。（social practice）社會系統是規則化的社會實踐所組成的，這些規則化的社會實踐跨越時

空存在於人們的互動之中。（*Gidden, 1978*）此外，基唐選擇用「社會認同」來取代「角色」一詞，因為他認為不論是派森思或高夫曼對角色的界定皆強調角色的賦予或命定的特質；也就是說根據已設定的劇本，行動者為了盡力做好自己的那部分而準備著。基唐認為社會認同（角色）是帶有某一特定範圍的權利及義務，但它可以是行動者主動的去實踐它，也可以只是被設定為應他人要求時才被動的去做出符合的行為。

人類所有的社會互動都是「處境的互動」（situated interaction），即是處於一特定時空之中的，所以基唐說「處境」時，便順理成章使「互動脈絡化」的概念得以成立；這使得高夫曼的概念和結構理論發生了直接的關聯。（*1984, p. 86*）基唐認為邂逅的例行性特點，代表了社會系統體制化的特點，而人們常易犯的一個錯誤便是假設這些現象只是無心重複出現的行為，是毋須解釋的！高夫曼首先證明了此種說法的錯誤，基唐更進一步的認為我們應正視人們例行性互動中所隱含的邏輯及意義，而有關例行行動的理論（a theory of routine）並不等同於一社會穩定的理論（a theory of social stability）。這是很重要的一點，因為我們常易將生活中既存的現實當成是「穩定」的常態，而任何企圖改變或鬆動既存現況的行動則被視為會威脅到「穩定」。基唐在集中營生存經驗的研究中發現，即使是在最戲劇性的社會改變中，例行性行動也是最堅持而不易被改變的。這些個人行動中的規則及資源運用的方式，一方面決定了社會行動的生產與再生產，而另一方面同時也是「系統再生產」所依憑的途徑；這就是結構的雙元性。

第 2 章

心理分析對大團體理論的貢獻

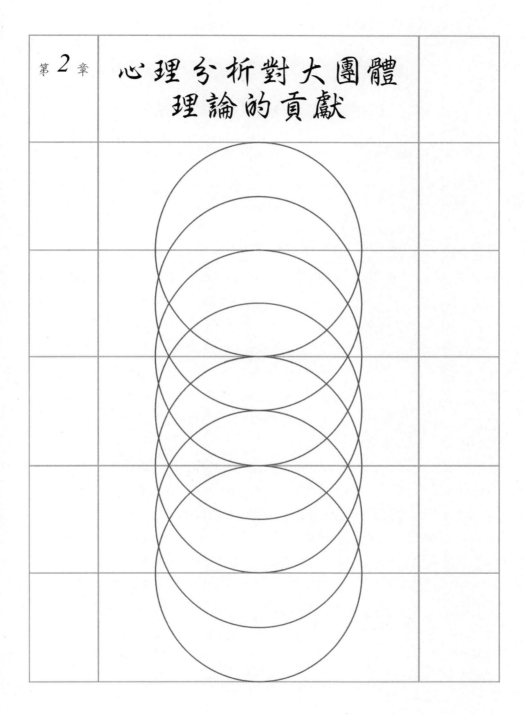

心理分析學派對大團體理論最大的貢獻應該要算：

(1)對大團體情境中，個別成員心理防衛歷程的捕捉與描述；

(2)對大團體情境中，個體的防衛機轉相互聯繫形成的集體防衛系統（collective defense system）的分析。在歐洲，特別是英國與法國，對集體防衛系統的分析早已普遍被學者運用，而有關投射與分裂等心理防衛機轉，更是分析人類經驗的基礎概念。

基本上，心理分析理論對個體心理防衛機轉本質的界定是「自我的功能」（ego's function）；「自我的功能」主要是靠個體使用內投（introjection）與投射（projection）的防衛機轉以對抗焦慮。投射過程即是個體一用來對抗焦慮的原始企圖；個體以外投個人內在痛苦的方式來解除內在的痛苦，並指定另一人（客體）做為接受（或擁有）自己此一內在部分的對象。（*Tom Main, 1975*）相對的，內投也是個體人格形成的一原始過程，在這個過程中，嬰兒和他的客體（照顧與養育他的母親或其他成人）產生了情緒的關係（emotional relationships）。外在客體的部分（滿足嬰兒基本需求的功能部分）被個體視為自己的部分，這便是內投，認同（identification）則是對另一個人的一種情緒連結的最早表達。在這一章裡，我將介紹自我防衛機轉的基本概念及社會防衛系統的概念。

第一節　客體關係與自我防衛機轉

無庸置疑的，佛洛伊德仍是心理分析本我防衛概念的創始者，但馬拉麗‧克萊恩（Melanie Klein）及卡爾‧亞伯拉罕（Karl Abraham）對本我分裂防衛機轉及部分客體（part object）的詮釋，則是心理分析大團體理論的重要基石。佛洛伊德視「焦慮」（anxiety）為導致壓抑（repression）的原因，而客體失落（loss of the object/mother）；去勢恐懼；超我焦慮；愛的失落（the loss of love）則為焦慮在不同發展階段的四個來源。在理解「客體失落」時，佛洛伊德認為焦慮是來自強烈的本能

需求，「伊底帕斯」（Oedipal）這個詞的意義即為「性」的本能驅力。克萊恩便是在這一點對個體焦慮源起之原始動力的詮釋上不同於佛洛伊德。

對克萊恩而言，「伊底帕斯」並不是兒童對母親性的興趣，而是一種想去保有及控制母親身體所象徵的豐饒舒適與被照顧的一種「前生殖驅力」（pregenital desire）。這種渴求時常在人們口腔結合的潛意識幻想（phantasies of oral incorporation）中表現出來。至於「超我」，克萊恩也不認為那是兒童內化父親權威的一種表現，而是兒童一種與生俱來的罪惡感的醒悟──因自己對母親的攻擊與貪婪而產生的罪惡感；換言之，罪惡感基本上是具侵略性（而不是單指「性」）的潛意識幻想及驅力（aggressive phantasies and desires）的後果。（*Alford, 1989*）克萊恩的詮釋轉化了「驅力」的意涵。佛洛伊德視驅力是來自身體內在的「張力」（tensions），此一生理張力影響了心靈，而心靈的主要功能就是消弱驅力的張力及保持身心的平衡狀態。所以，原慾（libido）和攻擊帶來身體感官的經驗，對此，克萊恩持不同看法；她認為原慾和攻擊性都指涉了個體和他人的關係，不論是真實或想像的對象。「身體」與其說它是驅力的來源，不如說是驅力的表達媒介。對克萊恩而言：

> 由生命的最開頭開始，驅力便是情緒（emotions）－熱情（passions）－朝向真實或想像對象的情緒。驅力不是乏方向性、乏對象的心理精力，驅力是朝向真實或想像他人的感覺的模式（patterns of feelings）。（*Alford, p.25*）

這裡的「對象」，亦即「客體」（object）的概念，也和佛洛伊德概念中的「客體」意義不盡相同。佛洛伊德文中的「客體」是「本能目標的對象」（the object of an instinctual aim），克萊恩文中的「客體」則除做為本能的目標之外，客體指涉了涉入嬰兒情緒、幻想、焦慮及

防衛的「客體關係」（an object relation）。（*Alford, 1989, p.26*）克萊恩最重要的貢獻之一便是她以「客體關係」的概念引申詮釋了亞伯拉罕「部分客體」的概念。亞伯拉罕、克萊恩及後繼學者費爾班（W.R.D. Fairbairn）與惠尼卡（D. Winnicott）則被歸為當代客體關係的理論家（object relationstheorists）。

要瞭解克萊恩的理論對大團體理論的啟示，還是有必要先對她的有關「防衛機轉之組織」（the organization of the defenses）的概念有所掌握。

克萊恩研究兒童精神疾病與心理發展多年，認為大多數病情嚴重的心理疾病患者，在其生命的早期（前生殖發展階段），和照顧他的重要親人（通常是父母）的關係是一種部分客體的關係方式。

克氏並使用「位置」（position）與「熱情」（passion）二詞來表現她對防衛組織的觀點。「位置」是指人在不同發展階段不同的生存處境，而某種生存位置所建構的防衛組織形式是一輩子都一直存在的，它不因「階段不同」而消失。所以「位置」不是一個發展的概念，而是克氏論述自我的一個結構性概念。「位置」概念指涉的是自我組織的一種狀態，自我內在的客體關係、焦慮及防衛的狀態。「熱情」則是指愛與恨這二種原始情感；在克氏的概念中，愛與恨在本質上都是「客體－關係的」（object-related），而愛與恨發生了「驅力」與「心理結構」的作用。克氏將代表前生殖部分客體關係（pregenital part-object relations）的防衛機轉組織形式區分為三類：

一、妄想－分裂位置（0～3 個月）（the paranoid-schizoid position）

P–S 是最早期的一種自我防衛組織形式。P–S 位置概念所強調的是兒童對恐懼所產生的雙重幻想表現形式——被迫害幻想及為對抗被迫害幻想而衍生出的分裂妄想現象。兒童以通過「分裂」的機轉，把「壞的、具摧毀性的」想像，由自我（self）和「好的客體」（good objects）中孤立出去的方式，來防衛抵抗「壞的客體」（bad objects）所

帶來的危險。簡言之,「妄想－分裂位置」所要指出的分裂機轉和被
迫害焦慮是同時存在的,被迫害焦慮則源自死亡本能。和佛洛伊德不
同的是,佛洛伊德認為小嬰兒還沒有形成「自我」,所以不會「害怕」
死亡,但克萊恩認為嬰兒出生時就有某種「害怕」死亡的自我表現。

死亡的本能是通過一種面對客體時,害怕被解體的深層恐懼而被
嬰兒與兒童經驗到的。為了對抗這種焦慮,嬰兒將死亡的本能往外投
射;克氏認為,即便是很小的嬰兒,也能進行部分客體關係特性的原
始幻想活動,這種投射活動創造了一個外化的企圖傷害、毀害自己的
敵意客體。當嬰兒建構與尋找一外在客體做為其外投內在焦慮的對象
時,他是連同自己內部攻擊性的「部分自我」,都一股腦兒投射到外
在的一個特定客體身上,之後,被投射到他人身上的自我的部分(具
攻擊性的、破壞力的自我),再回過頭來透過「壞客體」的具體形象
攻擊自我。這便是「妄想－分裂」位置中,投射認同的防衛歷程。克
氏對投射認同機轉詮釋的主要貢獻在於,她深化了投射概念的意義;
投射認同概念所強調的是:

> 個體不可能在不將自我之部分投射出來的情況下,只將「衝動」投
> 射出去,投射過程就涉及了分裂自我的機轉;再進一步來說,「衝動」
> 不會被外投而自動消散,它是被外投而進入某一客體中,個體對該客體
> 的知覺也因此而有某種扭曲。(*Alford, 1989, p.31*)

同時,當嬰兒將自我之攻擊性的部分投射出來的同時,他也將原
始的愛(primitive love)投射了出去。艾佛德(Alford)指出在克氏的思
想中,不管父母對嬰兒的反應是充滿愛意或是挫折的,他們的做法,
對前述攻擊與愛的投射歷程都沒有太大的影響。也就是說,嬰兒對
好、壞客體的潛意識幻想是嬰兒內在所引發產生的,它們不是對來自
父母的挫折與愛的原始反應。在這個時期中,嬰兒自我的目標是內
投,並認同它理想的客體,同時經由持續不斷投射外化的機制使「壞

客體」遠離自己。嬰兒最焦慮的是，外面的迫害者會摧毀了他自己以及他的「好客體」，所以投射機轉伴隨著分裂與理想化（splitting and idealization）的機轉一起創造了強有力的「好客體」來對抗「壞客體」；對嬰兒而言，分裂與理想化的機轉提供了一種安全的保護感。艾佛德對克氏的理論加以申論，他說：

> 雖然在幻想－分裂時期的這種固著（fixation）具有分裂與情緒失序的特徵，但它不應被視為是病態的現象。相反的，它是嬰兒情緒發展十分關鍵的一步；在這一步中，嬰兒學習經由內投（introjecting）與認同「好客體」的機轉克服了他對解體的恐懼。由這一點來看，「分裂」是個體學習區分好、壞客體的必經之道。（*Alford, 1989, p.32*）

因此，在克氏的理論中，分裂與理想化（splitting and idealization）機轉歷程的運作不足夠，反而會使得補償性道德的發展（the development of reparative morality）受阻。不過，在正常的兒童發展過程中，這種幻想－分裂的位置是會逐漸轉化到一個能視好、壞部分合在一特定客體身上的心理狀態——這就是「抑鬱位置」（depressive position）。

二、抑鬱位置（3個月大開始）（depreeesive position）

克萊恩的「抑鬱位置」概念所指出的是，嬰兒在三個月大就逐漸增加了認知結構的複雜性；也就是說，嬰兒開始認識到好的與壞的客體，事實上就是同一個對象。嬰兒得以發展出此一認知能力的內在心理歷程，涉及了與妄想－分裂期不同的防衛機轉。在「抑鬱位置」中，兒童的主要發展任務是：

> ……和自我「內在的好客體」（good internal objects）建立一堅實的關係。這些內化的自我內在客體，恰似包裹珍珠的沙粒般，使得「自我」得以形成。如果一個兒童未能完成這件差事，他將永遠有發生抑鬱症的可

能性。在抑鬱位置中，嬰兒的自我形成了較前一階段更為世故圓熟的防衛機轉。在妄想－分裂階段，對抗迫害的原始防衛是伴隨著投射認同歷程的「分裂」、「理想化」，及暴力驅逐。抑鬱位置則涉及了躁亂防衛機轉（manic defenses）的產生，特別是在較早的時候。（*Alford, 1989, p. 34*）

　　躁亂防衛機轉的特色是個體否認他對客體（他人）的依賴及矛盾情緒，於是在潛意識幻想中，客體或是被蔑視或是被征服。用這種方式控制客體之防衛機轉的作用在於，「失落」感就不至於太痛苦或令人恐懼。依兒童的正常發展來說，躁亂防衛機轉會隨著兒童對自己修補力量（reparative power）的信心增加而減弱；兒童這種補償力量是通過他所發展出來，表達關懷他人的新能力或方式表現出來的。如果說妄想焦慮（paranoiac anxiety）涉及了因對外在力量（妄想投射）而導致的破壞與毀滅的恐懼，抑鬱焦慮（depressive anxiety）則來自於另一種恐懼——當他人面對兒童的攻擊性與憤恨時所可能遭遇到的毀損命運，即兒童害怕自己已傷害了美好的人物（包括自己內在的部分及外在的他人）。這種恐懼與焦慮也正是兒童發展「愛」及「修補」（即關懷與照顧他人）能力的動力；而這也正是兒童道德行為的開始，雖然這種「愛」只是建構在一種「廉價模仿」的層次上。（*Alford, 1989*）克氏的理論系統被心理分析學者定位為「抑鬱位置的道德學」（the morality of the depressive position），或稱之為「修補性的道德」（reparality morality）；這一定位的意義在於，它發現了人類關係最早期的道德性是建立在憐憫與認同（pity and identification）心理機轉的互動關係上。艾佛德針對克氏理論對道德論的貢獻有如下之申述：

　　　　這種道德不僅只是建立在為潛意識幻想產生的攻擊行動，所做之修補性質的犧牲奉獻驅力上；它同時是建立在一種深切地認同他人，和他人命運相聯繫的能力上。別人的痛苦也就像是自己的痛苦一樣。事實

上，這種道德感甚至可能具有革命性的啟示，正如 Horkheimer 所言，「同情」是一種潛在的革命性力量，因為「同情」超越了「自我保存」（self-preservation），自我保存是小布爾喬亞社會的最高標準，它朝向一個人性快樂的團結理想。雖然這種理想是烏托邦式的，但它卻有助於我們揭露小布爾喬亞社會所隱含的矛盾。（*1989, p.41*）

　　克氏對自我防衛機轉組織的上述論點，提供我們瞭解成人在人際關係及團體的情緒歷程中，防衛方式的固著或愛與恨整合能力發展的觀點。下面一節便接著介紹克萊恩理論對團體理論之啟示，及大團體心理分析理論的重要概念。

第二節　個人焦慮與團體防衛

　　心理分析團體理論主要就是由前述自我防衛組織的觀點，對個人焦慮（individual anxiety）與團體防衛（group defense）之間的關係，提出了解析。

　　對佛洛伊德而言，團體和領導者的關係，就像是孩童依賴父母的關係，而成員就像相互競爭的兄弟姊妹。克萊恩並不否認佛洛伊德的觀點，但她更重視這種伊底帕斯現象之所以存在的原始防衛歷程。

　　以團體的形式來論，團體中某一特定成員在團體中的角色功能以及成員之間關係模式的形成，都涉及一投射認同歷程的發生。當一團體中部分成員對一特定成員投射認同時，幻想的社會關係（fantasy social relationships）可能就被建立了；接著，這些幻想關係是被「投射」與「內投認同」的雙向防衛機轉所中介形成的。除了投射／內投認同的概念外，「分裂」（splitting）防衛機轉也是使我們能研究領導者以外團體角色的重要概念。（*Turquet, 1975*）

　　艾佛德指出，團體對個人對抗其原始焦慮的作用，主要有二點：

1. 團體協助了個體防禦對抗其妄想──分裂的恐懼

團體成員的身分，使得個體得以將自己的焦慮轉化成大家共享的焦慮，也就是說，團體提供了個人將其焦慮外投的機制，並且可以形成團體對抗的目標，以增進或維護團體的發展。簡言之，團體強化了分裂及理想化的防衛機轉。

2. 當個人懷疑自己無能力保護自己的價值觀而落入抑鬱焦慮時，團體也可以發揮協助個人對抗此一焦慮的作用

由團體成員的個人層面來看，當一個人不能整合或面對其內在的對立，但又必須同時存在時，個體可能會在潛意識的層面上將這二種感覺分別投射到不同的客體身上，這就是分裂防衛機轉；分裂防衛機轉被過度運用時，個體追求自我絕對的狀態（如強壯v.s.柔弱），因為對他而言，要整合內在的衝突是一件太痛苦的事情。在團體中，最常發生的有關分裂防衛機轉的現象，便是在團體生命中，將我的某一個部分投射出來；接受成員此種投射作用的特定成員，在團體中會感受到的壓力迫使自己扮演成一「智者」或「拯救者」等角色。

雖然投射過程可以用外化的方式來解除個人內在的痛苦，但它的代價卻不低。在投射認同的案例中，個體的自我不只是減低了對自我整體的覺察，更會因為在自我一重要面相的投射過程中失落了，這種投射性失落（the projective loss）會增加當事人自覺的困難。在過度投射認同的例子中，自我將攻擊性的部分外投之後，留下了虛弱及無攻擊性的自我；這種投射認同的後果，便是虛弱的個體易對具有攻擊性的個體感到威脅，而陷入恐懼之中。如果這種投射認同過度的話，他會表現得驚恐失措，甚至對某些特定對象產生扭曲的錯覺。（*Tom Main, 1975*）投射一定涉及投射者與被投射者（接受投射者），前面是說投射作用對投射者的傷害，那麼對接受投射的個體來說，又有怎樣的問題呢？梅恩（Tom Main）用「簡單投射」（simple projection）與「投射認

同」（projective identification）來區分二種狀況。「簡單投射」（心理機
轉）是指，接受者可能注意到自己不再被看成原來的自己，而是一個
具攻擊性的人；而在「投射認同」（即一潛意識幻想）的情形中，被
投者可能發現在投射者強迫性的投射壓力下，自己真的感覺到自己擁
有投射者所投射出來的攻擊性品質，以及非自己所原有的行動。他會
覺得奇怪而且不舒服，甚至厭惡所發生的事，但在柔弱與懦弱的投射
者面前，他卻很難抗拒那股穩定地供給自己優越感與攻擊的力量。最
常見的例子便是，一個妻子將攻擊的自我部分投射到先生的身上去；
如果這位先生只有少許的不舒服，就表示他剛好也具有某些配合這些
投射的能力或衝動。這種情形稱之為「角色適配」（role-fit）。角色適
配並不是一件好事，倘使這位先生不只是適合妻子的投射，同時也將
自己衰弱、無攻擊性的自我部分投射給妻子，那麼，這種雙方被相互
投射幻想（mutual projective fantasies）所主控的婚姻關係會變成一「閉
鎖系統」（a locked system）。這時，武斷、冷酷的丈夫與膽小但尊重
丈夫的妻子雖然很不愉快的生活在一起，但他們的婚姻關係卻是穩定
的。他們為了自己病態的自戀目的（pathological narcissistic purposes），
都需要對方來滿足自己。這種相互鎖定的關係，導致了人際困擾及人
格被侵蝕的後果。（*Main, 1975*）

　　在小團體或一般人際互動中，只要被投者本身並未具有太強的相
關特質，這些潛意識強迫性的投射所帶給接收者的不舒服，則多少是
可以被觀察到的；但在大的無結構性團體中，投射過程就變得十分不
易觀察與揭露。由「投射認同」過程的觀點來看，梅恩特別指出在大
團體情境中出現的三項特色。

第三節　大團體心理動力的特性

　　在討論投射認同等機制在大團體情境中易導致的困擾現象之前，
有一個觀點是必須釐清的，那就是投射過程所發揮的「現實－試探」

（reality-testing）的作用。

前面對投射過程的討論可能誤導你以為它都是負向的作用，從而忽略了它也有正向的功能。首先，我們要強調，衝動的投射以及將自我的部分外投給他人的投射認同，均是正常的心理活動元素。當自我在進行投射活動之後，自我隨即對外在現實（由他人的反應中得到訊息）進行檢查，使得自我得以區辨自我與他人的差異，也增進了對他人及外在環境的瞭解，這便是所謂的現實試探。此外，平時我們對他人同情或有相同的看法，也都歸功於我們自我內在與他人經驗相似的某個部分在發揮作用。所以，「現實試探」的主要功能在於它決定了我們的投射有多少是符合事實的。但當團體或個人的投射過程發生過度及強迫性的情況發生，自我的部分已因投射機轉而「失落」時，進行現實試探就變得相當困難了。在團體中，個體對他人或情境的這些無法檢查或未被檢查的判斷，可能導致下面三種令人困擾的團體現象：

一、去人格化及人格侵犯（depersonalization and personality invasion）

當一個人人格的主要部分，是被這個個體經由投射認同的機制轉嫁到他人身上去時，這個個體所殘留（未投射出去的那些部分）的自我，對自我的認同感變得十分微弱；這種因失去自我的重要部分而人格受損，以致自我認同不易產生的人格狀態稱之為「去人格化」。「去人格化」的現象通常伴隨著這個個體和他人之間一種奇怪的客體關係（object-relation）。因為當他將自己的重要部分外投時，他一定得尋找某些特定的客體（即接受其投射的對象）；對這些接收其投射作用的客體而言，就發生了所謂「人格侵犯」的經驗。梅恩用下面的一段話點出領導者接受成員的投射時，所可能發生的問題：

譬如說，當團體成員投射自己攻擊的部分給一領導者時，團體領導者感受到一股奇異的憤怒與困惑感襲來，但他可能被這股強大的憤怒襲捲，而忽略了或是貶抑了自己原有的其他特質。這些他人投射過來的情

緒也可能會使領導者高估了這些情緒的真實性，甚至以為這是他自己的知覺，在這種情況下，領導者（被投者）真實的自我缺少檢驗，以致威脅到了他的現實感（reality-sense）。（*1975, p.65*）

　　在大團體中，多重與複雜的人際關係，使得成員在互動中進行現實試探的可能性打了折扣；成員在未檢查或無法檢查的幻想中，去人格化與人格侵犯就容易發生了。日常生活中，多數的大團體是採取結構化的方式在運作的，主席與議程的設定使得成員間自發的個人交流不易產生。這些團體維持形式上秩序的代價是成員對團體的不滿足，而且團體也因而在私底下分裂成不同的次團體，以解決與他人聯繫的不滿足需求。正因為日常生活中的大團體絕大多數是被嚴格的結構起來的，這使得我們並不太容易進行對大團體動力的研究；也因此，在一些實驗與訓練情境中，以及社會急促變革過程中群眾聚會的大團體經驗，就益發顯現出它的價值了。

二、匿名化及概化（anonymization and generalisation）

　　匿名化與概化的現象，是指在大團體中沒有一個人被看成是一個獨特完整的個體、被直指其名的稱呼；即使成員互相認識，他們也不以名字稱呼，譬如：

> 「為什麼某人不說些什麼呢？」
> 「為什麼有人喜歡把氣氛搞成這樣呢？」
> 或是「團體在浪費時間！」
> 「學長應該表現出……」
> 「行政人員應該……」

　　這種「個人認同」（personal identity）被蓄意忽視的現象，尤其是在當個體對團體中一特定對象或事物持有異議時，顯得特別強烈，因

為大家十分害怕直接的對質（confrontation）。這種匿名的傾向會導致團體開始使用模糊與概化的語詞來談論，譬如說「女人都是……」或「這就是男性的弱點……」等。這種概化的互動方式，使得人們的認識歷程陷入了混沌不明及製造錯誤與簡化知覺的後果。

當團體成員迴避在個人化的互動過程中去肯定自己及他人的自我，再伴隨著投射過程的運作，時常會使團體落入了兩極化與簡化的紛爭中。我們常可在大團體中看到的一幕便是，團體進行到後來，演變成男女對抗或行政人員對抗基層工作者的現象，這就是「匿名的階級戰爭」。當然，匿名傾向之所以會存在，是因為它的確為個人創造了一安全的而且滿足於現況的穩定狀態；在匿名的保護下，每個人都可以逃避存在的責任，都不需要特別去做什麼！個人在他的幻想世界中感到十分安全，因為他不必擔心會被他人（團體）點名批判；但這種安全與滿足的代價，卻是個人的思想、豐富的討論及人際的互動都不可能發生！成員相互結盟而抑制了健全個體的發展。這裡必須強調的是，並不是說團體中所展現的集體對抗（如男v.s.女，行政v.s.基層）都是有問題的簡化防衛機轉，而是指「匿名」傾向所可能代表的防衛機轉作用。

三、嫉妒與狀似民主的過程（envy and democratization）*

投射過程並不是只指人們自我中負向部分的外投，自我中「正向」的部分也會在投射過程中轉嫁到他人身上去。當自我正向部分被外投

---

* Envy 與 Jealousy 二詞，在心理分析理論中的意義和中文翻譯的羨慕及嫉妒二詞的意義恰好相反。在心理分析理論英文的意涵中，Envy 是比 Jealousy 更為強烈的一種具攻擊性的情緒。例如我「jealousy」你有一件漂亮的衣服，所以我要去買一件比你更好看的衣服；而我「envy」你有一件漂亮的衣服，則含有「我不能像你一樣有那件漂亮的衣服，我就要把它損毀掉，甚至是對你這個人都予以攻擊」的意義。所以在這裡我採用中文嫉妒一詞來翻譯Envy。因為嫉妒的意思較接近此處心理分析理論中「Envy」的意涵。

時，它的命運要比負向部分好一些。因為一般來說，被投者會對負向
特質感到不舒服而有所抗拒；但正向的特質就像糖衣一樣，人們亦都
多少具有自戀的傾向，所以通常被投者更不易察覺，甚至暈陶陶的接
受了投射過來的情感。譬如，團體中常會突顯一、二位「最有愛心、
照顧人的人」或是「唯一讓團體覺得有價值的人」！正向能力的外投不
只是使投射的自我貧乏（崇拜他人而貶抑自己）；更痛苦的是，投射者
到後來又會「嫉妒」那些被投者，對「有能力的被投者」扣上太聰明
了、有野心及競爭強等論斷，甚至有時還會攻擊他們。（Tom Main, 1975）

　　嫉妒是一種自我貧乏的病症；但嫉妒通常又是被個體所否認而不
明白揭露的，這使得被投者會感受到自己處在被大眾嫉妒的危險位置
上。正向能力投射歷程的後果，便是團體中存在著「害怕被嫉妒」的
氣氛，與投射者對那些擁有自己所外投能力者的攻擊傾向。這種害怕
與攻擊性，使團體中的成員趨向於隱藏自己的能力及思想；確保安全
的「概化」（generalizations）便易出現了。大團體中這種過度匿名化與
概化的傾向，使得有才能的成員在團體中小心翼翼地「做一個平凡
者」；沒有人敢展現他的原創或獨特的思想或能力。每一個人尋求與
他人聯盟以凸顯彼此的相似性──「我們有相同的需要及權力」。譬
如，團體中出現每個人都是平等的、每個人的意見都是好的意見等說
法，「民主」變成大家掛在嘴邊的價值觀。但這並不是真正的民主！
真正的民主是一社會結構的創造體，不同的角色需要具備不同能力的
人來扮演；因此，一個個壓抑的個體出現在團體或社會中時，是不可
能創造出民主過程的！

　　前述大團體中令人感到困擾的三種現象，反映了大團體經驗較小
團體經驗複雜。除此之外，在一些治療或教育性的無結構性大團體聚
會的研究中卻也發現，成員在這種大團體中會經驗到「自我復元」
（the recovery of the self）的過程──在團體歷程中，個體重新發現他們
失去的部分，並且再度把他人當一個完整的個體。探討日常生活中大
團體經驗的主要意義，也就在於發展出如何解放人們在大團體中被過

度壓抑及扭曲的部分！

第四節　社會防衛系統

　　介紹心理分析對大團體理論貢獻的最後，我們不能不介紹社會防衛系統的概念。

　　簡單的說，社會防衛系統（social defense system）是人們非常原始之心理防衛機轉體制化的一種表徵（the institutionalization of very primitive psychic defense mechanisms）；它們協助個體逃避焦慮、罪惡、懷疑與不確定的經驗，但對減低焦慮卻並沒有什麼助益。

　　這裡所謂非常原始的心理防衛機轉，是指嬰兒時期所用來處理本能焦慮的機轉。隨著個體的成熟，個體逐漸揚棄嬰兒時期的防衛方式，而發展出處理焦慮的其他方法；這些方法包括對抗焦慮情境的各種象徵形式的能力、容忍與逼近現實、分辨焦慮的來源及性質，並且成功的經由活動和客體（他人）及現實建立起關係。在成人參與社會的過程中，個體為了對抗精神焦慮（psychotic anxiety）所採取的防衛方式，會將個體束縛進入了社會體制之中。社會體制是「社會結構」加上主導其中人群關係的「文化機轉」（cultural mechanism）；社會結構是角色或位置的系統；文化機轉則是習慣、禁忌與規則，被用來規約社會成員間的關係。因此，社會防衛系統，一方面使個人與集體得以逃避焦慮，另方面抑制了個體及集體自主性發展的空間。（*Menzies, 1975*）

　　要瞭解社會防衛系統概念，梅采（Isabel E. P. Menzies）對醫院護理工作的本質及護士某些共通集體防衛行為的分析，提供了一個鮮活的實例。梅采在「社會系統的功能是對抗焦慮的一種防衛」的案例報告（*Menzies, 1975*）中，先指出了護理工作的性質及護士在醫院護理的工作情境中容易引發的原始焦慮，接著分析了護理服務行動及方式中存在的十種防衛性技巧。

一、護理工作與護士的潛意識幻想情境

　　護士負責了醫院中主要的照顧病患的工作。護理工作的強大壓力不只是來自日夜不息的醫護與照顧病人的職責，直接照料病人的工作性質極易引發每個人面對病痛折磨與死亡的恐懼（照料病危的病人）以及原慾的、性的衝動（和病人親近的身體接觸）。梅采直接地指出護士的工作情境所帶給護士自己都不易覺察的焦慮來源：

> 　　護理工作的情境觸動了護士心中強烈而混雜的感覺：憐憫、關懷、愛、罪惡感和焦慮；但同時他們厭惡帶給自己這麼複雜感覺的病人，又嫉妒病人得到這麼多的照顧。
> 　　護理工作的這種客觀情境衝擊著護士；也就是說，每一個人幾乎是無可避免的被觸動深埋在早年成長經驗所存留在自己心中表現其原始焦慮的潛意識幻想情境（phantasy situation）及相伴隨的情緒。（*1975, p.284*）

　　護士在工作過程中所可能被引發的原始焦慮與潛意識幻想，同樣極易發生在病人對醫護人員的互動關係中。對病人及其家屬而言，醫院及醫護人員的照料，也容易變成他們逃避照料病人的壓力及做重要決定責任的藉口；護士在第一線工作，首當其衝地，成為病人和家屬們依賴或指責的對象。整個醫療工作的性質與醫院醫護的情境，使得護士必須在應付「客觀現實」（objective reality）的同時，在潛意識的層次上經驗著自己的幻想情境。所以在專業化護理知能中，我們可以觀察到處理這些焦慮與修正幻想情境的「技術」。

二、護理服務工作中的防衛技術（defensive techniques in the nursing service）

　　當護士在醫療情境中遭遇到上述的焦慮與潛意識幻想的投射過程時，是和所謂的護理專業與醫院體制相互建構的，此一相互建構的性

質就是梅采所描述的一個「社會性的結構防衛機轉」（socially structured defense mechanisms）：

> 組織成員對抗原始焦慮的掙扎，導致組織中「社會性結構防衛機轉」的發展，此種機轉會經由組織的結構、文化及功能的某種運作方式表現出來。這種機轉的一個重要面相，是個人將自己那些具有特色的心理防衛機轉外化（externalize），並賦予客觀實體的實質。社會防衛系統（a social defense system）是組織成員長期聯盟性質的互動及協議的結果，此一聯盟互動與協議的過程，通常在成員間的潛意識層面上進行。之後，此一社會性結構防衛機轉便變成了組織外在實體的一個面相，老的及新的組織成員都屈從於它。（*1975, p.288*）

梅采接著列舉了護理服務及護理制度中所反映出來的十種社會防衛機制：（*Menzies, 1975*）

㈠護士－病人關係的分裂

護士與病人間的關係，是前述護士原始焦慮發生的主要脈絡；二者的關係愈接近，互動愈頻繁，護士就愈容易經驗到原始焦慮的作用。長久以來，護理服務系統處理此種焦慮的一種方式，便是將護士與病人的「接觸」（contact）分割成系列的工作項目，並由不同的護士面對病房中眾多的病人，分別負擔不同的項目；一般來說，在美國的大醫院中，一個護士大概要分擔照顧三十位以上病患的某幾項例行工作項目。這種分割工作項目的分工合作方式，可以避免護士因和特定的少數病人深入接觸而產生的焦慮。

㈡去人格化、類別化，與對個人意義的否認

前一種分裂護士與病人關係的工作項目系統，需要組織在結構及文化層面上的其他設計的搭配，才能抑制住護士與病人全人對待關係

（a full person-to-person relationship）的發展。這些設計的共通點，就是
儘可能地減低或消除病人和護士的個體獨特性。例如，護士稱病人時
常說「12 號病床」而不是名字；當然，項目分工的工作系統也使得護
士不易記住眾多病人的名字。此外，除了特殊的情況外，大部分病人
都是因其疾病性質及程度而被分類，再因其分類而得到某種照料，個
別病人的需要及希望是不被考慮的，例如每天早上固定時段接受盥洗
照料。這些制度及文化習慣上的設計，都減低了病人與護士做為獨特
個人的意義。

㈢超然與對感覺的否認

「專業超然」（professional detachment）是護理專業入門的一項要
求。護理教育中強調護士要學習控制自己的情緒，避免過度情感的投
入及維持專業的獨立性，都削弱了護士對病人個人化的互動方式。這
些或明示或隱含的工作操作方式及政策，強化了專業的「超然」性。
這裡要指出的是，所謂「專業超然」的工作關係或政策，其實是一種
否認關係中痛苦與困擾情緒的防衛機轉。

在護理服務這種依存在護士與病人互動與關係脈絡中推展的醫療
工作而言，穩定和持續關係的重要性卻是一再被護理工作系統中的各
種設計所否認。除了所謂的專業超然態度外，護士們對自己情緒的否
認以及互動中習慣性的人際壓抑技巧（interpersonal repressive technigues），
都是典型的處理情緒壓力的模式。

㈣以儀式性工作表現來減低做決定的企圖

儀式性工作表現，指照章辦事、按工作指令操作如儀式的工作方
式。在醫院中，實習護士常被要求以一種儀式化的動作及工作程序來
完成她該做的項目；精確的指導及詳細秩序步驟的安排，可以使護士
在醫療服務過程中儘可能不必去面對做決定的焦慮。

㈤用來回檢查的工作程序減低在做決定中負責任的程度

醫療與護理工作中做適當的決定，不只直接影響了病人，也帶給醫護人員心理壓力；一個普遍容易觀察到的現象是，我們常看到醫護人員來回檢查以確保「效度」，因而延緩了做出最後決定的時間。這種現象並不是指那些發生在用藥容易發生危險的情況下，所必須謹慎的醫療行為，而是指在一般性的醫護情況中，護士時而來回複查或是為了做一個決定不斷詢問督導意見與指示的現象。

㈥共同分擔責任或是規避責任的社會性聯盟

護士的角色責任是充滿令人痛苦的壓力，所以護士們會用一起分擔責任的集體聯盟方式來規避面對個人的責任；而資深護士和資淺護士之間相互的抱怨，也時常是一種聯盟性規避責任的人際策略。

㈦蓄意模糊責任分工的正式化角色系統

前面說過，實習護士會接受一套工作項目精確分工的操作程序訓練，但對正式或資深護士來說，角色責任的分際及角色關係的界定，卻又常是未形諸文字、模糊不清的。

㈧將責任推給上一級代言人的方式來規避責任

護士群體內部的階層性是很明顯的，而這種階層性的一個功能是，下位者可以依賴上位者為自己做決定。

㈨對個人發展可能性的理想化與低估

在護理教育的文化中經常傳遞的一個信念是，負責任及個人成熟的理想護士性格不是可以「教」出來的；南丁格爾是一種理想化的人格形象。的確，我們在許多護士培育的教育課程中發現，課程主要傳授的是護理技巧及醫學知識，而很少花心力在如何藉醫療與護理情境

中的真實事件來導引學生個人成熟發展的課程設計上；許多大型醫院也普遍缺乏對護士的個別督導。

㈩逃避變革

要求與渴望護理制度與組織有所變革的呼聲一直是存在的，但變革所帶來的不確定性與焦慮通常會引發人們的抗拒；抗拒變革的力量會展現在人們對既存體制的攀附與依存上。在護理服務的變革經驗中，美國國家健康服務的變革計畫就曾引發病患及流動率明顯增加的後果；這種現象是面對焦慮時尋求再保證的重複就醫的行為。

透過梅采對護理服務工作中所展現出來的社會防衛系統的描繪，不難瞭解前面曾指出有關社會防衛系統的基本功能——逃避了焦慮卻抑制了自主性的發展及問題的解決。它也是心理分析理論中，對大團體歷程及體制變革的一個重要分析概念。

小　結

由前面四小節的說明中，我們可以說，心理分析（特別以克萊恩之理論為主）對大團體理論的貢獻是以個體在客體關係中的心理防衛歷程為其核心概念，繼而對社會關係中人際互動的防衛機轉及社會組織中集體防衛機轉系統進行了詮釋與分析。換言之，心理分析理論是由個體心理防衛機轉的概念為基石，來處理個人與集體間關係的議題。由大團體與社會變革的關係來說，心理分析的概念特別能協助我們理解在社會關係變化的過程中，人們在潛意識幻想層面上如何能發生一個關係重建的心理歷程？原則上，心理分析的大團體工作者認為：有效的社會（或制度）變革，需要團體或社會成員對自己和他人共享的焦慮及因應焦慮的個人與集體的防衛機轉有所覺察與分析後，非幻想性的動態認識歷程才可能獲得發展的空間。所以，心理分析的大團體工作者一直致力於對防衛機轉在個人與集體層面上如何相互構聯的分析工作。

第 3 章

塔非史塔克團體理論

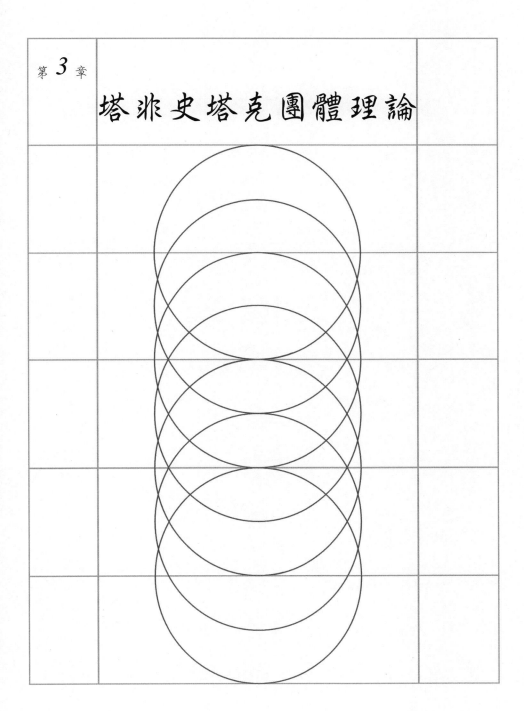

　　這一章主要要介紹的是英國有關大團體的理論。

　　團體心理治療在英國的發展，起源於第一次世界大戰後的1920～1930年之間。在當時戰後社會文化的背景中，人們普遍面臨哀傷、失落、哀悼的生命經驗，以及對抗這些生命經驗的心理及社會防衛機轉。是在這樣的社會背景中，動態社會心理學（a dynamic social psychology）的領域開始受到重視。英國心理分析學派的客體關係理論家（object-relation theoriests）們（如 Bowlby 與 Klein 等人），都是在這時崛起的。這股由心理分析的起點走向動態社會過程與現象的學術，帶動了英國小團體及大團體理論的發展。塔非史塔克（Tavistock）臨床中心就是在這個時期設立的，這個中心曾吸納了許多著名的心理學者。第二次世界大戰後，貝昂（Bion W. R.）成為塔非史塔克中心的領導者，在他的努力下，英國的團體理論及方法形成了獨樹一幟的訓練模式。嚴格的來說，貝昂的理論和佛克伊思（Foulkes S. H.）各自領導了英國團體理論的二個主要流派，佛克伊思的理論被後繼學者接續地發展成「團體分析心理治療」（group analytic psychotherapy）。一個中肯且為大家共同接受的說法是，「佛克伊思的理論及方法是有效的治療取向模式，而貝昂的則是有效的訓練模式」。（Pines, 1991）在這一章中，我選擇以貝昂及米氏的團體理論為主，因為團體分析心理治療取向是以小團體為主的一種方法，而貝昂的訓練模式則以大團體為其基本設計的模式。

　　到目前為止，「塔非史塔克」（Tovistock）一詞有三種意義：⑴它指英國倫敦的「塔非史塔克」人類關係機構，在這一機構中，「塔非史塔克」取向的團體及組織研究工作及訓練工作已進行了三十年；⑵它指一種行為的理論，認為「團體中存在一潛意識的因素在影響人們的行為」，以及「將團體設想為整體要比設想它為個別人格的集合體」要來得恰當；⑶「塔非史塔克」是指一研究團體及組織的方法，它將團體動力、心理分析及開放系統的知識結合在一起，「塔非史塔克」一詞是被視為一團體理論及方法來介紹的。

　　當然在這一章中，「塔非史塔克」團體理論之所以成功地整合系

統理論、心理分析理論及場地理論而成為獨樹一幟的團體理論，主要依賴英國貝昂（Wilfred R. Bion）及米氏（A. K. Rice）二人，貝昂為「塔非史塔克」團體理論的創始者，米氏則將貝昂的團體理論與系統理論結合，建立了一研究組織運作的理論。事實上，即便是貝昂，也並不只是討論團體現象，他同時也對軍隊及教堂等社會機構的運作功能有所討論；換言之，貝昂的團體理論同時是他用來分析社會組織的工具；米氏曾於 1960 年代針對一紡織廠的生產運作流程進行分析研究。他們二人的努力，使「塔非史塔克」團體理論免於侷限於小團體情境的命運而與社會脈絡建立了實在的聯繫。貝昂對團體過程的興趣源自於他在第二次世界大戰中服役的經驗。在二次世界大戰時，貝昂被任命於一家精神軍醫院的復健部門中擔任領導；也就是在那個時候，貝昂開始經驗並意識到如何視醫院為一個小社會，並由此一角度來思考病人的治療方法。

　　他認為病人無論是在大的社會系統中或是在醫院的社群中，都缺乏做一個團體成員的能力。二次大戰後，貝昂到倫敦負責塔非史塔克訓練團體的計畫，而米氏則在 1947 年到 1948 年時曾至倫敦的「塔非史塔克」人類關係應用社會研究中心（the center for applied social research of the tavistock institute of human relations）接受貝昂所帶領的訓練團體的訓練。在接受貝昂深刻的影響後，他亦於 1962 年開始在英、美二地持續地帶領塔非史塔克模式的團體關係研習營（group relation conference）。「塔非史塔克」團體關係研習營提供了成員研究大團體（50～70 人）與小團體（10～12 人）中的行為以及團體間互動（intergroup interaction）行為的機會。

第一節　貝昂的團體理論

一、團體是個人集合體的一種功能

　　將團體界定為一群人的一種功能或多種功能的組合，是貝昂最根本的看法。易言之，團體不是一個或部分成員的某種功能，也不是不具有任何功能的一群人的聚合。例如，一群人在沙灘上散步時，並不構成一個團體，但當一泳客在海中呼救，而原來在散步的這群人立即協力地去援救溺海者，這時，一個團體就形成了，而此一功能可能只維持了十分鐘；亦可能因此一事件而延續發展長達一年。視團體為個人集合體的功能的觀點，也是貝昂團體理論和心理分析理論的一個分野處。也就是說，雖然貝昂也討論「本能」（instincts），但他並未預設一「團體心靈」（a group mind）的存在；相反的，貝昂認為「團體心靈」事實上只是一種退化的表徵。

　　貝昂以為團體退化的此種狀態絕非少見的現象，而是一種常態，就像是每個人身上都具有正常與精神官能性的行為一樣，貝昂認為每一個個人都具有某些精神異常現象的經驗。所謂的「團體」，除了包括一群人聚合而發生的特定功能之外，也同時包括了成員投射出來的扭曲想像；而這些想像之所以產生，是因為成員在團體情境中發生了失落其個體獨特性的威脅經驗。心理分析學者克萊恩（Melanie Klein）所謂過度退化（massive regression）的心理防衛機轉概念，是貝昂團體理論所借用自心理分析的一重要概念。

二、個體過度退化與基本假設團體

　　早在 1913 與 1921 年，Freud 便曾企圖運用心理分析的概念研究人類的團體現象；在近代心理分析學者的諸多發展中，克萊恩對嬰兒經由與母親（哺乳者）乳房接觸過程中所迅速發展的原始覺察（primitive awareness），再到稍後與家庭團體（the family group）的互動對人格發展作用的描述，對貝昂團體理論的建構發揮了深刻的影響。

「過度退化」便是克萊恩用來描述嬰兒在面對生存威脅經驗時所進入的一種原始的防衛性位置（the primitive defensive position）。分裂（splitting）與投射認同（projective identification）是此時所易運用的防衛機轉。（請參閱本書第二章）每一個成人在其生命階段的初期需要和他賴以生存之團體（多半是家庭）的情緒生命（the emotional life of the group）接觸；對任一嬰兒來說，和外界接觸的任務並非易事，倘若他未能達成此一任務時，退化的現象便產生了。對貝昂而言，成人在團體情境中所展現的成員在潛意識的共享情緒經驗及相互聯盟的一個行為世界，即是拜個體退化機轉之賜。貝昂稱一團體成員在潛意識層面所共享的情緒經驗與聯盟的行為世界為「基本假設團體（the basic assumption group）」。基本假設團體是團體中既存的潛意識面相，而相對於此一面相，團體中同時也存在著一能面對及處理團體真實工作的團體功能的面相，此即「工作團體」（the work group）。簡言之，基本假設團體與工作團體是一團體中同時存在但發揮不同作用的面相；我們也可以將之理解為團體中二種不同的行為方式。這二種力量中的一股力量糾結了成員不真實的看法及情緒，形成了團體前進的阻力，而另一股力量則反映了成員企圖合作與共同學習的努力。

在團體中，個體過度退化的防衛機轉的發生，乃是因為團體過程中所發生的複雜人際經驗，對某些個別成員而言，是深具威脅性的，而在潛意識層面上引發了他的精神性的焦慮（psychotic anxiety）。這時，一種退化與防衛的操作機制便被個體用來處理他的焦慮了。（*Colman, 1976*）這就是貝昂所說的「當個體在團體中接觸到生命的複雜性時，成人會退縮到一種克萊恩所描述的過度退化的機轉中，而這種機轉正是人們生命最初期用來面對生存威脅所必要的機制」。（*p.35*）

貝昂並不是第一位論及「共享團體意識」的學者，但他對克萊恩學說的倚重，卻是其他人所不及的。接受克萊恩的學說，使貝昂認為

團體易被其成員在潛意識中知覺成一母性似的整體（a maternal entity）：
成員對團體的知覺是永遠等待、共生（symbiotic）的母親。

　　和貝昂略為不同的一種說法，是客體關係學者惠尼卡（Winnicott）
對團體的描述；惠尼卡認為團體可能被成員知覺為「情感轉移的客
體」（a transitional object）。但不論是貝昂或惠尼卡的說法，都認為團
體在發展歷程上是先於個別化及個體認同（individuation and individual
identity）階段的。在這裡，我們可以說，心理分析之客體關係的理論
（object-relation theories）是貝昂團體理論中人格論的主要基石。

三、個體意識的發展

　　除了克萊恩過度退化的概念外，寇門（Arthur D. Colman）認為，
客體關係心理學者瑪徐樂（Margaret Mahler）解釋嬰童意識（infant con-
sciousness）萌芽與發展的概念，為貝昂提供了人格理論的基礎。簡言
之，在嬰童人格發展階段中，團體意識是大約在三、四歲時緊接著兩
人意識（dyadic consciousness）之後而發展出來的一種意識。寇門便是
在接受「瑪徐樂分離－個體化」（Mahler's theory of seperation-individuation）
的理論後，建立起「團體意識是嬰童人格發展的一個階段」的說法。

　　瑪氏認為，嬰童的生物或身體的誕生（the biological birth）與心理
的誕生（psychological birth）並不是同步發展的；前者是可清晰被觀察
到的，而後者是一緩慢開展的內在心理歷程（an intrapsychic process）。
（*Mahler, 1972*）她認為心理的誕生是個體達到其主體性（subjectivity）的
過程——即「分離－個體化過程」；此一過程通常發生在0～2歲之間，
但若兩歲以前未能順利完成，則可能延續到成人的生命發展中。「分
離－個體化過程」可分成下面三個階段：（*Colman, 1976*）

㈠正常癡呆狀態（a state of normal autism）

　　嬰兒剛出生之際（0～3個月）是沒有任何有關「他人」的知覺與
概念的；也就是說，新生嬰兒處在一種所謂的原始幻覺的無定性

（primitive hallucinatory disorientation）狀態中——即無自我內在與外在世界的分際，「我即宇宙，宇宙即我」的一種混沌的存在經驗。在新生嬰兒的此種意識狀態中，母親並不是另一個體，而是一種功能。一種敏感而正確地瞭解嬰兒的需要並滿足其需求的功能；這時，「母親」餵食或是其他人餵食是不重要的，重要的是此種功能的提供。

㈡共生階段（the symbiotic phase）

大約在過了三個月之後，嬰兒的行為表現反映了他可能開始漸能知覺到外在世界是一個與自己分離的世界，這就是瑪氏所謂的嬰兒度過了正常癡呆階段而進入了共生的階段。這時，嬰兒開始知覺到自我的界線（boundaries of self），但這個界線是十分模糊且擴散的，特別是嬰兒將母親包括在自我之內而非之外的；現在嬰兒與母親是一交融的一對（a merged dyad），瑪氏稱之為「嬰兒母親的共生圈」——在嬰兒與母親之間不存在明顯的自我界線，他們是一體且將其他人排除在外。這個階段對嬰兒意識發展的意義是指，嬰兒的知覺經驗開始由混沌一片的外在世界轉移到特定的一個人身上，這個人雖然尚未被嬰兒視為分離的個體，但此一交融的共生經驗正是嬰兒要邁向個體化的第一步，在共生階段中，嬰兒在母子一體關係中所經驗到的安全感，對嬰兒個體的發展十分重要。嬰兒在關係中知覺到母親與自我之間界線（boundaries）的存在，是一非常緩慢的過程，通常它發生在6～7個月之後。逐漸地，嬰兒開始能知覺到自己的身體及身體的功能是自外於母親而存在的；這個過程，經由嬰兒逐漸增加的口語及動作的能力而加速發展；嬰兒對「非自我」（non-self）世界的知覺變得複雜起來。

㈢分離－個體化階段（the phase of seperation-individuation）

分離－個體化階段是瑪氏用來稱呼嬰兒由「嬰兒母親共生圈」逐漸分離出來的一個過程。這一階段大約是由六個月（共生階段的結束）一直延續到三歲。瑪氏將此一階段分成：分化（differentiation）、

練習（practicing）與再趨近（reapprochement）三個階段。這三個分階段描述了母親與嬰兒關係由一共生的功能狀態轉化到「當嬰兒在與母親保持可接近的空間距離時，嬰兒自主的自我（the autonomous ego apparatus）始得以運作並呈現出一種成長的功能狀態」。用發展過程的語言來說，就是指嬰兒的意識狀態由「兩人意識」（dyadic consciousness）轉化為「個體意識」（individual consciousness）。

四、團體意識（group consciousness）也是發展的一個階段

　　嬰兒開始「認生」（stranger-reaction）通常發生在六個月大之後與一歲之前；「認生」對意識發展而言是一個重要的現象，當嬰兒對母親表示出明顯的喜好時，代表著他開始能分辨不同的關係。嬰兒體能的發展催化了他與母親及外在世界發展關係的能力，比如說，爬行與學步均使嬰兒可以獨立地探索母親之外的他人及環境。換言之，「認生」代表嬰兒在知覺發展上，展開一個新的、複雜的層面。此時，二人共生的關係被一清楚劃分內與外的關係型態所取代；「內」包括了嬰兒自己以及熟悉的大人；而「非自我」的外在環境，則包括了被嬰兒視為「不屬於」自己的人及物。

　　寇門掌握了嬰兒在此一階段的意識變化，並用「團體意識」（group consciousness）來描述在嬰兒意識中緊接著「兩人意識」（dyadic consciousness）而發生的，辨識主客體關係的一個新的階段。當嬰兒的自我世界中，母／子聯合（the mother ／ child union）的意識狀態漸漸削弱，而轉進為家庭環境中其他成員（如父、兄、姊、阿公、阿媽）與自我相結合的一種關係狀態。這種涵括了家庭成員的意識狀態與關係方式的階段，被寇門稱之為「團體意識」。嬰兒在此一階段所意識到的這種原始團體意識（the kind of primitive group consciousness），就是成人團體中所展現出來的基本假設生命的前身。（*Colman, 1976*）兒童此種原始團體意識與成人團體中的基本假設生命的共通特徵是：對團體的認同是超越於個體性（individuality）之上，個人的行為幾乎全然被「角

色」決定，而個人的思考也是團體心態（the group mentality）的一個部分而已。寇門對成人在團體中個體性失落（the loss of individuality）的現象做了如下的說明：

　　對成人而言，個體的失落是種深刻的團體經驗；成人對此一團體經驗的知覺包括二部分：(1)對團體中順從壓力的覺察；(2)個體無法超越團體所設定的角色而自主行動，亦即自我失去了超越角色規範的行動能力。個體在覺察到這二部分的同時，經驗到「和大家（團體）一致」與「在團體中做我自己」這兩者間的衝突。

　　「團體意識」對兒童發展的重要性在於：團體意識擴大了兒童行動的範圍及主－客體關係發展的視野；兒童開始獨立地與其他社會人物發展關係，在任一新的團體情境中探索著自己和別人的關係。在家庭中，兒童逐漸發展出他和不同成員的關係方式，父子、兄弟姊妹的關係皆各具特色。在家庭的小社會中，他建立了自己的特殊地位；簡言之，團體意識便是指兒童在家庭團體中對自己與他人不同關係的覺察以及在關係中運作的行為能力。寇門認為在家庭團體中，兒童發展了一種「我」的意識：

　　毫無疑問，此一個體化的過程與瑪氏所說的分離／個體化的階段同時平行地發生著。（Colman, p.40）

　　顯然的，寇門認為瑪氏只由母子關係的變化來論個體化意識的發展是不足以解釋成人在社會團體中複雜的行動，他企圖藉瑪氏的人格理論做為塔非史塔克團體理論中，人格論的基礎。
　　寇門進一步說到，對多數的嬰兒來說，與母親的關係連結（a bond）要比他和家庭團體的關係連結來得強烈；以成人經驗來說，個體和團體的關係通常較愛人／夫妻關係來得表面化一些。二人關係與

團體關係的這種差別性，更增加了我們視團體意識為個體發展過程中某一階段的重要性，因為個體的認同（individual identy）不只是由母子關係，同時也得出團體關係中轉化形成的。「團體意識」的概念為個人意識發展的連續性提供了一銜接的功能：它銜接了主導個人生命早期母／子連結與稍後發展出來的與家庭及社會群體的連結；而「團體意識」之所以能發揮此一銜接的功能，是因為團體意識的發展使得個體不只是在與其母親，同時也在與家庭社群中其他成員的關係中，認清了自己是與他們「分離」與具「差異性」的「獨特的一個人」。

團體意識的概念使我們看到，貝昂所謂的基本假設團體生命是團體成員兒童期發展階段中的一個部分。

寇門的努力，除了為貝昂的理論建立了發展理論，也使我們對兩人關係及團體關係對成人認同及發展的重要性增進了更深切的認識。我們可以想像，那些在幼年成長經驗中被母子親密關係所主導的兒童長大後，在情感認識及行為方式上，對社會群體生活的投入及對團體的認同，和一般兒童會有相當大的差異。

五、基本假設團體與工作團體

貝昂認為團體中存在著潛意識聯盟的行為世界，基本假設團體的概念便是描述任一團體中存在著的潛意識面相。相對於潛意識的面相，團體中同時也存在著能面對及處理團體真實工作的團體功能面相，此即工作團體的概念。簡言之，基本假設與工作團體是團體中兩個同時存在，但不同作用的面相；這二個面相也可說是兩種不同的行為方式。一股力量糾結了成員不真實的看法及情緒而形成了團體前進的阻力；另一股力量則反映了成員企圖合作以完成團體真實任務（the real task of the group）的努力。

(一)工作團體（the work group）

當都市規劃委員會一起完成一項設計方案，一群工人合力打造出一台機器，或是一小團體固定聚會以研究團體的行為，都是工作團體的表現。

成員做為獨立的個體相互合作以完成工作，成員之所以認同團體，是因為他在團體的工作目標中看到與自己的興趣、利益或是學習的關聯；他選擇投入並樂意看到團體的目標被實現出來。工作團體（the work group）在其目標實現的過程中，會時常以一種科學的精神檢證它自己所做的假設或結論；成員主動尋求知識，由經驗中學習並常反問自己怎麼樣才是達成目標的最佳辦法。團體清楚地意識到自己學習與發展的過程及工作的進度。（*Rioch, 1975*）工作團體的特徵與佛洛依德（Freud）的「自我」的概念十分近似，但在現實生活中，期待一純然理性而又成熟的團體表現是不可能的；團體中無效而互相矛盾的行為表現也是司空見慣的現象──即使如此，團體仍可能在其他時刻是十分有效地在工作著。焦慮挫折時並不意味著這是一個無法工作的團體，它仍有其工作團體的面相存在。

貝昂曾以下面的一個治療團體的一幕來說明工作團體的概念：（*Bion, 1959*）

　　我和六個病人圍坐在一小房間內，A 小姐建議說：「我們直呼彼此的名字，好不好？」A 的提議帶給團體一些輕鬆的氣氛，成員互相友善地、不好意思地笑著。B 先生回應道：「這是一個好主意！」C 先生也表示這樣大家會更接近一點。A 受到 B 及 C 的鼓勵正預備開口時，D 小姐卻說：「我不喜歡自己的名字，所以不想被你們叫名字。」E 先生即建議：「那取個假名好了。」F 小姐一語不發地坐在一旁玩著自己的指甲。接下來一小段時間的團體討論不再有生氣，大家小心翼翼地瞟著別人，幾個人開始對我投以詢問與求助的眼光，B 先生提了一下聲音說：

「我們總要稱呼別人啊！」現在，團體的氣氛夾雜著焦慮與挫折！這個團體在稍早的發展階段中，曾一直把焦點放在我身上，而我的名字是團體中出現最多的。現在，團體開始試著尋找解決問題的方法。

這一段團體過程中，有一點是顯而易見的，那就是七個人要一起交談，知道彼此的名字確實是有幫助的。團體開始覺察到這個事實並有所行動，這便是工作團體的活動。對我來說，上面此一工作團體的功能面相要被證實是存在的，需包括三點：

(1)建立一能設計及轉化成行動的想法（如叫彼此名字以增加友善）。

(2)相信外在環境的改變是要個人相對地做改變，以帶動團體的改變（當大家稱呼彼此名字時，團體就更接近了）。

(3)成員相信這些設計及行動是「真實」的，並需要自己去完成的（名字若不適當就取假名、小名等）。也就是這三個條件使得團體一起去做某件事，在團體的活動中，成員依各自的能力互相合作。

㈡三種基本假設團體

在前面描述的團體中，成員焦慮與挫折時，玩弄指甲與閃爍眼神的表現似乎不能解釋為工作團體的功能，那麼它們是什麼呢？貝昂將團體中的情緒力量稱之為基本假設團體的功能。

基本假設團體便是想描述成員的情緒狀態在團體情境中是如何地相互影響，進而形成了成員在知覺和行為上的特定型態。雖然由心理機轉的眼光來看，每一成員都在團體中有其心理機轉的運作；但一團體在其動力發展的歷程中卻不一定都會出現明顯的、可觀察到的特定型態。原則上，當團體愈大，成員直接面對溝通的機會愈少時，成員對外界現實的試探就愈缺乏檢核；此時，個人對團體某些成員的投射認同便易與現實脫節而形成特定的知覺與行為傾向。團體中易出現的三類特定的知覺與行為：（*Bion, 1959*）

1. 依賴基本假設團體 (the basic assumption dependency group)

團體成員傾向於由一個人（領導者或是被賦予領導功能的成員）身上去得到安全感及保護的感覺，團體的維持有賴於領導者所給予的關心保護以及物質與精神上的引領。例如英雄式的、偶像崇拜式的團體，以神化的領袖來帶領一狀似無能與愚昧的團體。

貝昂相信，團體成員對領導者的這些反應正是克萊恩所謂的投射認同機轉，領導者是接受成員投射的對象；投射認同與團體中易產生的反轉移（counter-transference）是不同的。反轉移是領導者經驗到自己對成員投射出某種情感，而投射認同則是領導者在團體中有被操縱的感覺，覺得團體中隱然有一股力量迫使自己扮演某些成員幻想（fantasy）中的某一部分。在依賴的基本假設團體中，如果領導者並不能符合成員的期待，成員會另外尋找一位符合他們幻想的領導者。成員的貪心（greedy）與不負責任的慾望（desires），和希望自己更成熟及負責任的慾望之間常是衝突著的，而依賴團體正是成員貪心及不負責任的表現。貝昂同時認為，宗教與科學之間的衝突也正像是依賴團體與工作團體二種功能矛盾性的一種表現。

2. 戰鬥／逃走基本假設團體 (the basic assumption fight/flight group)

團體成員對團體生存的知覺反映在戰鬥（主動的攻擊、尋找代罪羔羊）、或是逃避及逃離工作（團體討論時則以開玩笑、離題等方式出現）的行為傾向上，團體行為的特徵是退縮、被動、逃避、反芻過去的歷史等。

戰鬥與逃走像是銅板的兩面，它們可能在團體中交替出現，也可能一種傾向較另一種為明顯。不過，不論是在戰鬥或逃走傾向的團體中，個人都是次要的，團體的生存是先於個人的。在象徵的層面上，為了團體的生存而戰鬥或遁走時，個人是可以被放棄的；在依賴團體中，軟弱的人是有價值的，因為他才有能力驅使領導者來照顧自己，

但在戰鬥／逃走團體中，軟弱是可能被攻擊的。適合這種團體的領導者是一位能動員團體進行攻擊或遁走的人物，團體期待他能辨認出危險及敵人，他代表了勇氣與自我犧牲的精神。甚至，他的性格中還應該帶一點妄想的成分，即便是外在環境中並沒有明顯的敵人，他也會去找一個敵人。被戰鬥／逃走團體所接受的領導者，提供了成員攻擊或遁逃的機會；如果他不這麼做的話，他就會被團體所忽略。

在戰鬥／逃走團體中，恐懼（panic）是常浮現的一種氣氛；貝昂表示，恐懼、逃走及不可控制的攻擊其實都是一件事。當憤怒（rage）在團體中升起時，恐懼便隨之而來；若團體未給予憤怒與恐懼任何出口時，挫折感便油然而生。而「挫折」是基本假設團體所不能忍受的，「逃走」於是提供給成員一立即的、方便的機會來表達他們挫折的情緒（攻擊也提供了一立即的情緒出路）。因此在戰鬥／逃走團體中，推動攻擊力量的成員或者是淡化工作的重要性並促使團體遠離此時此刻情境的成員，容易成為領導者。

3. 配對基本假設團體（the basic assumption pairing group）

團體中兩個突出的成員相互表達對彼此欣賞的感情；二人間彼此的呼應與支持使得其他成員變得被動，團體對生存的認知是寄望於再生產（reproduction），即等待另一「解救者」出現來拯救團體。

貝昂在文章中描述他第一次被配對基本假設的團體現象所吸引的情形：

> 團體中的對話被一男一女所主控，他們二人的表現狀似其他人是不存在的。其他人在沈默中交換著眼神，雖然不是那麼全然在一旁欣賞取樂，但卻是暗示著這二人正在發生曖昧的戀情似的關係。我對團體其他成員的表現十分驚訝，因為這些成員的表現不像他們平日的敏銳；他們似乎有意的將舞台讓給這一對！（*1959, p.16*）

　　雖然貝昂在這一次團體事件中觀察到的主角是一男一女,但配對的基本假設團體卻並沒有必要是一男一女,它也可以是同性別的二個人,只要這二個人的對話及互動關係一掃團體中的「挫折」與「煩悶」,並帶給團體希望與期待的氣氛。

　　配對團體的主要特徵就是團體中洋溢著希望與期盼,在成員的對談中常會出現下列的話題:如只要結婚就會醫好他的焦慮反應;或是如果團體治療廣泛應用的話,可以帶來社會革命;或是春天時一切就會好轉等希望的語言。在這樣的團體中,大家談論著未來的某些事件,其實是對當下的一種反應——「有希望的感覺」。維持這種「有希望的感覺」(the feelings of hope)對配對團體及其「領導者」是重要的,因為與前面二種團體不同的是:配對團體的領導者應該是「尚未出現但是卻被那些滿心希望的成員所期待著的」。與戰鬥／逃走團體相反的一個現象,是配對團體中成員的「容忍」(挫折容忍)力很高,但這種容忍絕非是個人發展成熟的一種表徵。

　　簡言之,配對團體的目標可以說是「再生產」——成員衷心的期待是為了彌賽亞或救世主的誕生而做準備。弔詭的一點也就在此。為了維持希望,新的領導者(救世主)必須是未出世的(unbon)(若真出生了,人類不就沒有希望了嗎?)。

　　由三種基本假設團體的描述中可以發現,它們的發生和形成均與個人在團體情境中對「生存威脅」的知覺歷程有關。因此,基本假設團體的出現可以被視為是成員在團體中生存掙扎的呼聲,雖然它們可能並不真實(它們可能是成員知覺到的現實,卻不等於真實)。總的說來,基本假設團體有下列二項共通的特點:

　　(1)基本假設的團體生命不是外在現實取向而是內在幻想取向的,事實上,它是原始衝動行動外化(action out)的表現。團體中對待探究(inquiry)的態度是缺乏耐心的,成員甚少檢查自己行為的後果,大家的記憶與思考能力顯得很弱,但對情緒卻很堅持的固守著。

　　(2)基本假設團體的匿名傾向強烈,我們很難將團體的行為歸因到

任一特定成員身上。沒有人會出來為自己的行為負責任；團體中的敘述都是模糊不明，成員間的名字有時也會張冠李戴。

這三種基本假設團體對成員企圖改變現況的新想法均是壓抑的，因為改變對它而言是具威脅性的；所以它是維持「既存現況」（the statue quo）的一種掙扎。

基本假設團體形成的心理基礎是個體對權威的害怕。

在以上三種基本假設團體中，成員均共享一對生存知覺的心理基礎：即與「我的生存和權威者（他可能是團體的領導者，也可能是團體中我認為高高在上影響我的人）有直接的關聯，他會依我在團體中的表現來評價我」。為什麼一個權威角色對個人的評價這麼重要呢？這是因為在當事的人知覺裡，權威在關係中的被評價，是和「我是被拒絕抑是接受」的結果相等同連接的。這種對自我價值的知覺，是和個人幼年和權威關係者的相處經驗有關的；每個人生命的最初十多年，均不得不強烈的依賴撫育他的成人（父、母或是代表撫育職責的成人），因而這個成人對「我」的拒絕或接受便直接的影響到「我」的生存。「他若拒絕我，我的生命延續都受到威脅；我害怕被他拒絕。」這種在與我視之為權威角色的關係中所潛藏著的害怕（害怕被拒絕），是在團體情境中影響了我對自己生存知覺的一主要的心理動力因素。個體若想要在團體情境中發揮自己的力量以促進團體的發展，並希望能對其他成員之權威關係反應模式有清晰的察覺力的話，擔任團體領導角色的人就不僅要能察覺到成員可能對自己（領導者）的情感投射和知覺反應，還要能進一步的協助成員在和自己的關係中釐清他對權威的不真實的害怕，以使個體能由這種害怕中解放出來，這時，成員才得以學習在團體中做一個自主的、獨立思考的個人，自在地和他人互動。

簡單來說，基本假設團體經常地引誘團體領導者放下他做為領導者的工作角色及功能。不過，雖然基本假設團體對工作任務有所打斷，它也不全然是負向的；如果領導者能擅自運用團體中潛在的情緒

生命，它們也可以回過頭來更動員成員走向工作。我們可以說，一個有效的團體是有能力驅使其基本假設團體為其工作團體服務的。瑞曲（Rioch）比喻工作團體像專注在如何睿智規劃生命的一位態度嚴肅的父母，而基本假設團體則像貪玩或害怕的小孩，只想要得到慾望上的立即滿足。

　　貝昂特別強調的一點就是，工作與基本假設團體存在於任一團體的過程中，而且二者都是必要的。基本假設團體的存在是毋須我們費力去催生的，它一定就存在那兒，但工作團體的進展則有賴成員的專注、技巧與知識的學習，以及能將創造性的動力組織起來。貝昂對人們在工作團體中的能力具有健康與尊重的態度；他認為，只要團體能學習反觀與研究自己的行為，並能對基本假設的團體傾向提出合宜的分析，就可以使成員的意識提升而不被幻想性質的「生存威脅」所主控。因此，貝昂指出，團體經驗的一大價值就在於它開啟了人們對共享潛意識世界的覺知，並有意識地經驗了工作團體的各種可能性，但值得提醒的一點是，他特別指出工作團體所需要的並不是大量的愛或溫情，而是每一成員逐漸增加的能力，並以負責任的態度去運用自己的能力，為了共同的任務而努力。

六、團體發展的階段

　　塔非史塔克的團體工作者依據他們的理論，設計了一十分獨特的實踐方法──團體關係研習會（groups relation conference）。（見本章附錄）

　　經由他們對大團體及小團體的觀察後，將團體發展的二大階段歸納在表1、2中。（*Bion, 1959*）

　　(1)團體發展的第一階段：依賴－權力關係（phase Ⅰ of group development: dependence-power relations）：內文請見表1。

　　(2)團體發展的第二階段：相互依賴－個人關係（phase Ⅱ of group development: interdependenbe-personal relations）：內文請見表2。

表 1　團體發展的第一階段：依賴—權力關係

	分階段(1)依賴—順從	分階段(2)反依賴	分階段(3)解決
1. 情緒呈現的形式	依賴—逃走	反依賴—逃走。成員之間的戰鬥，但未鎖定目標。對領導者的不信任、矛盾的情緒	配對。強度與密集地投入在團體的工作中
2. 內容主題	討論訓練團體之外的人際問題	團體組織的討論；例如為了「有效的」團體行為，團體需要多少程度的結構性	對訓練員角色的定義及討論
3. 主要角色	具有豐富組織或社會經驗的自我肯定的、攻擊性的成員	自我肯定的、反依賴及依賴的成員。是主要角色而較不自我肯定的獨立與依賴的成員會較為退縮	自我肯定的獨立者
4. 團體結構	依據成員的過去經驗而組成的多種次團體（multi-subgroups）	小派系形成；各派系分別由反依賴與依賴性成員組成，亦各有領導者及成員	團體重整以追求目標並建立內在的權威系統
5. 團體活動	自我取向行為，且多屬對晚近各種社交聚會的回憶性敘述	意見調查機轉的追求：如投票、設立主席、尋找「有效的」主題（內容）	團體成員取代過去認為是訓練員才可以做的領導角色
6. 催化團體運動的主要因素	領導者（訓練員）拒絕結構化情境所需的傳統角色，設立公平遊戲的規則以及參與的規則	團體中最為反依賴及依賴的成員：他們對不確定的團體情境已能接受，但伴隨著他們對領導者的不服從，成員為了逃避焦慮而形成團體	自我肯定的、獨立性高的成員發揮著觸媒的作用：他藉由發動與設計某些事件使領導者「出局」，並因此將次團體混合成一個大團體
7. 防衛	・投射 ・對權威的否定	團體進入第二階段	

表2 團體發展第二階段：相互依賴─個人關係

	分階段(1)喜悅	分階段(2)失去歡樂	分階段(3)相互協同的效度
情緒呈現的形式	配對─逃走團體變成被成員尊重的偶像，而且是不可分析的	戰鬥─逃走焦慮反應、對不同團體成員的不信任與懷疑	配對暸解、接納
內容主題	「團體歷史」的討論，通常是對團體成員有益的正向的討論	分階段(1)時的內容主題再次浮現：團體是什麼？我們在這裡做什麼？團體的目標是什麼？我個人需要放棄什麼才能屬於這個團體（團體要求親密與情感投入的程度）。由對自我私人領域的侵入 vs.「團體的禮物」的辯證過程中，建立社會行為的合適規則	內在評估統（或一課程評估系統）的建立，成員角色及評估的討論
主要角色	第一次對參與的重新分配；個人化被過度地突顯出來	最為反個人化與過度個人化的個體；特別是反個人化的成員易成為主要角色	自我肯定的獨立者
團體結構	團結，聯合。十分容易接受建議。LeBon 所描述的「團體心靈」（group mind）可以適用在這裡	成員資格重新結構成二相互競爭的次團體；次團體是由對在社會互動中的親密程度分享了相似性的成員組成。例如，反個人化及過度個人化的次團體；其實不論是哪一種次團體，私人的個人部分其實仍是維持在未給予承諾的狀態中，個人是視情境需要而行動的	基於個人取向的人際連結減少。團體結構現在被預設為基於工作實質而非情緒取向的情境需要而設定的。成員在重要議題上易取得一致性

團體活動	笑、開玩笑、幽默。計畫團體外（課堂外）的活動。伴隨著「玩樂」活動，快樂被納入體制中。互動及參與的比例很高	以不同的方式對團體進行非難：高缺席率，團體整體互動的中斷或遲緩，時常出現團體意義感不足的話題，否認團體的重要性。尋求個人協助的成員易被團體拒絕	和其他人溝通自己的人際關係自我系統（self-system of interpersonal relations）；例如對自我意識的覺察，對他人用來預測個人行為後果的概念系統有所覺察，以更貼近團體現實的說法接納團體
催化團體運動的主要因素	成員因訓練員拒絕與團體幻想「同流合污」而得到獨立及成就感，發展或衍生出某些一致的有效的溝通方式	團體失去歡樂是因為團體生命的幻想與期待。成員對自尊威脅的知覺促使團體依據他們所期望的親密及情感的多寡而分裂。反個人化及過度個人化的個別成員用非難或否認進一步團體投入的方式來緩和焦慮的來源。次團體形成以逃避焦慮	因為外在現實團體的結束以及一課程評估系統的需要，在個別成員的領導下，團體試探與檢證現實，成員在投入團體的前提下，減低了自己的抽離

* 此表之資料取自 1959 年塔非史塔克機構所發行「人類關係」第 9 期期刊。此資料的原始來源係一為期 17 週之訓練大團體的團體過程。

第二節　米氏組織系統理論與團體關係訓練模式

塔非史塔克團體理論的另一大支柱，便是以米氏為代表的組織系統理論（a system theory of organization）。組織系統理論將貝昂的團體理論與系統理論相結合，使我們得以對團體任一既存組織系統的維持及運作的作用進行分析。組織系統理論視任一企業整體或一部分都是開放系統；所謂開放系統的意思就是指該系統為了生存並得以和其外在環境互動、互換物質。大致來說，米氏的理論包括二大部分：活動系統（systems of activity）的概念與團體間交流（或稱群際交流）（intergroup transaction）的概念。

一、活動系統、界線控制與團體間交流

首先，米氏視企業體或一組織為「活動的系統」（the systems of activity），即經由系統的活動（輸入→轉化→輸出）的過程得以完成一組織的任務。「活動」（activity）是指工作的單元；活動是可以被人或機器等其他工具所完成的。「系統」一詞，在此處是指一系統中做為元素的活動，多少與系統中的其他活動相互依賴；而這一系統做為一個整體來說，又與其他相關的系統有某種獨立性。因此，一系統有一界線（boundary），這些界線使系統得以與其環境有所區別與分隔，也才使得系統得以由其輸入與輸出之差別而被測量。（*Miller & Rice, 1975*）

米氏將任一組織活動系統中的活動，依其功能區分為三類：

1. 操作活動（operating activities）：直接對輸入→轉化→輸出過程有所貢獻的活動。例如，皮鞋廠將皮革轉化成皮鞋的操作活動。

2. 維持性活動（maintenance activities）：取得及補充生產操作活動的資源。例如，學校的總務工作、招生工作等。

3. 調節活動（regulatory activities）：使前二者及組織之內在活動與外在環境相關的活動。例如，工廠中的品管工作、學校的畢業考。

上面三類活動中，調節活動具有一特別的作用──因為調節活動的存在，才使得一系統不同於「一堆」活動並保有其界線。調節活動與輸出活動有關，調節活動使輸出活動秩序化，以確保此過程之完成，並使系統做為一整體時是和環境相互關聯的。調節活動的功能又需靠下面二類不同功能的活動合力完成：（3a）檢視活動（monitoring-activities），與（3b）界線控制（boundary control activities）。檢視活動是一系統內的調節活動，它是用來確定操作活動是否達到目標，例如，木匠切割木頭後，停頓一下檢查方向是否正確，隨即再進行操作活動，這種檢視與修正的活動並不會停止生產過程，如圖 1 所示。

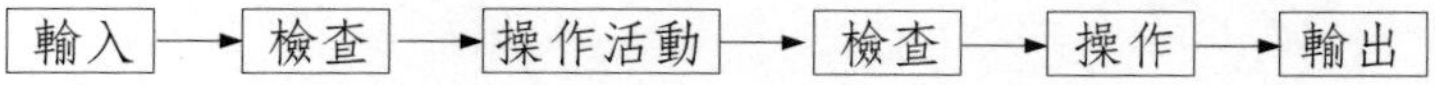

輸入 → 檢查 → 操作活動 → 檢查 → 操作 → 輸出

圖 1　調節活動系統圖

界線控制功能是指控制了系統與其外在環境間的輸入及輸出的功能；它是由一組發生在系統及其環境之界線上的活動來完成的，它是操作活動之外的活動，如圖 2 所示。

操作活動

界線控制功能

輸入 →　　　　　　　　　　　　→ 輸出

圖 2　界線控制功能圖

界線控制功能是米氏最為倚重的一個概念，因為他認為，一系統中，界線控制的功能與團體的領導功能具有相似性。

如前所述，在任務團體（task group）中，每一成員工作角色所要求的是：必須在現實生活中完成工作，為了工作表現，他們必須理性的行動著；但在同時，他們的行動中亦出現著某些基本假設團體的傾向。米氏由系統的觀點對團體領導的功能做了一個重要的提示，他說：

> 領導者或領導的功能相等於人格的自我功能（不論團體是大或小），領導者被團體要求的一項主要功能便是使團體的內在和外在環境相關聯。亦即，團體的領導者具有一界線功能，它控制了團體內在世界與外在環境的交流。領導功能並不必要是一個人完成的，在不同的時間、不同的情境，亦可由不同成員發揮此一功能。（*Rice*）

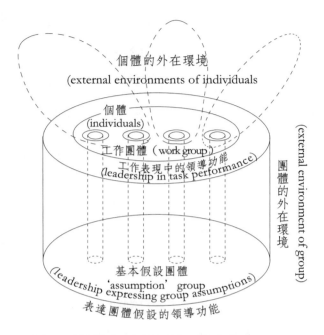

圖3　團體內在世界與外在環境界線圖

* 上圖中的虛線均表示基本假設團體，當基本假設團體發生作用時，一方面會對理性的工作團體部分進行影響，另一方面個別成員在團體外過去生命經驗與人際的聯盟也會侵入團體。（*Rice*）

　　米氏更進一步地用上面的圖解，來說明「工作團體」與「基本假設團體」做為一團體的內在世界的二層面和外在環境間的界線。

　　米氏的努力主要在於他將貝昂的團體理論應用到組織系統中，從而看到了基本假設的情緒生命對「界線」的影響。如果我們將視野拉回到日常生活中任一組織系統中的團體經驗，便會發現，除了在最上層與最下層的成員，絕大多數的成員都至少同時是二個團體的成員。因此，團體與團體之間的關係及互動就是一非常重要的現象了，團體的界線亦隨著各團體之間的互動而有所變動。

二、團體與團體間的交流（或稱群際交流）（intergroup transaction）

　　任何一群人或是一個團體也像個體一樣，有它希望被尊重、被看到的需要，為了生存發展，它也需要與外界（其他團體）發展互動的關係。當一個團體 A 選出一名代表和另一團體 B 進行溝通時，四個新的範疇就產生了：(1) A 團體與代表 a；(2) a 代表與 B 團體；(3)加入了 a 的 B 團體；(4)失去了 a 的 A 團體。當任一團體選派出一名代表出去溝通與互動時，該團體的發展有可能減弱，亦可能更為成長；主要的關鍵在於，當代表不在時，團體其他成員變得更為主動還是被動。米氏指出任何團體間的交流與互動關係一旦設定後，新的界線隨之發生，這些新的界線是有可能強過舊有的界線的。團體間交流的關係也有可能是破壞性的，因為它削弱了熟悉的界線。但是任一開放系統，為了生存一定得某種程度的深入與其他團體的交流。所以，團體成員無可避免的會面臨一種兩難的處境：一方面留在原來的界線內是安全的，所以想避免跨越界線的互動；但一方面，為了生存就一定得冒險和外在環境互動。圖4就是四個團體各自推派代表而形成一團體（representatives group）的界線變化狀況。（*Miller & Rice, p.61*）

　　米氏的概念使得我們對一組織或大團體中的各小團體間關係變化，以及組織系統與環境的多種交流，得以進行分析。因此，瑞曲（Rioch）認為塔非史塔克理論在注入了米氏的概念後，所設計的團體關係研習會為成員創造的學習經驗像是對「社會的一種反映」（a reflection of society）。（*Rioch, 1975*）這時，我們再回頭來說明一下「塔非史塔克團體關係研習會」的實際設計，就更可以瞭解貝昂的團體理論與米氏的活動系統理論是如何相整合形成一個大團體訓練的基本模式了。

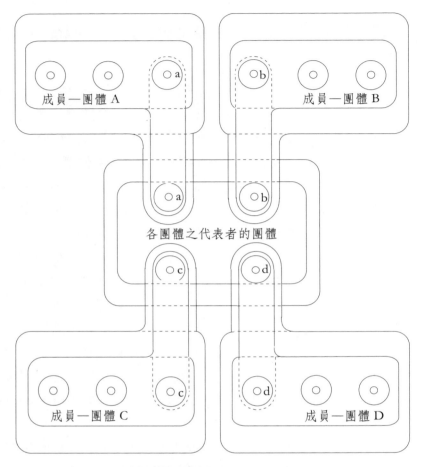

圖 4　代表團體界線變化圖（*Colman, 1975, p.61*）

　　簡略地說，「團體關係研習會」的設計，包括了：**無結構性的小團體（8～12人）及大團體聚會時段、議題主導的工作小團體時段及工作小團體間互動的組織過程時段，再加上最後回顧團體經驗及銜接實驗性質的研習經驗與成員真實生活的小團體時段。**（請參考本章附錄的模式說明）在這麼複雜的設計中，團體成員在不同性質的活動中來往於大、小團體之間，不只體驗了貝昂所描述的基本假設歷程及工作團體歷程的矛盾動力，也參與到一個組織功能系統的運作機制

中；這種激發了個人心理、人際、團體，以至組織系統的多層面的大團體經驗，確是任何小團體訓練模式所無法取代的。

小　結

　　塔非史塔克團體理論和心理分析大團體理論，同樣地借重客體關係理論，不同的是，在融合了米氏組織系統與活動系統理論之後，塔非史塔克團體工作者建立了一套獨特的「訓練模式」。這裡必須再次強調，貝昂的團體理論及方法是一個側重訓練而非治療的取向。另外，米氏的組織系統及界線的概念，使得塔非史塔克團體工作者能對工業組織的運作進行活動系統的分析。

附錄：典型研習會議模式的描述

（Description of a Typical Conference）

（摘自夏林清譯，《團體治療與敏感度訓練》第 204～217 頁）

　　塔非史塔克研習會議的性質，在米氏所著的《領導的學習》（*1965*）一書中有最清楚的說明。為了能以具體實例來說明此種特殊的研習會議，我們有時會以 1972 年 5 月所舉辦的一週末研究營中的團體歷程為實例來說明。這一次的會議有特定的主題——探索團體處境中的兩性工作關係——而會議的設計則十分清楚的是與塔非史塔克模式相一致的。

　　研習會議由一簡短的始業式開始。始業式以大團體的形式展開，這之間有某些儀式的層面（*Rice, 1965, p.36*），它同時提供了整個團體共聚一堂的功能。在整個研習過程中，也會有幾次是大團體共聚一堂來回顧團體的時間。因為此次研習會是採住宿式，所以某些重要的生活起居細節（如餐點時間），可能在始業式中會被提出來，並且介紹了研習會的行政秘書給大眾認識。至於研習會的目標，則以一簡短的敘述寫在成員的手冊或單張的活動說明上。這一簡易陳述設定了研習會中團體事件的流程，諮詢者（cousultants）甚少去重複說明它。成員被告知研習會的主要工作是探索潛在的團體歷程，特別是那些和權威有關的事件，團體中也沒有對一個人會學到什麼有明確的描繪。換言之，鼓勵成員為自己能由經驗中得到什麼負起主動的責任；而且，成員最好放棄能由工作人員身上學到特殊的「功課」或認知刺激的期待。

一、小研究團體

　　小研究團體由 8～12 人組成。人數要少到是成員之間能夠感受到某種程度的私人關係，而又大到能夠使成員不必持續的感到自己必須要一直說話的壓力。研習會議的設計者企圖增加團體成員的異質性，而減低成員彼此間有正式或非正式關聯的程度，以使團體能由原點起步。

　　小研究團體通常在始業式之後隨即展開。這麼設定的想法，是它應該構成第一個基本的團體事件，因為：

1. 它是研習會中最頻繁也最密集的事件。
2. 它通常是令成員最為焦慮的事件。
3. 這種面對的團體能提供成員一原始團體的認同，而在有此認同後成員能參與之後的其他研習會事件。

　　在研習會課程表安排下，小研究團體在正式結束的前一段時間結束；在研習會前四分之三的時間中，是小團體固定的聚會時間，而到最後四分之一的時段時，小團體便不再有聚會時間。如此設計的信念，是相信此種程序可使成員先有分離結束的經驗，而這有助於成員有較現實的期望，並對整個研習會的結束有一較好的準備。這樣的話，他不致一下有了同時失去小學習團體及大研習團體的感覺。米氏及其他工作者更進一步的認為，研習會要在與成員在會外的生活有直接關係的團體事件中結束——應用團體（application group）與團體間（intergroup）事件（下面會說明）——這有助於成員完成一平順而不突兀的轉折，而由密集強烈的研習會經驗回到日常生活中去。

　　典型的小研究團體的領導——諮詢者，是研習會的工作人員。通常他不給團體任何正式的說明或介紹，而只是在團體中等待成員發言與互動。保持此一沈默的原因，是希望建立與一般正式的工作團體所不同的團體文化；在一般工作團體中，領導者傾向於較權威的角色。另一原因是，因為研習會的根本目標就是在研究潛在的歷程，而這已

在始業儀式及會前大家收到研習資料時便發生了！

　　如米氏所定義的，小研究團體的目標是「提供一機會來學習團體中所發生的人際生命」（1965, p.57），因此團體重視此時此刻的經驗。個人的行為無可避免的被視為團體力量的一種表達，因此，所有諮詢者的介入，都直接指向整個團體而非特定的個體行為。此一方法也不企圖使一個人更覺知到他在團體中的功能，是因為他與其他人所不同的特性。

　　在塔非史塔克的有關文章中，諮詢者的介入通常被稱之為「解釋」，這樣的「解釋」具有較廣的用意，它涵蓋了多種不同的陳述。

　　雖然諮詢者的許多介入，看來像是傳統的解釋，因為它們都是在探索某一特定行為可能的意義是什麼。其他的介入則較傾向於行為取向，以指出團體互動中的明顯行為，但不認定它們隱含的意義。例如，在一團體初期的某次聚會時，當團體成員經過了二十分鐘左右無傷大雅的閒聊後，領導者（即諮詢者）可能指出，團體對話的主題完全是團體外的事情，而沒有一個成員說了任何與團體情境有關的事。當該領導者的介入，指向了對每一成員而言均十分明顯的行為層面時，此一介入的潛在效果是使得團體對這些閒聊行為的防衛逃避性質有所敏感──即指這些行為是成員企圖用來對付焦慮的防衛性逃避行為。我們可以再一次的發現，這裡與個別的心理分析有一相當直接的平行關係，因為分析者的解釋均指向病人或成員的抗拒關係及逃避，特別是在治療的初期階段。

　　依塔非史塔克的理論，大部分的研究團體在初期所經驗到的抗拒，是成員們為了對抗自己在此時此刻對領導者的幻想與感覺而產生的。以米氏所帶的一個團體為例（1965, p.59），當該團體成員以討論最近發生的一件謀殺案開始他們的團體時，米氏打斷團體討論並說，到目前為止，團體的討論事實上使他（米氏）變成了謀殺的對象，因為團體忽略了他的存在，並防止他去幫助團體更有效地追求它的工作。隨後，在另一事件中，當一成員在團體成員一直逃避去面對他們的感

覺而參與一些無效的掙扎活動後，用手拍著桌子大聲說：「好了，讓我們清洗乾淨我們的甲板」；這時，米氏說他懷疑甲板之所以要清洗是因為團體想與他打一仗，因為他拒絕以成員所期待的方式來領導他們。

大部分團體的初期活動，均試圖要諮詢者告訴他們做些什麼的方向上去。而做為該團體的領導者，米氏並未滿足此一要求，反而在他的解釋中點出，團體的此一行為像是一嬰兒似的企圖──企圖逃避認真工作的責任。因此「做為一個領導者」，米氏在他的解釋中暗示性的指出，是每一成員都有能力做的特殊活動──簡言之，即對自己行為的原始資料能產生理性意識的一種企圖。諮詢者說：「我沒什麼特別的把戲；我所做的只是反映了觀察的力量以及運用自己的觀察力量，以瞭解什麼事情正在發生；我邀請你們也來運用你的觀察能力及以和我相似的方式來從事理性分析。」在日常生活中的工作團體也有一相似的傾向──期待來自領導者的魔力，面對失敗時對領導者的指責是對抗無助感的一種防衛，同時也視他為團體中所有好的感覺的源頭。然而，在大多數工作團體中領導者所扮演的權威與管理的角色，以及將成員的注意力導引至必須完成的工作（如實施計畫、完成預算等等工作）的需要，都減緩了團體覺察到團體內這些傾向的可能性。小研究團體是十分獨特的，像心理分析的情境一樣，成員的注意力由外在刺激及事物，被帶到平常未被探索的有關團體生命的資料上去，特別是有關感覺的部分。領導者在不去實現成員期待的情形下，去幫助成員更覺知到自己嬰兒似的幻想，而這些幻想常粉飾著一般的團體。

在經過被挫折與困惑的初階段之後，成員通常由諮詢者的冷淡中獲益；團體成員集合性的心理生命部分，都是可被探索的（不管是多原始、害怕或是期待的），這些探索都是「人類條件」的另一面相。另外，成員所流露出的任何有關自己的部分，均被解釋成大家在團體中所共同享有的，而非某些有別於其他人的特點，這可幫助成員減低他們的自我防衛，稍後成員可能對團體的率直坦白及自由隨意開始有

所評價。逐漸地，成員對領導者所帶動的這種發展表達出非常正向的感覺。即使如此，領導者對分析瞭解的追求可是毫不含糊的，因為他將自我評估及自我慶賀的需要，解釋成對一事實的否定──這一事實便是，成員的經驗基本上是一混雜的經驗，所有的學習和進步是不確定及不完全的，而不久又得為了團體結束的痛苦而有所準備。當領導者拒絕與成員一道來肯定及評估在団體已學習到什麼的時候，領導者再次的挫折了団體的期待，而這種評估正是在組織的會議中常發生的。

在小研究團體中，有關學習是如何發生描述在塔非史塔克的貢獻中並未明白指出。在有關的文章中，隱約的暗示著這些學習與心理分析中的改變理論近似。塔非史塔克的一個假設是：在一「被贊同」與「結構」的需要被否定，以及在強烈的幻想及情感被煽動的氣氛中，學習是最多的。經由諮詢者非權威的坐化行為，成員扭曲的知覺被拋擲到一釋放的歷程中；當感覺得以公開表達及被接受時，它們就不再那麼令人害怕！同時，成員經歷了一領導者避免自己陷入全能角色的領導模式，雖然此種領導模式是較有限制的，但卻是較有用的，能協助成員去觀察、衡量各種可能性以達到合適結論的一種領導模式。

研究團體中獲得的領悟通常是近似本能的，僅有個人才能體會到的，因此，它是針對當下情境的一種獨特學習，而非「科學的」，可被擬化至許多情境中的。如我們所看到的，學員並未學習到可直接應用到日常生活中的工作團體，有關團體行為的通則，但他卻對可能發生在團體中的豐富、細微但複雜的歷程有所體會。每一個團體有它自己特殊的問題，一旦它回到自己的組織之內，他就必須做他自己的主人，而且將為自己做選擇，來決定在團體中哪些特殊的張力是需要被干預介入的。

二、講課（lectures）

塔非史塔克研習會包括了一系列的講課，可能一天一次，這些課程中企圖提供純然認知的內容。通常這一系列的講課分成二部分，第

一部分是關於團體行為的理論，第二部分則是有關應用這些理論到真實工作情境中的論述。雖然這些講課的目標擺明的是教導性的，但它們卻也像是傳統教育取向與研習會強烈的非直接經驗性取向間的橋樑一樣，使得研習會的氣氛稍微減輕了成員焦慮的程度。

　　在美國舉辦的研習會，特別是短期的研習會，傾向於省略了直接的授課部分。自從成員們對此種經驗性取向的研習會漸漸習慣，因而省略授課部分也是恰當的，因為成員也較少去期待他們會被學術性教室的形式來「被教」。

三、大團體事件（the large group event）

　　與其他模式來比較，塔非史塔克模式對大團體的特殊動力，有系統地付出了它的注意力。「大研究團體」的目標和小研究團體是相似的，只是團體由 30～50 人組成（包括研習會的所有成員）。因為團體是如此之大，所以它的過程要比小研究團體來得複雜，因此，一大團體有二名被指定的諮詢員。通常，小研究團體在大團體事件被介紹給大家之前已先有了幾次的聚會，因為小團體比大團體更容易引導出成員對它認同的意識（*Rice, 1965, pp.33～34*）；這種認同，應能幫助成員減輕他對研習會的焦慮，同時為個人說明了團體生命的一基本動力。在研習會中，會有幾次的大團體時間；不過在接近尾聲時，大團體的結束是設計在小研究團體之前結束的，如此成員才能利用小研究團體中較熟悉和一致的氣氛，來度過在大團體中被激起時對忠誠的高度緊張與焦慮。

　　諮詢者領導大團體的角色亦無異於小研究團體。他不做正式的介紹，因為成員已依團體的目標而自然的聚合成一大團體，所以他便等待某位成員開始大團體的討論。如同在小團體中，他的介入主要採取觀察與解釋的形式。因此，我們下面的討論將專注在那些小團體不同的動力呈現及運作的方式。

　　米氏（*1965*）對由小團體到大團體事件時，一成員的情境是如何在

改變的歷程，提出了現象學的分析。雖然不論是在大或小的團體中，只要是坦露與出現自己的現象，都毫無疑問的會有某些焦慮，但在親密度較低的大團體情境中，此種焦慮感會更為強烈。成員在大團體中要有勇氣發言可能會覺得有罪惡感，因為有更多的成員在競爭這一席之地，然而，也正是由於大團體可被視為增加緊張的來源，它也同時增加了成員經由匿名與隱藏自己來防衛自我的機會，因為任何人在大團體中的沈默是較不可能被注意和批評的。

　　衝擊大團體的根本問題，是它要能以某些方式來界定自己以及界定個人與團體、團體與團體間，以及時間與空間的重要界線；這個任務並不容易達成，因為對這一大團體而言，要能產生成員所分享而能給予大家一集合性認同意識的共有經驗是不容易的。例如，一清楚界定的工作或目標，一個標語或鮮明的旗幟，或是一共同的敵人等等。再說，在研習會經驗中看來，觸手可及的認同來源──小研究團體──卻又是各樹一幟地形成割據一方的局面。最後，大團體也就因為它的人數過多而更不可能如小團體般，能生產一致的、退化的自衛性策略以抵抗團體工作。所有這些因素形成的矛盾結果，使大團體時常被迫地繞著內部彼此爭鬥或分裂的部分，並以其為主題而進行著；如貝昂所指出的，諮詢者可對此一現象做如下的切實解釋：「看來只有在分裂時我們才能整合。」（1959, p.80）諮詢者的這個解釋卻時常被成員聽成一種建議──建議團體分成二個較小的團體以便利於管理及運作。接著，通常是另一小團體會發出反對此種建議的聲浪，結果團體不必在形體上真正一分成二的，但現在卻在這一事件清楚地分成二股對立的力量。

　　如前所指出的，團體的分裂部分是反映了此團體的一個現實──即它缺少一清楚明確的內在和諧或結構。米氏也指出，導致團體內此種分裂的心理動力因素，即是團體成員對團體潛在的暴力與毀滅力量的恐懼，所以當團體被分化時，此一危險就減低了。至於此種害怕與恐懼是如何運作的呢？米氏認為基本上是依靠投射的機轉。換言之，

因為大團體比小團體來得散漫和不容易清楚界定，所以它便成為一更適合於成員投射出內心敵視的對象。所以大團體的易變與流動的潛能，為群眾形成原始與無政府狀態的潛力提供了某些現實的基礎；而這種現象（原始與無政府的群眾現象）是佛洛依德企圖創立團體心理學所低估了的。（1922）

四、團體間的互動練習

如前所示，小研究團體是整個研習會的第一個主要事件，再來是大團體。在大團體已聚過一、二次後，小團體間互動的練習便開始了。這時，成員同時面對他的研究團體以及所有小團體一起參與的一大團體情境中。現在，藉團體間的互動練習，成員進入更為複雜的情境，這時，他必須成為一面對面的小團體中的成員，我們稱這個小團體為「會員資格團體」（membership group）。會員資格團體與小研究團體的組成分子是不同的，在這時，他得與其他會員資格團體中的成員開始某一種正式的協商。當團體開始與另一團體協商時，這種學習就被促動而產生了。這是在研習會中成員第一次面對一項工作，這個經驗是小研究團體所沒有的。現在成員必須得試著去和其他團體溝通，也就是此時，研習會議的生命開始更接近組織的問題及機構中政治權力的問題，而這些都與回家後的真實生活情境十分近似。

在早期的塔非史塔克研習會中，有關團體間關係的研究，是藉由指定「會員資格團體」一項任務來推動；這項任務是要團體去填滿研習課程表上預留的某些空白的日子。研習會的設計就只是告訴成員以他們想要的任何方式來分成小會員資格團體，然後這些團體要以某種方式來達到對研習活動所留給團體的四次聚會內容的一致看法。因此，團體的原始工作是計畫這四次聚會，而同時成員的副學習將學習到——當團體圍繞一特定作業互動時發生了些什麼。這是初期的設計，爾後，米氏與其他人認為，如果此一練習的主要目標是學習有關團體間互動的關係，它就應成為一主要而非次要的焦點。所以在一開始形

成會員資格團體時,給予某些一般性的方向後,指定作業是並不被明白揭示出來的。成員被告之以他們的基本任務是「研究成員團體與工作人員團體間的關係」。換言之,等於是研究這整個研習會。面對會員資格團體致力於完成這項交給他們的工作,他們得決定將傳遞給其他會員資格團體哪些訊息;在這之間,他們將設立政治的運作機制,以傳送這些溝通以及團體間之互動做決定,這些都是成員必須面對的艱難問題。

為了說明這種練習是怎樣被介紹給成員的,我們用前面提過的以探究男女關係為主題的三天研習會經驗為實例來說明。一開始,在簡短的導向說明後,男、女成員便分別聚會。成員被告之在導向簡介之後,工作人員與諮詢者將在一特別指定的房間內(一間房內有一個諮詢者),以便於協助成員完成團體間任務的工作表現。在這第一個時段裡,成員的任務是:「在他們之間形成團體,並當他們彼此互動時,研究團體間的關係。」(*The Insitute for Applied Study of Social System, 1972*)成員有自由來選擇進入已坐著某位諮詢者的房間內以形成他們的團體,或是在某些其他的基礎上形成一不要諮詢者的小團體。唯一的限制是,他們必須要在這些特別為這一練習而設定的房間內聚會。隨後,由第二個時段開始,工作人員在剩下的團體互動時段中,均自行組成他們自己的團體,待在一特定的房間內。對成員來說,如果他們邀請的話,工作人員仍可做為單獨的小團體或是二團體間聚會時的諮詢者;換句話說,在小研究團體和大團體中,諮詢者一直是在場的,但在團體間互動的時段中是否要運用諮詢者,則是會員資格團體可自由選擇的。

成員在這時也同時被告知,如果一會員資格團體要讓一位成員做為與他團體互動溝通大使或代表時,他有三種不同層次的代表位置:

1. **觀察者的位置** 這時他可以觀察並獲得有關其他團體的資料,但他不能以團體之名發表自己的觀點及有所行動。

2. **發言人的位置** 這時,這位代表可以團體之名傳遞訊息,或是

對一特定事件陳述他所代表的意見；不過，他不能自己任意修改團體的意見，也不可以在回到團體取得大家意見前採取任何進一步的行動。

3. 全權大使的位置　　此時，這位代表擁有彈性的協商權力，他被允許能以團體之名做決定及採取行動，而不必先回到團體以徵求大家的同意。

現在，你很可以想像，當會員資格團體企圖建立一結構以與其他團體來往時，會面對到的種種基本政治問題了吧！一旦其他團體的代表敲著一團體所處房間的房門時〔即所謂的「跨過界線」（accross boundaries）〕，團體便被迫得做一基本的決定：是否要接受此一訊息，以及是否允許觀察員與可能的新成員參與團體的聚會。團體可能會決定在開門時設定一「守門者」，由他來傳遞團體的決定給門外的人，但是即便如此，團體也必須要能建立起達到一共同意見的基礎。當團體派出一位全權大使時，團體要賦予他多大的權力就得先談妥；一全權大使有過下面的經驗：當他代表團體在其他團體中所決議而承諾後，回到團體時發現，當他缺席時，團體決定不被他的所做所為所約束。相反的，有時團體會學習到它的發言人做出其職權之外的允諾。

當團體進行建構這種與其他團體協商的運作機制時，他們乃將如何來實現活動功能的這一根本問題遺忘了。他們應不應該在研習會之前便設定邀請，將要求一女性諮詢者在研習會中的地位，提升到副主任的位置呢？應不應該形成較大的團體來討論兩性關係？由於此次研習的主題是兩性關係，這些可能性便都在考慮之中。在理性理解的層次上，成員知道他們是可自由採用任何一項所想要的方案，並且得對自己的學習負責，但成員卻也傾向於認定工作對什麼才是成功的工作表現有某些確定的見解；一旦他們如此認定後，某些成員就會企圖設計令工作人員高興和喜歡的活動，而有些人則以逃避互動練習指示語的方式來反抗這個活動。然而不論有多麼掙扎、不確定及令人害怕的事發生，會員資格團體仍都賣力的在接近它的任務，不由自主的就已在表現著它的任務了！**因為由團體選擇一代表的那時開始，它就已**

涉入某種形式的互動關係。不管一成員觀察到了什麼，只要他企圖去由他的觀察中做某些結論時，他就正在研究團體間的歷程了。

會員同時也是自由的，可利用此一活動來學習會員資格與管理間的關係，因為由第二個時段開始，諮詢者就形成一獨立於成員的團體。工作人員的團體是貫穿此一團體互動時段的一個團體，但其他的成員卻是可自由的選擇離開他們的團體，或是重組成新團體。成員可以隨時去觀察工作人員的聚會。工作人員能以二種明顯不同的方式運作他們的團體以做為大家的模式：

1. 它說明了做決定、代替權威發言以及感覺表達的某些可行的方式。

2. 它可以經由自己的錯誤、盲點及中斷等證明了研習會的領導者也與成員一樣，易被團體過程的非理性力量所傷害。

如前所述，會員資格團體有隨時邀請諮詢員來協助自己的選擇權。諮詢者在團體互動活動中一個接一個的離開工作人員本身的團體聚會；但他們只有在當他們知覺到團體對諮詢員的協助有一合法、合理的需要時，他們才會答應去為一特定團體服務。重要的是，我們要記住權威與成員間的不信任可能會變成他們潛意識的目標——在要求諮詢者時以某種方式打擊他，以「贏」過他。如果程度再強一點，團體可能會覺得他們的諮詢者在協助團體的時候，實際上是別有用心的想破壞團體完成工作的企圖。更有甚者，因為工作人員也可能被自己非理性的敵意及投射所影響，團體這些「妄想」性害怕（paranoide fear）可能也就偶爾地會被視為正當的了！

在既存任務的模糊、會員資格的挫折，以及工作人員與成員間敵視的基礎上，增加的緊張與困惑，發揮了時間空間的「界線」作用，工作人員在團體間互動時段的開始及結尾，給予清楚有力的指導與規則，有些房間開放給團體間互動時聚會所用（以有別於單獨一會員資格團體的聚會）。在我們參與這次塔非史塔克研習會中，成員的緊張被工作人員對空間使用的限制以及突然又刪減一間原本可資使用房間的行為，刺激得高漲起來。成員的氣憤高漲至某一程度時，一團體便

以身試法，趁咖啡時間的空檔占據了工作人員聚會的房間；工作人員回來後，他們仍拒絕讓出房間。如米氏所指出的，團體間互動時段像是一場遊戲，它所引發的經驗與成員真實生活中的組織經驗十分相似。然而，所描述的行為說明了這場遊戲引發了可觀的情緒，多數成員也都一本正經的投入其中。

五、全體出席的回顧大會（the dlenaing review）

回顧大會的結構和內容，較其他的會議事件更為不明確。回顧大會通常是在研習會結束的時候舉行，而所揭示的目標只是對成員在研習會中的經驗做一概述與摘要。這時，成員有機會一起來回顧與探索研習會團體的簡短歷史，回顧團體不同危機的意義，以及用概念資料來整合某些情緒主導的事件。一開始，工作人員傾向於視回顧大會為大型的研究團體，諮詢者解釋著成員行為的潛在意義，但這一傾向逐漸因大團體事件的發展而減低了。因大團體事件已集中在瞭解大團體互動的潛在歷程，所以至少在理論上看來，回顧大會應可以較直接的專注於他們總結及總合的功能。

然而，在我們的印象裡，曖昧不明仍保留著，而回顧大會卻看來以某種粗糙的、儀式化的方式進行著。這種衝突著實令人驚訝，因為在塔非史塔克的觀點中，學習是在一根本上挑戰到所有傳統師生相待之道的方式中產生的。因此，看起來塔非史塔克模式的工作人員，對舒服自在和直接的來滿足這種挑戰傳統的學習需要，也是覺得有困難的，我們所觀察到的回顧大會所出現的形式便是一個反映。例如，在兩性關係的這次研習會中，諮詢者對分享他在對其他研習會事件的解釋顯得猶豫不定，特別是當成員想知道諮詢者是如何來看稍早團體中的衝突及危機時，他們反而限制了自己只對此時此刻回顧大會中的事件做解釋。在我們所參與的這次研習會中，潛在意義解釋的部分更顯不足了。

六、應用團體（the application group）

在研習會的課程表上，即便不是最後一個部分，也會在近尾聲的一個時段中進行所謂的「應用團體」。如其名稱所指，應用團體的目的，在探索研習會中的學習可以如何應用到成員職業情境當中。因此，團體此時的組合以同質性為標準，例如依相同的職業背景來分成數個小團體。以應用團體來做為研習會的結束，是想協助成員的情緒能緩和的轉移到他的外在生活中去。

因為諮詢者在應用團體中的出現，教導性與認知性的部分較強，所以與其他時段中一比較下來，成員常經驗到一近似「諂媚討喜」的團體經驗。（*Rice, 1965, p.117*）諮詢者鼓勵成員追憶對他個人有意義的學習經驗，並將這些經驗與生活及工作情境中相似的事件做一連結。米氏相信團體領導者並不需要對成員的專業領域及受僱專長特別熟悉，重要的是在於他能由成員的描述中捕捉到獨特組織情境的某些意識，然後他便得以協助成員將自己在研習會中的洞察，與組織情境的特點做一連結與整理。

我們所參與的這個為期三天的兩性工作關係研習會，設計了一次應用團體來做為研習的結束。成員雖然還沒能專注在研習會學習與工作間的關聯，但他們的確以一非正式及放鬆的方式，帶出了對個人具意義的偶發事件。諮詢者依他自己的感覺來引導團體討論，他介紹某些理論的概念來討論團體事件及經驗的應用性。此時，團體氣氛已不再像小研究團體，而是近乎舒服的學術研討會。

第 *4* 章

集體潛意識與
社會變革

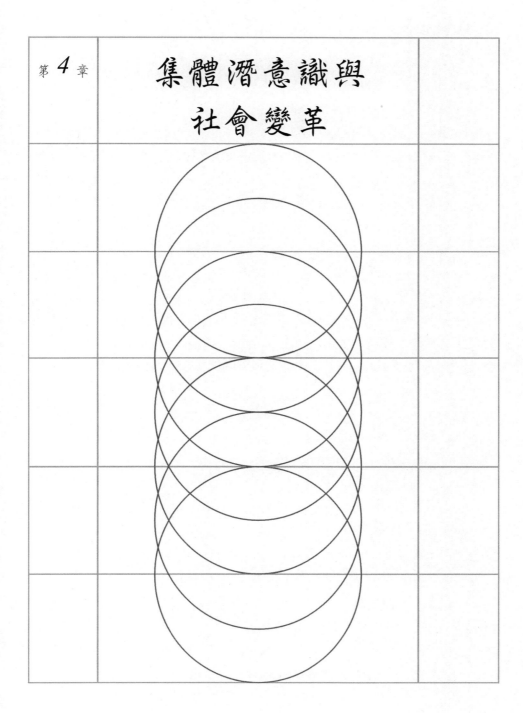

在這一章中，我要介紹的是法國社會心理社會學者（psychosocio-logist）麥克思・培基（Max Pages）的團體理論。1968 年 5 月（法國革命）以後，法國的人文社會科學家對研究人類現象的各科理論系統與方法，普遍地進行意識型態功能的精確檢查。培基便是在法國這樣的一個富有批判精神的環境中展開了他對當代（特別是美國）的小團體理論，進行嚴厲的批判。培基認為訓練團體（training-group）「死於其口語表達以及在一團體情境中的感覺分析；亦即對在權威影響（指領導者）的參與過程進行分析的做法中死亡！」他同時提出過去二十年中，在團體理論與實踐領域中三個最重要的面相是：

1. 非口語及身體技巧的大量被運用
2. 對集合性防衛系統（collective systems of defense）
3. 對政治─經濟─文化範疇理論的介紹

　　非口語及身體技巧的層面與政治─經濟─文化範疇的層面，則時而結合，時而相互排斥，造成了心理社會學中最大的問題。有關集體潛意識與社會變革的理論，正是企圖整合此二層面的一項努力。（*Pages, 1980*）

第一節　團體是什麼？

一、團體現象的界定

　　培基對團體現象的描述迥異於英、美的團體學者，也同時反映出上述的整合企圖。他對團體現象的界定，主要可歸納成下列三點：（*Pages, 1980, p.19*）

1. 團體現象（group phenomena）是座落、發生在一多向度的場地（a multidimensional field）中

　　多向度在此有二層意義：(1)社會實體（social reality）的矛盾及可變性，均反映在團體內在的生命上，沒有一個團體是孤立的，外在的社

會實體絕對是會影響與滲透到團體內。簡言之，團體是個開放的系統，社會實體的矛盾性及可變化性影響著團體。(2)任一團體，無論是其內在或外在的結構均是多向度的。這些向度包括了政治、經濟、心理、生物及文化的面相；培基用「社會情感結構」（a socioaffective structures）一詞稱呼這些面相所形成的某種結構。例如，一社會政經制度的維持及運作，依靠在團體中發生作用的信念系統（a system of belief）；而該社會中的特權團體或個人，則有賴於在團體中發生作用的情感系統（an affective system），指團體成員在潛意識感覺中，或認同、或依賴、或敵視這些特權團體。團體中，這些涉及了人群經驗的變革力量，都具有人類生命原慾的面相（libidinal aspects），它們侵入了人們生活與互動著的社會場地（social field），並激發了政治、經濟以及文化的變革。

2. 團體現象得以被揭露與認識，得通過團體變革的一個改變歷程

團體中並沒有一種中立、中性的行為，團體中所出現的各種動力及方向，是成員在意識與潛意識層面上的目標。團體現象暴露了成員意識與潛意識目標的表露與衝突，也唯有通過衝突，成員對自我真實目標的意識也才被解放出來。

3. 團體中存在著感覺的集合組織（the collective organization of feelings）

培基用「感覺的集合組織」來表達團體經驗中存在一橫斷時空的向度；他認為這個向度，亦即感覺的集合組織，由二個層面組成：

(1)潛意識防衛系統（the unconscious defense system）

這是與貝昂的基本假設團體相似的一個概念；人們在日常生活行動中運作著的潛意識防衛系統，是一個與社會政經、文化等其他結構相結合的感覺結構層面，這種結合是為了維持一社會某一特定的生活框架及社會組織。

⑵人類被壓抑及被控制的集體性慾望及目標（the collective desires and aims）

培基認為全球的人類都共享此一慾望及目標，也正因為此一共享的慾求，人類關係才有可能有一全球性再組織的根源。下面便針對團體理論的此一中心假設，做進一步的說明。

二、潛意識團體目標（the unconscious group aims）的存在

對團體中常易出現的「成員對領導者的對抗現象」進行潛意識集體經驗的詮釋。他認為，成員對訓練員或領導者的抗議是生命的慾望對抗生命窒息感的一種鬥爭，它反映了人類企求生命、影響力及行動的慾望。團體中的這種經驗，多半是一種歡樂、快樂但摻雜著焦慮的經驗。培基「潛意識團體目標」的中心假設，有下列四個重點：

1.每一個團體均有一潛意識的自主目標（the unconscious autonomous aim）

所謂的「潛意識自主目標」，是指團體成員想要對自己生命的所有面相（不論是愉快或痛苦）負起責任來的慾望或企圖。這種自主目標並不因不同的意識型態或成員資格的要求而受影響，易言之，它是獨立存在的。

2.潛意識自主目標展現在個體的行動以及人們的互動之中

當個體表達了他自主的慾望時（或是以集體行動的方式出現），便無可避免的會導致與他人關係中的矛盾性。

3.潛意識自主目標同時是一沒有界線的團體目標，因而它也是使得個體無法完全整合的一種團體結構的根本特質

團體結構會被人們彼此之間偶發的、彈性的、自由的個人連結所鬆動或取而代之。由這個觀點來看，它是一反組織的目標（anti-organizational aim）。這種反組織自主慾望，不會被團體既定的結構、社會控制系統、意識型態的理由或是增加團體黏度的心理防衛的聚合所限制。

　　4. 潛意識自主目標也同時是一「原慾──性秩序」（a libidinal-sexual order）以及一「政經文化的秩序」（a political-economic-cultural order）

　　也可以說，潛意識自主目標深入了人類全部的社會場地，而且它由一開始是有限的、壓抑的形式，提出它對既存社會關係模式的挑戰，並進行改變。

　　培基對潛意識自主目標的認定，使他由社會變革動力來源的角度重新界定團體實體。

三、團體是變革發生的真實場所

　　團體絕不只是存在於人們的幻想中，而是存在於現實中！團體是以下圖中二種相互矛盾的力量而存在著的。我用圖 7 及圖 8 來歸納培基對團體矛盾動力的理解。

　　不同團體中皆存在著這二種相互矛盾且各自運作的力量，當它們擴展、延伸到社會中，便形成社會體制的二個矛盾的面相。

　　團體及社會體制中相矛盾力量的展現及發展，需要個體有能力對自己生命的二種體驗有所認識並連結：(1)對自己潛意識自主慾望的體察與肯定；(2)對毀壞及死亡焦慮的覺識；(3)對他人的自主慾求及死亡焦慮的覺識。

　　最後，培基特別強調他的團體理論與心理分析理論的分界點，從而對「團體是一變革發生（甚至是為了變革而準備）的真實場所」做了下面的分辨：（*Pages, 1980, p.171*）

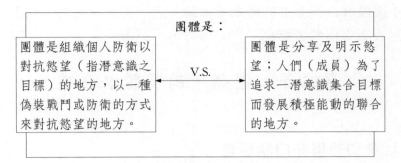

圖 7　團體中的矛盾力量

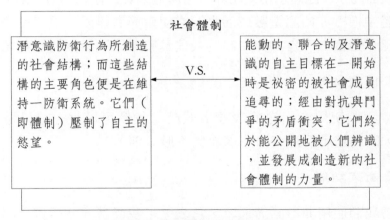

圖 8　社會體制的矛盾面相

　　不論對防衛系統的分析是多麼稱職，但它若未能認明人們自主需求的這種集體性與社會性的本質，而只描述它是家庭歷史、團體歷史或社會歷史的話，我們便只是對它的防衛系統進行描述而已。依我之見，這樣的知識會誤導並扮演維持既存政治、經濟、文化及心理結構的一主要角色。

　　我們可以看到，培基是不願意他的團體理論只停留在描述既存現實的層面上，他企圖建立一回應人類自主慾求及社會變革動力的團體實踐理論；為了達成這個目的，他一方面嚴厲的批評個人主義傾向濃

厚的小團體理論與激進的體制革命論，另一方面，他對人類潛意識經驗的意義與作用做了更進一步的探討。

第二節　團體中的集體潛意識

一、社會幻想與非口語語言

培基認為，人們的非口語溝通能使我們更直接的瞭解與接近「被壓抑的衝動」，團體也常使用非口語溝通來表達他們的潛意識的需求。在團體中進行非口語遊戲或活動，常使參與者能以一更清楚的態度表達自己。對個人而言，非口語的表達具有保護及衝突的雙重功能：

1. 保護功能

當我們使用非口語的表達方式時，我們可以說「它只是一場遊戲」，因為它可以逃避口語溝通的一般規則。

2. 衝突功能

當我們使用非口語溝通時，它表達了我們對社會所接受語言的一個反擊效果。正因為非口語溝通的保護與衝突的功能，所以被社會所壓抑下來的衝動才能在非口語的溝通領域中被釋放出來。這使得人們非口語的溝通中具有社會幻想（social fantasy）的性質。

與美國加州身體運作學派（以Schutz為代表）不同的是，培基對人們在團體中非口語訊息的解釋是不由個人身心與人格等個人化的概念去解釋，他認為團體中的非口語訊息是團體中潛意識自主目標的一種隱藏性的表達。這種涉及到培基對一社會團體自主性團體目標發展的一個重要看法。培基認為，任一社會團體的自主目標在要能轉化到成員的意識層面並可用口語表達之前，會先經過一個「史前團體」（a prehistory of group）過程。在此一時期，團體的自主生產

主要是靠想像的，是用身體、非口語作為表達的工具（途徑）的；換言之，當團體成員在缺乏對既存社會關係結構有任何直接的通路時，人們只有先透過非口語的表達透露出被壓抑的自主需求。因此培基強調，對舞蹈、音樂、繪畫等藝術媒介的運用，不應落入加州個人主義取向的學派路線上，而應注重如何經由非口語的媒介解放整個團體的活力、能量與潛意識的自主需求。他認為，這些非口語的媒介均可以成為團體中的自發運動及行動；同時，他以為「舞蹈」是最有效的媒介轉化工具。

二、團體的迷思與迷思的團體

在人類的歷史中，團體常易被誇大、被神化，例如義和團的神力及犧牲奉獻的教士團體。有的學者稱這種伴著特定情結生命的意識型態（如犧牲奉獻的信念系統）為團體的迷思（神話），但培基認為這些迷思（myth）其實正是團體與社會的共同產物。團體迷思是成員集體潛意識中所操作著的防衛系統；由這個角度看，它是集體潛意識所產生的內在行動。但同時，團體迷思所代表的信念系統或意識型態，正是限制人們潛意識驅力的社會壓抑機制（a mechanism of social repression）；由這個角度看，它是社會體制所生產的外在行動。因此，團體迷思是團體內在與外在行動相結合的結果。（*Pages, p.174*）

前一節中曾提及，藉由非口語的媒介，人們得以在想像或幻想中解放了潛意識的自主需求；這種創造性的幻想和這裡所談的團體迷思是截然不同的。團體迷思是一種防衛系統，這種防衛系統與團體中既存的政、經、文化結構，形成了一整合得相當好的結構性單元。團體的此一社會情感性結構是會抗拒變革的；在團體發展的過程中，創造性的幻想有可能對團體迷思帶來威脅與衝擊，並取而代之。

三、死亡的焦慮與防衛

當培基對人們潛意識自主渴求加以肯定時，也就暗示了自主渴求

的對立面——死亡焦慮（即破壞的可能性）的存在。即當人們分享彼此的需求並致力於建立一新的連結時，人們也極可能展現他們破壞性的潛能。在這兒，他接受心理分析對死亡焦慮（anxiety about death）的觀點，但也提出了他的批評。

按心理分析觀點的說法，死亡焦慮是一種被閹割或吞食的害怕，它的來源是個體對破壞性父母形象的幻想；特別是在被強烈壓迫及壓抑的情境中，這種害怕會主宰了潛意識。培基認為，心理分析觀點所指出的這種害怕（閹割或被吞食的恐懼）是一種次級與部分的防衛系統，它們是社會制約的結果。培基對死亡焦慮的性質及人們為了對抗焦慮而衍生的原始防衛系統，做了進一步的說明。

首先我們要先分辨「死亡焦慮」（anxiety about death）、「死亡渴求」（desire for death），與「死亡恐懼」（fear of death）這三個概念。依培基的看法，死亡焦慮是對生命渴求所暗示的死亡（或毀壞）的危險有所意識，這裡的講法是生之渴求與死亡的危險（可能性）是並存的，當個體允許自己表達及追尋生命自主的渴求時，會意識到死亡（毀壞）的可能性；這種對死亡的感覺或意識，就是「死亡焦慮」的本質。倘若個體拒絕面對此種焦慮，就會導致「死亡渴求」與「死亡恐懼」的出現。易言之，死亡渴求與恐懼是為了對抗死亡焦慮而形成的防衛部分。當人們未面對焦慮時，焦慮便轉化成恐懼。培基描述，此一焦慮轉化為恐懼的原始防衛系統由一雙重過程所組成。我用下面的簡圖（圖9）來呈現他的概念。

對培基而言，原始防衛系統是原慾和社會系統的中介者。在日常現象中，我們不難發現個人對那些壓抑自己與導致人際疏離結果的社會結構，不但不去反抗它，反而在情緒上表示出依附的情感，前面死亡焦慮的投射機轉，或多或少的解釋了人們這種狀似矛盾的行為特質。

培基對死亡焦慮的正視，也清楚地反映在他對「改變」的概念中；他認為改變的發生得依賴個人建立起下面三種覺察之間的聯繫：

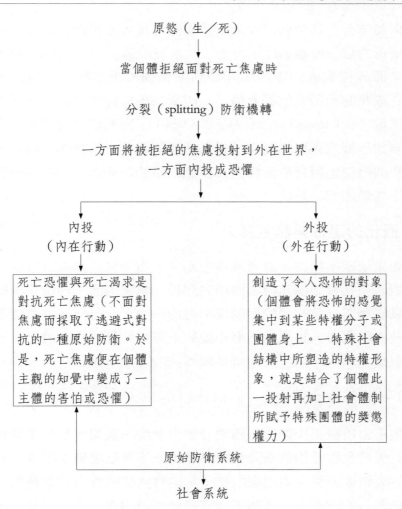

圖 9　死亡焦慮防衛系統

　　個體唯有在認清自己的渴求及焦慮之後，才可能真誠的與他人接觸。培基的這一概念，可以說是一「本體起源」（ontological origin）的說法；即一孩童或一團體所經驗到的恐懼，在本質上已是一防衛系統。在成長的初階段已經建構了一防衛系統來對抗個體潛意識本體起源的害怕（an unconscious ontological origin）；而團體中或個體生命中所經驗到的恐懼或死亡的渴求，正是此種防衛系統的運作。接著，培基進一步的提出他對社會結構與人們此一原始防衛系統的結合的觀點，以支持本體起源的說法。

四、概化的恐懼與體制暴力

　　如果培基不能在「潛意識自主渴求」與「死亡焦慮的原始防衛系統」概念與社會結構及體制面相之間做一聯繫的話，團體現象的集體潛意識經驗與社會改變的理論就不可能形成了。因此，培基清晰的指出，社會結構對人類原始防衛系統的干預如何反映在團體發展過程的某些現象之中，下列是二種常易觀察到的現象：

1. 概化的偏執與混亂（generalized paranoid and chaos）

　　培基由所觀察與帶領的團體經驗中發現，團體發展到某個程度，傳統的權威角色（如政黨及教會的領袖）不再是團體中對成員具有威脅性的人物或不再成為攻擊的靶子；這時其他的成員在某種程度上都變成具潛力的攻擊者。團體不再有任何僵硬不可變通的規範，也沒有被整個團體所攻擊的權威。權力分解成多個分散的中心；沒有任一個次群體能主導全局，雖然它們彼此會企圖去影響對方。這時，團體內存在著一種能動性強與創造力豐沛的狀態；人們原始的自主渴求集結凝聚、彼此的概念與態度相互撞擊。毫無疑問地，團體成員一方面在偏執與混亂中釋放自己對權威的攻擊性並分享權力的分散時，而另一方面卻也正是個人與團體改變的可能性上升到最高的一種狀態。

2. 體制暴力與恐怖（the institutional violence and the terror）

在這種案例中，一團體領導者的位置受到威脅；這時，領導者的恐懼極可能掩蓋或取代了團體成員的概化恐懼，情況轉變成領導者用對抗、壓制的手段來保護自己。這就是為何當人民團體公開表達他們的自主渴求時，革命的領導者可能比傳統的領導者更為強硬地壓抑，甚至鎮壓人民的團體。團體的成員（或革命團體或草根團體的成員）如果堅信領導者必須有責任及能力來保護社會使其免於混亂，這種不真實的信念，會使得團體更不可能面對及因應領導者心中恐懼及強硬的打壓做法。這種領導者的恐懼轉化為體制暴力與恐怖主義，常是並存的一種團體現象，如圖 10 所示。

圖 10　領導者的內心恐懼與體制與暴力的轉化機制

* 恐怖（terror）是潛意識的害怕以及謀殺他人的慾望，它是對死亡危險的一種拚命的否認機轉（a desperate denial）；恐怖比偏執（paranoid）更為暴力，而且是集中在權威者身上。

當團體面對一體制暴力的時候，前述概化的偏執及混亂的傾向可以發揮一正向的作用，因為它使得團體得以在一共同目標上工作，個人能有效的對抗體制暴力；當然，恐怖主義的可能性也同時存在於團體中。培基認為，這種偏執、混亂以對抗體制暴力的階段是社會重組的必要階段。於是，在一個社會變革的過程中，人們要能發展策略結合生物、心理、經濟、政治及文化等層面以解放被潛抑住的社會混亂（即一能動、活力充沛、多產、富創造力的社會階段）。

第三節　團體工作與社會變革

培基對團體工作所發出的一個強而有力的諍言，便是他認為團體工作有必要為社會變革（social change）打開一理論與方法論的道路。而過去團體工作的各種模式充斥著兩極化的矛盾，心理社會學者的首要工作，便是面對這種矛盾並學習如何辯證地來對待這些矛盾。他指出了下列五組矛盾：

一、生物心理取向與社會政治取向之間的矛盾

生物心理取向的代表者為美國加州生物回饋、完形治療、會心團體學派，而社會政治取向最極端的代表則為極左派政治運動與體制分析。此二取向已建立起來的技巧及因走極端而造成的錯誤，被培基清楚的指出來：

培基強調心理社會學者的首要工作是——避免分裂而去整合上二極端的走向；因為原慾與社會政治這二類刺激在人們的生活現實中原本是單一的一個整體，只是學者專家們把他們分開了（因為分析的方便）！

極端代表	生物心理取向 加州生物回饋 完形治療及會心團體學派	v.s.	社會政治取向 極左政治運動與體制分析
已建立的技巧	短時間內使個體能正確及強烈的解放了生命早期（嬰童時期）的衝突；而這些衝突通常在傳統分析中要經過幾年後才會浮現出來。		揭露社會衝突；對壓抑個體的體制進行鬥爭
錯誤	由個人主義、個人化的治療觀點出發，不允許團體自主性地去證明它自己的能量，更甚少應用到外在的社會行動上去。時常伴隨著「回到自然的意識型態及東方的平衡與智慧的迷思」。他們逃避與工業社會對抗，也對每日的都市生活、勞工等受壓迫階級或第三世界的遭遇，採取漠視與不攻擊的態度。		低估了生物心理範疇對人類行為及社會體制的影響；對人們潛意識經驗及防衛系統未付出應有的認識。

二、行動與分析間的矛盾

這一組矛盾，主要顯現在傳統心理分析與生物心理學者或政治極端主義者之間。傳統的心理分析學派在分析的架構內界定著人們的行動；心理分析者則保持他神聖且舒適的中性位置。對當事人來說，他的社會行動力，其實是非常有效地被閹割了。相對於心理分析對行動力的閹割，生物心理學者與政治極端主義者卻過度重視行動而輕視分析。譬如，美國有某些極端的政治激進主義者對「智性」的分析十分蔑視，而倡議不斷的行動、鬥爭是最重要的。但他們的這種視「分析」為抑制「行動」的做法不過是將「行動」由「分析」中逃離出來的一種反應。這種反智傾向的問題是：此一位置，使得個體對自己行為中防衛系統的作用，以及社會結構如何被人們內化的歷程均無法意識到，我們甚至可以說這是一種盲動或激進幼稚主義的方式。至於生

物心理學的個人主義取向的身體運作等團體，也常落入過度強化參與經驗，任由感官經驗主導方向而排斥智性的分析！培基批評這種導致行動與分析兩極化的做法，他說到：

> 行動與分析在任一改變的歷程中，都非彼此排斥的二件事，甚至它們是相互支持彼此；並且以循環的關係相互關聯著。否則，行動便只是遁入想像世界的逃避而已；這樣的行動是和團體的真實生命相矛盾的。
> （*Pages, 1980, p.182*）

　　團體的真實生命及其改變歷程，正是行動與分析辯證前進的一個場地。對從事團體工作的改變中介者（the change agent）來說，提出切中要害的「分析」正是他們的任務，但同時他也是一個「行動者」以及能催化他人行動的人。換句話說，改變中介的角色本身就具有一饒富意義的矛盾性──顛覆及壓抑的角色矛盾。所謂角色中壓抑的面相，是指當一改變中介者是社會力量的一個中介的代理人時，他們所持有的概念及方法論的工具，一定在某種程度上支持著既存的結構，否則他不可能是其中的一部分並成為代理人；但同時他的目標卻是轉化既存現實，他是不可能放棄這一「顛覆」的任務（若放棄了，他就不是一位改變中介者了）。所以，倘若他否定角色中壓抑的這一面，他就會變成一煽情與泛政治化的組織工作者；倘若他否定顛覆的一面，團體成員對團體會帶領團體遁入理想化或簡化的變革藍圖中，並且拒絕團體分享權力。

　　正因為改變中介者的角色具有此一顛覆與壓抑的矛盾特性，所以培基認為，只有那些在改變過程中，經得起在矛盾對應的過程中，實驗自己的角色並轉化自己人格的人，才能推動與掌握團體變革及發展的脈絡。

三、安全需要與變革需要間的矛盾

由集合性防衛系統的觀點來看，所謂的體制化（institutionalization）正是將一特定社會中人們集合性的防衛系統納入社會結構的過程；而集合性防衛系統與社會結構之間一平衡關係的維持，亦是體制化的重要功能。社會變革的歷程，並不是指防衛系統或社會結構可以被全然地消除，而是指二者間平衡的關係發生了變化（平衡不再，但多少仍是穩定的關係）。這種關係改變的動力，主要靠人們對自己潛意識渴求的覺察與開發；而與潛意識渴求運作同步發生的，會是人們經驗到改變可能性（the possibilities of change）與安全極限（the limits of security）間的矛盾張力。對待變革的一個主要問題，毫無疑問的是正確地認明這些限制，高估或低估都不成。

團體成員對他們自己改變渴求或安全需要的高估或低估，均會導致個人或團體發展的停滯。面對此一涉及變革的根本問題，改變中介者所能貢獻的就是——意識到自己在一情境中安全感的極限，以及這些極限的改變會如何帶動情境的變化。培基並不是說改變中介者本身安全感的極限是和團體成員所知覺到的程度是一樣的；團體可能比改變中介者更激進或保守，但不論團體是激進或保守的，改變中介者都是經由自己的行動，展現出什麼是對自己可能，什麼是不可能的訊息來協助團體，也就是說，改變中介者在口語或非口語的行動中清楚地告訴團體成員他自己的位置及衝突。培基對改變中介者功能的認定基於他的一項假設：（*1980, p.183*）

改變中介者是此一情境真實的部分，他經由自己被壓抑的衝動與被壓抑的改變（指安全極限）在行動中的揭露而帶動了團體的改變。對此一改變與安全衝突實體的否認，不論此一否認發生在情緒或政治層面，都會是變革的阻礙。

因此，改變中介者的工作便是去減低自己否認（即逃避面對）矛盾與衝突的傾向，允許團體協助自己更進入他們的衝突，也協助團體面對這些衝突。

四、小團體層面介入與大團體層面介入的矛盾（較大的團體包括企業組織、全球性人民組織、班級團體少數民族團體，以及尚未組織起來的群體）

在現實的情況中，改變中介者常具有介入影響的機會，是在較大與複雜但又十分受限制的團體之中。在這些大團體中，「去人格化」（depersonalizing）的氣氛十分強烈，去人格化的機制常形成一暫時性的防衛系統並產生橫跨組織的壓力；這種防衛系統切斷了社會群體單位間產生聯繫、行動與分析並藉以穿透團體。另一相反的陷阱是將大團體分成小團體，並以一軍事化方式帶領他們攻擊主要系統；但如此一來，卻也同時崩解了成員的精力以及自己發動行動的可能性。培基用下面這一段傳神的描述說明了改變中介者的作用：

> 改變中介者應在封閉團體中打開門窗，而且特別要關心且進入那些自己打開門窗的團體。他應該接受被分割與需要重組的事實，但他不宜跑得太快、超越了安全的限制。（*Pages, p.184*）

五、訓練與現場中介入（intervention in the field）的矛盾

最後，培基對「訓練」的工作方式是否能真正解決問題提出質疑。改變中介者所提供的團體訓練（特別是在心理學、心理社會、社會心理分析及生物回饋）建構了一種一般性的方法論（有關互動、溝通、正視我們的話）。但是，這些技巧不論是多麼熟練細微與廣泛地被運用，它們真的可以帶來有意義的改變嗎？都市問題、工作問題、

政治權力等的問題有所改善嗎？

　　培基並不是否定這些訓練的方式，但是他認為團體工作者應將這些方法加以延伸發展——「更直指明確的社會問題，並且將焦點放在訓練與準備針對特定社會問題所必需的行動上」。最後，他用一座標圖來區辨自己團體理論與其他團體理論的分別（見圖11）。（*1980, p.185*）

範疇一

　　生物心理的極端主義運用密集性非語言活動致力於性慾求的解放，此一取向在鼓勵人際情境中全然表達慾求的同時，減低了心理學者對情緒與原慾投入的分析；在這樣的團體中，個體層面的工作能力受到限制，而且團體的政治、經濟及文化的範疇被隔離成「秘密」、其他「神秘」性的事物。

範疇二

　　政治－經濟－文化的極端主義則視社會結構的變革為最主要的工作。它抑制分析性活動、鼓勵、顛覆社會體制的行動（只在社會－政治的層面上）；它特別以大型的體制化團體為主要工作對象。它加速了改變中介者政治投入的程度，同時掩蓋了心理生物的因素。

範疇三

　　社會心理分析取向則看重對個人與集體幻想及防衛系統的分析。它並不鼓勵在分析架構之內的任何行動，並稱這些行動為「行動外化」。它強調對人們心靈組織做一理性控制（a rational control of psychic organization），而否認渴求具有解放的功能角色。在此一取向中，分析者之間有清楚的界線，在他們之間存在一穩定的權力結構；分析者是要控制住自己的情緒及政治的投入。

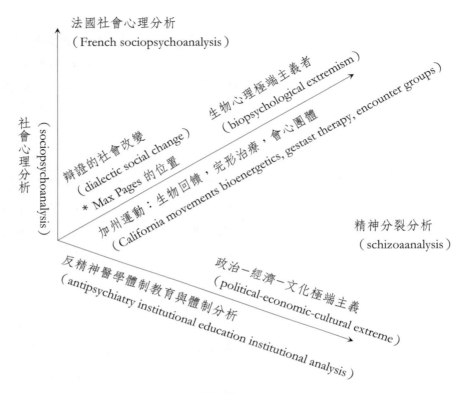

圖 11　團體理論比較座標圖

範疇四

　　辯證或多向度的改變取向是培基給自己的定位。它和精神分析平行，但較接近社會心理分析取向。它一方面承認而且企圖推動一集體潛意識的同時有性及政治的本質的解放角色，另一方面看到了對防衛系統及壓制自主渴求的社會情感結構進行分析是很重要的。所以它認為我們對團體的分析存在著分析的極限性，從而接受了對潛意識進行某些壓抑的社會化作用也是必需的。

第 5 章

身體運作活動的使用：操作邏輯的矛盾

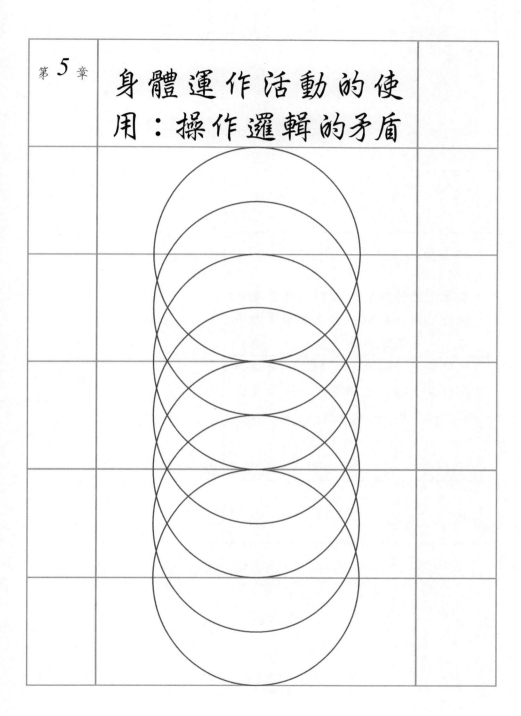

本章之經驗性資料及討論轉自夏林清於 1994 年所完成之團體領導力研究——「團體領導功能分析：他們如何使用身體運作活動？」全文登載於私立輔仁大學應用心理學報民 83 年第 3 輯。

　　在歐美運用小團體及大團體的方法，來促進個人成長並解決心理問題，已有十分豐富的成果。在一急促變遷的社會過程中，團體的方法更可以對人們的心理重整歷程有很大的作用。臺灣的團體諮商及團體工作，在過去十多年中也已廣泛地被運用到教育、輔導及社會工作的領域中。在大家熱衷於所謂「成長團體」、「心理劇」及各種名稱之小團體的當下，這些團體經驗對成員的影響，到底是如何的？關於這個問題，這一章所記錄與描述的現象資料，來自在小團體中運用身體動作方法之團體領導者對其催化經驗的陳述。（夏林清，1994）

　　在臺灣，小團體訓練的方法，已經成為一個十分廣泛地被使用的方法，而各社會機構也各自經營他們自己的訓練課程，「養成」了一批又一批的團體領導員。更有甚者，近年來，小團體方法有逐漸商品化的傾向，任何一團體動輒收費數千上萬元，解嚴後臺灣已發生及經驗了激烈的結構性變化，我們社會中的青年及成人也正經歷著過去四十年所未有過的困惑、不安及焦慮。因此，許多人便企圖在坊間各種團體輔導的活動中，解決他個人的適應問題。這些團體的確協助了團體成員的成長嗎？還是在焦慮宣洩的過程中，誤導了、甚至傷害了成員？這是一個很值得大家深入研究的範疇。

　　身體運作的經驗與現象原本就超出了意識與語言概念足以清晰陳述的範疇，然而它卻是承載與流轉個人與集體交流影響的重要通道。下面一節，先約略概述西方團體理論中與此相關的主要概念，並輔以我在實作中記錄的現象資料作為詮釋說明。

第一節　身體動作（body-movement）是何種方法？

一、身體動作與舞蹈在心理學中的應用領域

　　法國社會心理學家麥克思・培基（Max Pages）（參看本書第四章）回顧二十年來團體的理論與實際工作發展時表示，非口語及身體動作

技巧是團體理論與實踐三大重要發展面相之一（其他重要面相是對政治、經濟、文化範疇的介紹及對集合性防衛系統的分析）。近代心理學與社會心理學中有關「身體工作」（body work）的理論來源有哪些呢？我先簡單的介紹三種不同的理論及方法：會心團體、舞蹈治療及集體潛意識的解放。

㈠會心團體：身體覺察與個人潛能發展

美國心理學家威廉・舒茲（William Schutz）會心團體（encounten group）的理論與方法是在探討個體心理（即三大基本人際需求）及生理經驗（身體覺察）是如何影響其潛能發展的假設上。有關三項人際需求的討論在坊間團體輔導相關的書籍中均有介紹，故不再在此說明，下面僅就舒茲有關身體覺察的理論加以介紹。

舒茲認為我們的身體天生是富有高度成長潛能的，但三項因素可能阻礙了它的發展：生理創傷、情緒創傷，以及有限制的使用模式。營養不良的身體或肢體的傷殘對個人情緒及人格發展的影響是我們很容易瞭解的；情緒創傷與身體某些有限制的使用模式則較不易被我們覺察到。舒茲在坦誠團體方法中所發展出來的許多身體活動，就是想藉「身體覺察」增加個人自我覺察的能力，以拓展其發展的潛能。

人的感覺與情緒經驗是會影響到他的身體發展的。譬如說，每當我有生氣的感覺想要表達出來時，同時就有一種衝突的感覺抑制了我去表達它（害怕表達了生氣會帶來懲罰），這二種衝突的感覺在抑制我情緒表達的同時也留下了緊張在我身體中。特別是當我沒有覺察到自己的衝突及抑制時，這種緊張累積在身體中的情況就會更明顯：如果我一直未覺察到它的發生及存在，長久下來我雙肩的肌肉，可能是僵硬緊張的，而我的胃也容易抽痛。我們的家庭生活與社會生活中存著抑制人們情感表達及思想發展的某些特定的習慣性模式，這些模式同時也限制了我們對身體使用的多種可能性。我們傳統的教室設計及規矩的訓練就是一個實例。我們的教室對安靜、活動能量低的小朋友

較為適合，而對那些活動能量高的小朋友來說，則常得教師一再施以教室規矩的訓練才「框」得住他。臺灣考試制度壓力下的學生，除了近視眼普及之外，彎腰駝背或是身體的不協調也都是教育制度的影響。舒茲認為有限制的身體功能反映了某種特定社會壓力的存在，或是該社會缺少想像性及挑戰性環境。

舒茲在會心團體中運用身體活動來促進個人對身體的覺察，並接觸到未為自己所覺察與明白表達過的情感及想法，人際間坦誠的接觸也在覺察到自己被壓抑扭曲的情緒之後較可能產生。

(二)舞蹈－動作治療（dance-movement therapy）：身體經驗與心理重建

舞蹈－動作治療是近代心理治療的一種方法，它將舞蹈的知識與方法和心理治療的不同理論相結合（如心理動力與客體關係等理論）。原則上，舞蹈治療協助病人專注在自己的身體經驗上，希望藉身體的經驗來重組病人內在心理的狀態。

心理動力的舞蹈治療工作者認為，身體的表達可能是心理內在感受的一個反應，但也有可能是我們用來對抗或轉化內在某種自己不願面對的感覺和防衛性的反應。身體的經驗與感覺是人們溝通時重要的內在系統，它告訴我們發生在身體之內的許多訊息，而這些訊息是和自我及他人有關的內在訊息。

在舞蹈－動作治療中的身體經驗，可以藉助身體運作將我們主觀尚未覺察到的衝動與情感釋放到意識層面來，使我們覺察到自我的矛盾與衝突，繼而學習如何重新對待自己的內在衝突。也就是說，當壓抑及扭曲的情緒在一有意義的關係脈絡中被釋放出來時，新的知覺想法、記憶或想像可以在意識中湧現出來，人們才有機會獲得洞察及整合這些潛在經驗的可能性。

簡言之，舞蹈治療是心理治療的一種形式，就像語言是口語治療的媒介一樣，動作就是舞蹈治療的媒介。舞蹈治療的三項主要假設

是：(1)動作是人的情感認知與其過去經驗間聯繫方式的一種呈現形式；(2)藉治療者與病人間關係的建立，支持並引導病人行為的改變；(3)在動作層次上有意義的改變可以影響個體心理功能的整體發展。

(三)社會改變：團體自主目標的發展與集體潛意識的解放

前面兩種身體的運用都是由個人主義的、個人化的治療觀點出發，它們已發展出有效的身體技巧，使得個體在較短的時間內能釋放出長期壓抑在心理的矛盾和衝突；但法國社會心理學家麥克思・培基（Max Pages）對它們的批評是在於它們完全將人們潛在抑制的矛盾和衝突時的驅力引導到個人化的發展方向上去，而忽略了透過集體性的自發動作及行動（創造某些舞蹈的形式表達大家所共享的集合性的潛在動力），將每一團體所具有的潛意識的自主驅力解放及發展出來。

培基認為像舒茲這樣的個人主義取向時常會引導人們「回到所謂自然的、東方的追求平衡的意識型態中，而逃避了與工業社會體制對抗的責任」。（*Pages, 1982*）培基認為與以舒茲為代表的美國加州個人主義取向相對立的另一極端發展，便是左派政治運動的體制分析（institutional analysis）。此體制分析揭露了社會衝突，並對壓制人們解放與發展的體制進行抗爭，但它時常低估了個體身體與心理經驗的重要性，而一味的強調政治運動。

法國的社會心理學與心理分析學者對美國的心理學者將身體的工作（body work）完全引導到個人主義取向的發展上表示不同意。他們認為任何團體中都存在一人群感覺的集體性經驗，此一集合性經驗反映了該社會特殊的歷史經驗以及成員所共享的行為模式；團體動力應發展出方法將群體潛意識的集合性經驗引導至意識層面，以解放團體的能量及創造力，以免團體的發展被僵硬的體制、意識型態的教條及神化的領導者所限制。培基以為舞蹈是引導團體自發性表達的最有效的工具，而團體動力的知識與方法應有效地結合舞蹈與動作的經驗，協助個體團體參與中學習到社會行動的方式，推動了社會改變。

　　以上是身體運作及舞蹈應用在心理學上的三種不同取向，舒茲以適用於會心團體的身體覺察活動為主，舞蹈治療則靈活運用舞蹈的不同形式，形成心理治療的特別方法，前兩種取向已各自發展出其理論與方法；團體動力潛意識解放的觀點則尚未發展出清楚的工作方法。雖然身體運作的運用各有不同的偏重，但舒茲及培基對勒溫訓練團體（traning group）的批評都是勒溫只注意到口語表達的團體過程，而忽略了非口語身體運作的重要意義！臺灣在過去十多年中對小團體方法的研究及應用已有一定程度的探討，而身體運作及舞蹈等非口語方法的探索則仍是一有待開發的範疇！（夏林清，*1988*）

　　上述這三種應用取向的前兩種經常和小團體工作的方法結合在一起，教育工作者與心理治療工作者會在教育性成長團體與治療團體中運用身體－動作的方法來催化成員的表達及參與。我要針對近年來臺灣教育與心理輔導專業領域內，肢體活動與身體－動作方法被運用在小團體中的情況，進行一初步的探討。在進入對訪談與觀察資料討論之前，先進一步地對身體－動作方法在心理學理論上的背景做一簡單的介紹，並陳述我解讀現象資料的分析概念架構。

二、心理治療與心理成長的教育理論

　　傳統心理分析對病人身體語言忽略，梅茲・蕭耳（Maz Schrir）（*1955*）用「去身體化」（desomatization）概念來描述傳統心理分析的理論與實踐的一個傾向。「去身體化」概念反映了傳統心理治療的一個路線，基本上這個路線認為人格的發展是由一未分化、潛意識、身體取向及前口語的心理狀態（undifferentiated, unconscious, body-oriented and preverbal mental state）朝向一較分化、意識、身體無關及口語化的心理條件的發展方向轉化，因此心理分析努力地協助病人由一退化的心理狀態中轉化到一分化的、意識的及口語化的心理狀態中。佛洛伊德在建立心理分析理論取向的時候，曾遭受當代醫學與心理學界的攻擊，這些攻擊更使得佛洛伊德過度強調他的理論路線和當代自然科學知識

成果的差異之處（*H. Muller-Braunschweig, 1988*）。近代的心理分析學者則已不再背負著佛洛伊德的包袱，特別是 1970～1980 年代突起的客體關係理論（object-relation theory）已很清楚的被結合進入身體運作與舞蹈治療的領域中。

　　客體關係理論的重要學者 Margaret Mahler，將 Freud 的心理發展模式補充並加上一嬰兒與母親間溝通互動的經驗層面。簡略來說，在嬰兒的正常發展過程中，他會經驗到與母親此一客體（object）不分你我的單一狀態（autism），到共生（symbiosis）再到分離（seperation）與個體化（individuation）的不同發展階段，而這種個體自我的變化均是發生在嬰兒與特定客體對象的關係脈絡中。客體關係理論所描述之個體發展階段的關係圖像促使了「客體關係身體取向的專注動作治療」。（*Wiley & Sons Ltd.by Peter Reason & John Rowan, 1985, Johnigmw*）團體領導者在形成其對治療方法，治療者依賴其對前口語及非口語重要性的知識（例如嬰兒發展早期的感覺動作元素），協助病人通過對自己身體的專注與經驗克服病人對自己身體的異化態度（alienated atitude）。推動專注動作治療的心理分析家認為心理分析的方法發展到 1970、80 年代，已因受限於它自己所設定的多種缺乏彈性的規則與禁忌而離病人實際的需要日遠，所以加入了身體及動作領域治療方法的專注動作治療，可以使病人潛意識經驗更快的進入意識層面。（*Becher, 1988*）簡言之，心理分析取向的專注動作治療依循佛瑞琪（*Ferenczi, 1921*）、瑞曲（*Reich, 1933*）、及維尼卡（*Winnicott, 1971*）的理論傳統而發展至今。

　　與歐洲及英國專注動作治療呼應的舞蹈－動作治療則是在 1940 年代，由舞蹈教師瑪麗安‧卻茲（Marian Chace）與美國心理學者所共同發展的。舞蹈－動作治療在美國的發展，因著 1960、70 年代小團體運動與自我覺察及人際敏感度訓練等方法的發展，而轉化成兒童創造力啟發以及成人心理健康教育領域中的一股力量。（李宗芹，*1990*）有關美國舞蹈治療理論並不是此章的主題，故在此不多做介紹；在下面一段中，僅針對身體動作方法被運用到成人心理健康教育領域的範疇中

作進一步討論。在這裡，為了便於討論，我將應用在成人心理健康教育領域中的身體動作方法稱之為心理成長的教育取向，以區別於應用到精神病人身上的心理治療取向。下一節將簡單陳述心理成長取向的身體動作方法所依賴的學習概念。

三、身體－動作經驗中的學習歷程

身體－動作（body movement）的經驗帶動了我們由身體動作到感覺（情緒）再到思考（認知）的一個經驗歷程。它和我們傳統課堂中的講授方式截然不同；它不是由觀念的吸收開始，相反的，它藉由身體動作開啟了一場由情緒觀察再到思考整理的學習歷程。這到底是怎樣的一個學習歷程？

在過去教學經驗的觀察中，我發現學習者經歷的是身體運作與心理經驗相互牽引交織的一個過程。基本上，它們是不可分割的一體；但為了便於描述，我先將身體與心理歷程分開來描述。一般說來，學習者對自己身體呈現與運作的體驗可分成三個階段：

(1)開始學習時，身體運作的愉快，興奮中混雜著在團體中呈現自己身體的焦慮與不安。在我們工作的不同對象中，教師們需要較長的時間來度過這個階段，我們可以清楚地看到身體的拘束、緊張及僵硬。

(2)接著，經由不同動作及互動的活動，學習者「清清楚楚」地感受到自己，看到別人的身體運作是什麼「樣子」，又有哪些特點。譬如發現自己在空間中流動時不易順暢，或是清楚地感覺到自己軀幹的僵硬緊張。這種對自己及別人身體（部分或整體）更為分化與細膩的覺識，一方面使學習者沮喪（不喜歡自己的樣子，希望自己能很快改變，卻發現舊有的模式一再出現）與狼狽（一再地在他人面前出現自己某些固定與自我掙扎的樣子）；但另一方面也使學習者由「看到」與「做出」這些具特色的樣子而經驗到自己內在某些特定的情感（時常，情緒就在一邊動作時，在動作中流露出來了）。

(3)最後，學習者或是嘗試不同的呈現自己的方式，或是允許自己

內在的情感經動作傳遞出來，這時的學習者常是欣喜、感動與放鬆的。

伴隨著這樣的身體經驗而發生的心理歷程較不易概化的描述出來，不過我們可以看到在課堂中引發學習者情緒覺察到反映思考的來源主要有三：

(1)前述個人身體動作中所引發自我內在情感經驗。

(2)舞蹈－動作的活動提供了一非語言的人際互動的關係發展的場境，人際關係中許多抽象的心理經驗（如拒絕與接納）具象地在一來一往的身體互動中被體會著。

(3)團體中的學習者反應出相似的身體特殊形式成為一共享的，並可清晰指認出來的集體經驗。譬如一群大學女生聽到自己由喉嚨發出的「放不開來的抑制」的聲音時，清楚地意識到聲音中反映的壓抑；在稍後的討論中，幾位女孩分別談到自己在家庭中、學校體制中的壓抑。這三種經驗的來源對不同的學習者帶來迥異的刺激。雖然，舞蹈－動作所引發的心理成長歷程是一相當個人化的經驗，但當一群相似成長背景與社會處境的個體共同參與時，則又可以看到某些共通的特性，所以它又是一種集體的經驗。

由動作所引發的情緒流動與體察的經驗如何帶動了學習者的思考呢？在我有限的教學經驗中，學習者對自己被壓抑情感的覺察與思索時常是一個學習的主題：這裡發生了一個「確認」與「允許流露」自己被壓抑情感的歷程。譬如，一名21歲的女性W對自己在舞蹈－動作中的經驗這麼描述著：

……在我的內部有情緒想要出來，而外在我的行動卻出不來！因為在內部，我就把它們鎮壓下來……在這裡（指課堂中），我弄清楚了自己這種不協調的立場……我看到X咬牙切齒的委屈和憤怒，內心起了波動；她使我重新思考自己。憤怒是我從前所不敢表達的，我一直用壓抑、鈍化的做法來控制它。

　　W 接觸到了內在憤怒的感情，在接下來的舞蹈－動作活動中，她又如何發展這個歷程呢？

　　　　我覺得很多平常糾纏在我心裡面的衝突，就藉那個情境釋放出來了。前一陣子剛好有哀傷的情緒，在上次活動中，在那個情境中，我的憤怒及哀傷就混合地表現出來了。像本來我不敢發出叫聲來的，那時就叫出來了！後來我發現，原來生活中我顧忌很多，家庭、學校中有許多「不可以」，女孩不可以大叫，憤怒是不理性的……。

　　W 是一個例子，她藉由舞蹈－動作而「認明與區辨」了自己情感的性質及來源：這個過程是學習發生的關鍵處。Diane Flether（Wright Institute DTR）認為學習者透過對舞蹈－動作經驗在四個層面上的辨識，才完成一個較為完全的學習歷程：這四個層面是：

1. 對主體經驗的察覺與意識

　　允許內在與外在世界的感官知覺、幻想及影像進入自我覺察與意識的範圍內；亦即去經驗現有的動作質地（the quality of being）。

2. 對主體經驗的內容加以辨別及反映

　　這是指對自己經驗中某部分的細節特別加以注意，並能在認清它是什麼之後（如 W 的憤怒），將它變成繼續探究及思索的主題。這時主體的經驗被客體化的時候並轉化成思想的一部分。

3. 能夠辨認自己在動作經驗中所出現之特定的行動模式及其所反映的心理機制（psychological mechanism）

　　這一點涉及到「改變」是否可能發生的問題。我們若想停止某些在生活中不斷重複出現的模式，所需要的不只是察覺與反映它們，還要能對它們採取行動（即一般說的「處理」它們）。Flether 採取「現

實建構」（reality-construction）的角度來討論這一點。人是透過行動模式來選擇及組織經驗因而建構了他所知覺的現實，所以改變之道便是解除他現存的建構模式。舞蹈－動作經驗中的解除過程是經由下面兩個步驟來推進的：認明自己賴以建構現實與組織經驗的行動模式及心理機制，並對它們負責任（它們是我生產的，是我的一部分，我要對它們、對自己及他人的後果負責任）；而不再以為「事情就是這樣自然發生的啊」！運用身體的不同方式可以帶出個人的感覺，所以在舞蹈－動作的經驗中，工作者要引導學習者練習不同身體運作的方式。身體運作並不代表什麼深層的改變，但至少對學習者在身體及情緒層面上有某種程度「重新建構」的經驗。而立即改變的能力是人們在嬰兒時就學會的基本生存機制！

4. 將 1.、2.、3. 的經驗與發現和日常生活做連結

如 W 將憤怒與家庭及學校制度加以連結思索時，她可能對女性在社會中的共同處境有所意識，而不再只個別化地解釋自己的壓抑；她也可能發現了父母關係中的某些問題是自己憤怒的主要來源！（夏林清，*1989*）

四、小結

不同於英國與歐陸心理分析的治療取向，美國的舞蹈治療及後來推廣發展的創造性舞蹈與身體覺察的教育路線，融合了現代創造性舞蹈身體運作的方法以及心理學小團體的知識及方法（如會心團體與人際關心訓練團體）。身體動作方法被大量應用到各形各色團體經驗中的現象，不只是被 Max Pages 等人批評為「逃避與工業社會體制對抗責任的個人主要取向」，英國與歐陸受過嚴謹訓練的心理治療工作者亦批評美國這種蔚為風潮的「身體取向治療及自我覺察技巧」為自由市場經濟下的「心理商品」。（*Brahler, 1988*）

臺灣心理輔導知識與方法發展的歷史不過三十年左右，心理輔導

的專業工作者除了在教育及社會相關結構中致力於心理輔導方法的落實發展外，也開始面對社會一般大眾，以小團體領導者的角色帶領各種心理成長取向的團體；身體運作的方法也就是在這樣的背景下被引入與應用的。臺灣的教育工作者到底是怎樣在團體的情境中應用身體動作活動的呢？由小團體帶領的觀察來看，身體動作的經驗又發生了怎樣的作用呢？為了探究此研究主題，我們亟需針對身體運作經驗所發生的團體脈絡建立起應有的認識。

第二節　團體脈絡、團體現象與團體領導

我曾於 1994 年，對團體領導者運用身體運作活動所引發的團體現象進行了一次初步考察。在呈現部分研究資料之前，下文將先針對團體脈絡（group context）、團體現象（group phenomena）、及團體領導（group leadership）在概念上加以釐定。

一、團體脈絡與團體現象

原則上，在這一個初步的調查研究中所考察的小團體均是教育及輔導界工作者所帶的成人團體。這些團體的取向與性質均屬於小團體方法中的成長團體（growth group）或會心團體（encounter group）。這種心理成長取向的教育性團體是一種暫時性的組合，領導者運用他對小團體發展與個體成長的知識擅自推動成員之間的互動過程，以有益於個體的心理成長。因此，在小團體方法的理論中均強調個人內在心理歷程的變化與人際互動歷程的作用。不過，嚴格的來說，在任何一個小團體的情境中，均存在著多層次的團體脈絡（group context）。艾德佛將小團體脈絡區分成下列五個層次：（*Colman, 1975*）

1. 自我內在過程（intrapersonal process）

指涉了人格特質、自我防衛的方式等個人自我內在的經驗和其外

在行為之間的聯繫。

2. 人際互動過程（interpersonal process）

即指團體成員之間的互動關係。

3. 團體整體（group-as-a-whole），即團體層次的過程（group-lever processes）

這是指我們視一特定團體的行為為一社會系統，即在理解每一成員的行為時，要視其為團體此一相互依賴系統的一個部分的角度，來分析個別成員身上可能存在的部分與整體的關係及作用。

4. 團體之間的過程（intergroup process）

我們平日組織生活中不同工作團體、部門之間的關係與學校班級團體之間均屬此一層次。

5. 組織之間的過程（interorganizational processes）

就是將分析的焦點放到組織與組織之間的對待與關係發展的過程上。

這五個團體層次的概念可以協助我們在面對複雜團體現象時，由系統與脈絡的觀點來暫時性地界定我們所觀察到的現象領域，以便於研究焦點的形成。艾德佛的概念架構較其他小團體定義優越的地方，在於它涵括了團體存在的背景（如團體之間層次及組織之間層次的概念），使我們在考察團體歷程及團體內部的作用力量時，仍保留著檢索團體外在脈絡對內部動力所可能發生影響的觀點。當然，在這次的研究中，我們可以預期第一、第二，及第三層次會是主要的分析焦點。

可以與艾德佛對團體脈絡多層次分析觀點相互參照的概念是麥克思‧培基（Max Pages）對「團體現象」的界定。（請參考本書第四章中對培基理論的介紹）

綜合艾德佛及培基的看法，團體場域中所發生的現象是具有多層意義的；下面三段論述主要目的雖然不是企圖去解讀小團體現象的多重意義，但保持多層脈絡與多角度團體場域的參考視框，可以使得研究者不會將對身體運作活動作用歷程的研究焦點抽離出團體脈絡場域的背景中。

在小團體的場域中，身體動作的活動和團體領導者所使用的其他口語行動或團體活動一樣，都是領導者基於他對團體當下現象的瞭解而採取的介入行動，所以我們對身體動作活動作用歷程考察是不可能不由團體領導的角度來理解的。

二、團體領導是認識歷程的反映

在此一研究中，我並不進入依某一特定團體理論來界定團體領導功能或作用的內涵，而採取向多那（Donald A. Schon）「專業實踐」（professional practice）的觀點來瞭解團體領導者在小團體情境中的催化行動。向多那由認識論角度，將他與愛智睿思（Chris Argyris）由 1970 年起所共同創建的行動理論（夏林清，*1989*）結合起來，發展出社會科學工作者在專業領域中社會介入行動及效果的理論及方法。

由向多那的觀點來看，團體領導者對帶領團體的設計及領導行為是一場他所主持的實驗，向多那稱之為「認識架構的實驗」（frame experiment）。簡言之，團體領導者在一特定的團體時空中，針對當下的團體現象會形成他自己對團體中成員行為互動的瞭解，他的領導即是基於他的瞭解而採取「企圖去引發改變」的行動。向多那用圖 1 來代表專業工作者介入行動所引發的一個瞭解同時發生的歷程。

以小團體的帶領而言，領導者在選擇運用身體動作活動催化成員的參與時，一定經驗著：(1)他自己對當下團體現象的瞭解（即他認為團體成員的狀況是如何的）；(2)他認為為了團體成員的有效學習，成員的參與及團體的發展應往那樣的方向挪動及變化（即他認為團體應怎樣發展是正確的方向）；(3)為了推動團體往自己所認定的理想方向

挪,自己可以採取怎樣的行動介入團體(即他的催化或領導行動);
(4)當領導者發動了某些介入行動之後,他對成員參與與互動的現象是
如何理解的(即他認為自己的介入行動是否達到了自己預期的效果)?
所以,任何活動的應用都只是團體領導者領導行動的一個環節而已,
上述的認識歷程才是領導行動的隱含歷程。

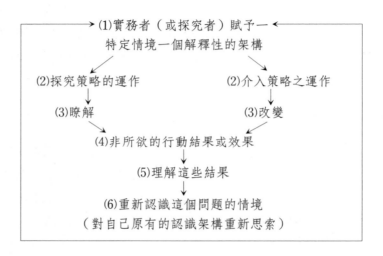

圖 1 認識架構的實驗歷程(夏林清,*1989*)

三、成員參與及團體過程

　　要檢視團體領導者所帶領之身體動作活動的作用,成員在當下活
動的參與狀態及隨後團體過程的變化是相對於領導者催化行動的主要
考察焦點。要瞭解領導者運用一身體動作活動所發生的作用時,在可
觀察到在面對活動所引發的團體現象,我們卻不能只用「成員參與」
的觀點來看它,這就是為什麼要同時提出「團體過程」概念的原因。

　　「成員參與」一詞當然就是指針對領導者所帶領之活動,每一位
團體成員的參與行為,但個別成員參與行為以及成員間互動的狀態卻
不能只由「個體參與行為或方式」的角度去解析它的意義。前文中所

提及團體脈絡第三層次，團體整體（group-as-a-whole）的層次，便在這時出現了它的重要性。當一個小團體在一段時間內固定每週聚會進行活動時，團體成員在團體中行為表現是成員對自己與他人關係設定下的反應；在這一向度上，「過程」意指隨著時間進展，成員間關係的變化。也正是成員之間關係的變化與形成，使團體動力的作用與其整體所彰顯的意義不等於個體行為表現的總合。譬如說，一個成長團體的領導者在團體初期企圖引用身體活動加速成員的互動，團體成員雖合作地完成活動，但流露出應付了事或焦慮緊張的氣氛。這個時候，我們不能只由成員個人的身心歷程去解析此一團體現象（譬如成員個性不太開放或有性別焦慮），而應將此一現象放回到這一個團體發展的歷史脈絡中，去檢索它和前面團體經驗的聯繫，以及是否反映了前面所描述的多層團體脈絡及多向度人類現象所隱含的意義。

因此「團體過程」與「成員參與」的概念可以兼顧成員個體內在、人際互動以及團體整體的脈絡發展。

四、小結

透過第二節的討論後，我可以明確地指出，這一次的初步考察有三個焦點領域：(1)團體領導者對身體動作及方法的看法；(2)團體領導者在團體進行中是依據那些對團體當下現象的分析而決定應用何種身體動作的活動；(3)當某一特定身體動作活動被應用後，團體成員是如何參與及互動的。

第三節　矛盾的操作邏輯

在這一節中，我分二階段來陳述此次研究結果。在進行研究結果討論之前，先將研究資料的來源對象做一簡略描述。

此次研究計畫中共訪問了十五位團體領導者，並觀察記錄了其中三位領導者所帶領的三個團體的過程。十五位受訪團體領導者中有二

位男性、十三位女性。十五位中十位目前在中小學從事輔導及教育工作，這十位中有三位師專畢業、六位大學畢業、一位研究所畢業。十五位中的其他五位則目前均在社會輔導性質的機構中帶領心理成長取向的團體；五位中的二位為非教育或心理相關科系畢業，其他三位中有二位是心理輔導研究所畢業；至於性別的背景，則共有五位男性，十位女性。所記錄的三個團體則均為心理輔導相關機構所開辦之心理成長取向的團體。團體時間由 18～24 小時不等。

　　如前所述，我將團體領導者在團體中運用身體動作方法的帶領視為一實踐的認識歷程，所以我在探究身體動作方法在小團體中的作用歷程時切入的分析層面便著力在：(1)「領導者認為自己運用身體動作方法是在做什麼？」這也就是愛智睿思及向多那概念中「信奉的理論」（espouse theory），即領導者相信與認為自己在做什麼。(2)「領導者自己認為自己在做什麼的想法中是否存在著不一致與矛盾之處？」在這裡，我們還沒有涉及到領導者實際行動與想法間的落差，而只處理所謂「信奉理論」中的矛盾。即任何一位領導者在自己的看法中所出現的矛盾。(3)領導者帶領團體的實際行動（做法）及其作用後果所反映出來的「他到底在做什麼？」這就是愛智睿思及向多那的「使用理論」（theory-in-use）的概念。(4)「領導者運用身體動作方法的領導行動和他認為自己在幹什麼之間所可能存在的矛盾」。這裡就存在了一個實務工作者在帶領團體時，他的信奉理論與使用理論之間的矛盾。

　　經由這四個考察觀點的引導，我分兩階段來陳述此次研究的發現。在第一階段中，我先對十六位受訪者對自己運用身體動作方法的想法，以及他們不同的訓練與實做背景作一個簡略的分析；接下來便進一步整理與分析我所觀察到的在領導者的思想以及想法和做法之間所存在的矛盾現象。最後一節則討論這些矛盾現象所帶來的啟示。

一、團體暖身活動、身體動作方法以及身心整合的路線與領導者訓練背景和實踐場域間的關係

　　由受訪者本身對自己為何及如何使用身體活動的敘述中，可以清晰地辨識出對使用身體活動的三種不同看法與做法，而這二種不同的實做路線在一定的程度上也反映了領導者的專業訓練背景及其實踐場域的差異性質。

　　近十年來，因為國內心理劇、家族治療以身體覺察與舞蹈治療的被引入及推廣，相當多數的輔導與教育工作者均接受或多或少的參與相關的工作坊做為自我訓練的一個途徑。心理劇與家族治療方法中亦涵蓋了許多運用到身體動作的介入技巧，雖然這次的研究範圍並未包括對國內心理劇及家族治療的實做情況，但發現受訪的十五位團體領導者全部都有心理劇及家族治療的經驗，在這裡出現一個臺灣普遍存在但令人困擾的現象——即參與所謂心理劇及家族治療或重塑工作坊的豐富成員經驗，和接受成為心理劇及家族治療領導者的訓練經驗之間是否應該是兩種不同層次的教育活動？還是藉由豐富的成員經驗便可以具備了有效領導者的專業能力？因為這一個問題並不是此次研究的重點，所以我並不正面回答它，但此次研究結果對深入探討此問題提供了一側面的反映圖像。因為十五位領導者運用身體活動的理論與做法上多少反映了此一問題的部分面貌。此外，十五位領導者中的十位均具有學校教師的背景，這使得他們的實踐是以學校教育系統中的學生及教師為主要的對象，而五位社會輔導機構的領導者則面對社會不同背景的成員進行他們的工作。此一對象及實踐場域的差別對他的實做方向及意義的形成是有影響的。

㈠肢體活動與團體暖身（warm-up）

　　「肢體活動」或「非口語活動」是小團體領導者經常使用的一個名詞。小團體領導者常說：「今天我用了□□肢體活動來做暖身活

動。」這句話的意思可以被仔細地鋪陳為:「今天我在帶團體的時候,我想讓團體初期(或一開始)時成員之間的陌生及緊張快一點度過,以便於推進我想帶領成員進入的主題(或方向);所以我用了肢體活動使成員互相接觸,團體緊張或陌生的氣氛很快就被改變了。」這種在帶領小團體時,選擇用肢體活動來轉移團體過程初期會有的緊張或焦慮氣氛的做法,是受訪團體領導者相當普遍在使用「身體動作」的一種方式。團體領導者運用「肢體活動」做為團體暖身的現象對臺灣教育與輔導領域中小團體的蓬勃發展有二層意義。首先,它反映了一種認識歷程。這一種認識歷程可以陳述如下:(1)這種使用肢體活動的方法反映了領導者在帶領小團體時,對團體過程的理解採取一種機械階段論的觀點。淺白地說,就是團體領導者在學習到團體發展理論中的階段論述後,就以發展階段的觀點做為自己在帶團體時賴以「認識」團體現象的解釋架構。(2)當領導者是採取階段論做為瞭解觀點時,所謂的團體發展在他的眼中便成為一循階段前進的歷程,而團體過程的催化就是「介入」團體,以便團體的現象界能呈現出如書本上所描述的由前一階段到後一階段的變化現象。這個時候,各種配合團體不同發展階段可使用的「團體活動」便成為領導者帶團體時所倚重的「工具」。簡言之,團體領導者所抱持的機械階段論觀點使得他的團體帶領工作變成操弄工具或技巧,以產生多少能符合機械發展解釋觀點的團體現象。這種認識方式的一個後果便是將身體運作方法支解為「肢體活動」,也就是說領導者選擇用一「肢體活動」來取代其他口語的相互認識的活動,只不過是因為「肢體活動」比口語活動更能「將團體的注意力集合起來,場面容易控制……」,或是「可以增進團體信任度與凝聚力,來軟化團體」,或是「玩一玩(指肢體活動)再來聊天,會比較容易談出來。」(訪談資料)

上述這種運用肢體活動的方式普遍地發生在具有下列二種背景的受訪領導者的實做經驗中:中、小學教育系統中的教師(學習團體方法的背景均以師範教育系統中的學習資源為主),以及具有救國團張

老師訓練背景的領導者。

(二)身體動作方法與教育介入（educational intervention）

在這次十五位受訪者中有十位是臺北市中、小學教師。在運用身體動作的經驗上，部分的中、小學教師已將這種方法納入自己教育實踐的工作中；他們視「身體動作」為一種可以協助教師針對某些特定的教育現象及問題進行改變的一種方法。譬如，針對國小教室學習情境中被教師視為不合教室規範、具攻擊性的小朋友，進行以身體動作方法為主的小團體輔導計畫。

這一種應用方式最大的特色就是受訪的團體領導者所反映出來清晰的教育實踐的性格。這裡用「教育實踐」一詞是想強調二點：(1)受訪的教師們均提及在接受身體動作訓練的學習過程中，自己均經由身體動作的經驗深一層地覺察到，在多年教師生活自己所養成的某些特定的身體表達習性，與這些習性所隱含代表的心理適應歷程；(2)不同於一般社會輔導機構的團體領導者，中、小學教師背景的團體領導者自然地會企圖將身體動作方法運用到日常教學情境中，以解決學生的問題。

在訪談中，教師們提及在自己身體動作的學習裡，「自由」與「力量」是很主要的成長經驗。這一點和夏林清與李宗芹在 1990 年所做的一次探索性的訪談發現是一致的。譬如針對李宗芹（舞蹈成長雜誌，*1990*）對教師「拘謹、僵硬、不靈活的身體觀察」，接受身體動作訓練的教師表示：

　　甲老師：「我感覺自己的身體很笨，不靈活。也不知要怎麼動，但我喜歡低水平的探索，做低水平時接觸地板，覺得很舒服、很放鬆，至於要跑的、跳的，會感覺不知怎麼辦？我把自己身體的狀況，聯想到生活上時，我就會看到自己和同事之間的共通性，我們很多老師都有一些理想，但理想都壓在心底了，因為瑣碎的事情實在太多了，限制也太多

了，我想到我做那些跑、跳的動作時，我不敢向上跳，所以我喜歡低水平的動作。因此喜歡低水平動作的另一個意義是我不敢放開我自己。」

　　乙老師：「我喜歡做輕的、柔和、緩慢、持續性的動作，當我做有力量、強壯的動作時，就覺得害怕，我害怕的並不是力量本身，事實上強有力的動作讓我感到振奮與活力，我害怕的是力量增強後會凸顯自己，讓別人看到我。在學校裡我不凸顯自己，我避免並且逃避出現，只要我不說話，沒有人會特別注意我，我不跟同事爭第一，我也不批評別人，我一直保持著安靜的、柔和的好老師形象。我隱藏自己的能力，因為怕學校硬塞給我一些自己不想做的事情，譬如合作社管理……等。」

　　教師們在身體動作的學習過程中，經由身體覺察增加了對自己在教育體制中防衛性生存策略的意識；在經驗到自己改變與成長動力後，第一線教育工作的實踐特性便發生了它的作用：

　　丙老師：「……我那個時候是覺得我自己，有一個很強的身體自由的感覺，這是我以前沒有經驗過的，我覺得我有得到幫助，回到學校後，我開始對小朋友來做。……班導師推出來的都是比較有攻擊性的學生，外向的、好動的小孩，他們本來就是比較不適合在教室規範裡的孩子，教室的限制較大，所以在身體動作團體中，他們得到的也是自由的感受，他們可以自由的去發展關係……。」

　　我們可以很清楚的看到教師丙將身體動作做為一種教育介入的方法，企圖改變自己欲改變的教育問題，相較於其他社會輔導機構的團體領導者，教師背景的團體領導者對身體覺察的學習與身體動作方法的應用，都清晰地反映出教師及學生日常生活中學校體制的影響，以及當教師本身意識提升之後在行動上企圖轉化既存教育問題的實踐行動。在下一段中將針對隱含在此種取向的教育理論作進一步的探討。

㈢身體整合與現代人潛能開發

由前面具教師背景之團體領導者的描述中，我們看到無論是這些領導者的自我學習抑是身體動作方法的應用，均具有清晰的脈絡屬性——即教師和學校體制之間相互影響及轉化的關係。當教師們在應用身體動作方法時，他們是直接針對學生及來自學校體制的限制與束縛的。這種特定脈絡的具體圖像則沒有出現在社會輔導機構團體領導者的描述中。

相反的，社會輔導機構的受訪團體領導者在談論他們對身體動作方法的理論時，使用的概念是「人」、「現代人」、「人的疏離與焦慮」以及「人的創造力和潛能」；這些語詞的特性是抽離出特定社會脈絡的一種概化的描述；對應於這些概化的對行動主體的描述，則是另一組抽象的指涉其實踐的概念，如「肢體、土地與心理和人的結合」、「深度治療」及「掙脫原來的束縛，表現出創造力來！」等。由社會輔導機構所推出的各種收費招生的小團體及工作坊（workshop）是臺灣近年來的一個蓬勃的社會現象（郭美暖，*1992*）；我們應該由社會教育的角度、替代性心理輔導資源的角度，還是心理諮商與治療方法商品化的角度來探討這個問題呢？雖然這一研究不是為了探討此一現象而設計的，但研究資料中所區辨出來的第三種應用身體動作方法的途徑正是座落在這一種實踐的場域中。因此，受訪團體領導者對他們運用身體動作方法的想法與做法應可以對上面這一個重要的現象發生一個側面反映的作用；我將在下一段中進入較細部的討論。

這一段所指出的三種身體動作經驗的不同應用取向，並不能被理解為三種運用身體動作方法的方式，因為如果我們去這麼想的時候，我們就犯了工具化的毛病，將身體動作視為一種可以和特定對象與特定社會脈絡抽離開來的「技術」。

前面所描述的三種不同的應用取向，區辨出了處於不同社會位置中的團體領導者在形成其對身體動作方法的想法及做法上的差異性。

二、實踐邏輯的矛盾

　　前一段中指出了三個不同的應用路線，這三種路線區辨出在不同實踐場域的團體領導者在想法與做法上存在著差異。這一段將針對領導者想法與做法所出現的矛盾加以討論。

㈠化約的教育理論

　　每一位實務工作者在他專業實踐的工作過程中一定擁有他問題現象及問題改變的瞭解；而由實做是一個認識歷程的觀點來說，實務工作者要能經由實做深入對問題現象的考察，更進而修正、豐富及建立自己的教育理論（這裡使用「理論」一詞是指實踐行動的看法，而非學術理論的意涵）。在受訪的教師背景與社輔機構背景之團體領導者的陳述中，一種過度簡化與化約傾向的理論清晰的出現在領導者對其工作對象以及身體動作方法之作用的看法上；這些看法也就是愛智睿思所稱之信奉的理論（espouse theory），易言之，這些領導者團體帶領的理論有簡化團體現象的傾向。

　　我用下面十二則實例來說明受訪團體領導者對其所處理的問題與運用身體動作方法來帶動一改變歷程的觀點。

　　與前一段所描述的教師與社輔背景差異性相呼應的一個現象是，中、小學教師在使用身體動作方法時的理論，是和他對學生問題行為的瞭解以及教育制度中對學生行為表現之規範性要求有關。受訪教師C 在描述他以身體動作方法對違反校規的高中男生所進行的團體輔導工作時說：

　　　　我們的學校教育由小到大都有體罰等做法，他們現在這麼大了，還是經常被教官、體育老師或級任老師叫去體罰，如伏地挺身、兔子跳、跑操場等，我覺得這種「被整」的經驗使我們中國孩子對身體的印象就是這個樣子。我是想說能夠稍為扭轉一下他們對自己身體的印象……譬

如他能更清楚他自己在使用身體的時候是在一個什麼樣的狀況下使用。在情緒非常不能控制的時候，或是能夠在比較能控制的狀況下出現身體會有所不同。

C老師對臺灣學教育中學生「被整」的經驗有感觸，他認為「被整」的經驗使學生對自己的身體意象有一不良的影響；C老師並沒有較詳細地陳述「被整」的經驗到底對學生對自己的身體印象有什麼影響，而身體印象和自我意象又有怎樣的聯繫？接下來，C老師陳述了「身體使用」與「情緒控制」之關係的觀點，C老師以他對學生打群架的看法來說明他的觀點：

　　……例如打群架時，我很想讓他自己去看清楚，他在打群架時是在什麼樣的一個狀況下……他不見得是主動的，有時候是那種情緒被激起來的，然後他會去使用力量出來，我想說如果讓他使用身體是在他自己一個清楚的狀況下，他是主動出現的，這樣是不是會有不同……。

針對於「使用力量」和「身體」的關係，C認為：

　　他們（指被記過和留校查看的學生）是不是在情緒的掌握上、力量的使用上可能是比較沒得到比較好的引導，所以我就由身體力量切入……。

在上面的三段陳述中，C的推理歷程中明顯地存在著化約與跳躍的問題。首先，C將學生在學校教育中「被整」的經驗對身心的影響只化約成「對身己身體印象」的一個面相來瞭解，按著C對「情緒控制」與「身體控制」的關係是一個人能否控制自己的情緒和他在身體表現上力量控制得宜與否相關，C隱約地認為學習到如何使用身體力量可以使學生學習到有效地控制情緒，而情緒和身體力量的有效控制

可以使學生減少打架的行為。所以C在運用身體動作方法進行團體輔導時，他企圖經由身體力量的訓練來改變學生對自己打架或犯規行為的控制。依靠這樣的看法，在C實際帶領的過程中，團體成員（高中生）抗拒進入C所設計的活動；C在面對挫敗的團體帶領經驗時表示，自己中規中矩的成長經驗和這群不合規範學生的成長經驗有相當大的差異，所以自己相當不瞭解這些學生的生活世界。因此，C對「身體作用」和「情緒控制」以及「行為控制」間關係的化約看法或許反映了，當C對學生生活世界不瞭解的情況時，他企圖經由團體輔導來改變或修正學生「不合規範的打架行為」。我們可以說C對團體輔導的目標設定是不切實際的，而C對學生問題的瞭解，太過於化約成「身體的使用」，「身體」變成和情緒及意識分離的一個概念，而打架和犯規的行為也是被抽離出群架事件發生的場境脈絡以及學校教育體制脈絡來理解的。

如果說C教師化約的傾向反映了他在企圖進入學生生活世界和瞭解學生特定問題時的困難的話，那麼社輔機構的領導者對工作對象概化成「現代人」及「潛能開發」的改變觀點，則在他們在面對不同行業、性別及年齡的團體成員時，發揮了迴避進入特定問題脈絡的機制作用。這個意思說，做為消費市場上的一項文化商品，團體領導者必須要在有限的時間內，經由他的團體帶領讓參與成員有「值回票價」的感受，因此概化的「現代人」及「潛能開發」的理論是一種安全有效的選擇。

一位社輔機構的領導者D陳述他對「現代人問題」的瞭解：

> ……我覺得現代人很多會疏離，基本的根源來自和土地的疏離，我期望慢慢的能夠藉由肢體、土地與心理跟人的結合來做。……（接著描述自己帶領成員到郊外去體驗的生活營設計）……幾天下來，他會真實的感受到為什麼他在日常生活裡面沒有辦法達到人與自然的結合。

　　另一位社輔機構的領導者 E 則企圖經由身體動作的工作坊經驗使成員意識到現代社會中競爭、衝突的人際關係，並在肢體活動中抒發出壓抑的憤怒：

　　　　……憤怒、生氣是生命的原動力，這是現代人很重要的一些經驗……我在最後會做激烈的活動「罵、衝、打」……最後處理壓在最底下的情緒，所以帶到戶外、吐納、喊……這是一種儀式……下山時就抖動身體，很多廢物就會抖掉……。

　　社輔機構領導者的這種運用身體動作經驗來抒放壓抑情緒以及還原式的回歸自然的論點也展現出化約的傾向，這正是第四章中曾提及培基對美國加州學派的批評。

　　用淺白的比喻來說，C 老師在帶領高中生團體時，企圖直指她所欲改變的問題（學生「被整」的經驗及犯規的行為），但指錯了地方（身體力量的使用），而 D 及 E 在帶領繳費報名的團體成員時則遙指漂浮在空中大家共享的工業廢氣，勾勒出一幅「焦慮壓抑的現代人」的圖像。

㈡自我預言（self-prophecy）與商品化的實踐邏輯

　　化約的理論傾向在實踐認識歷程中的問題是，團體領導者可因而規避進入複雜的、多面相的人類問題的脈絡場域，問題情境的簡化可以使助人事業或教育工作者減低面對對抗工業化社會問題的鬥爭之苦與致力於探究變革之道的風險責任。在這次我們所觀察的兩個成長團體的實例中，也發現當領導者在使用肢體活動時，領導者對肢體活動所引發之成員反應的理解和觀察者觀察報告之間存在著差異。簡單地說，領導者選擇性的不去知覺與解釋肢體活動中成員參與反應中的不自在與緊張、焦慮的現象，而視肢體活動所帶給團體的熱絡氣氛與交談資料為「團體暖化」的現象，和前述化約傾向相同的一點便是，隱

含在這些領導者運用身體動作經驗來帶領團體的領導行為中的是一種自我預言的實踐邏輯。所謂「自我預言」是行動者以自己的預設來選擇性的吸收與處理自己在日常生活或專業實踐動作中所觸及到的現象訊息，而自以為是的驗證自己的假設。

除了自我預言式的認識方式之外，在社會輔導機構的領導者身上浮現了清晰的商品服務的邏輯。一位領導者談到他在實做中因應成員狀態而選擇讓成員愉快、放鬆的服務取向：

> ……通常你（指團體領導者）若走得比較深（指帶團體時，深入成員問題去探究），他們（指成員）反而會反應說他們不見得要這個東西，「只要讓我們放鬆、愉快一下就可以了。」……如果你的成員認為不是這部分的問題，那你要不要去觸動它？還是放掉？那我以前是很不甘願，總想再做一些有意義的事情，但做到後來，變成無趣……。

如果我們將心理成長的專業工作納入商品服務業的領域，那麼在市場導向之下的取向的心理成長產品的包裝邏輯應該是：輕薄短小的設計，能讓你在抒發壓抑情緒的同時點到你的痛處。

㈢團體操作技術與支持相伴的人際聯繫

此次所訪問的社輔機構團體領導者在專業訓練的背景上有兩種情況，部分領導者擁有心理學相關的專業學歷背景，另外的部分領導者則屬於由參與坊間開設之訓練課程之後，跟隨著某位資深團體帶領者，在累積了相當多參與經驗後自己也成為開班招生的團體領導者。前面幾段所描述的專業實踐認識歷程的問題和領導者是否具有專業學歷並無明顯相關，但在這一段中，我特別針對由成員變成領導者的訪談資料加以討論。這位領導者由做成員的學習過程中掌握了一套帶團體的方法，並陸續開班，相當成功的吸引了一群支持他的成員。站在研究的立場，這種現象的意義在於這一方面反映了臺灣社會客觀存在

著的需求式的動力，不然不可能開班成功；另一方面它提供了一些線索刺激我們思考：各種社會輔導機構所提供的服務是否可以做為取代心理健康專業服務的另一種社會資源？

　　利用系列的身體活動使成員經驗到生活中的疲累、辛苦，進而形成團體的凝聚力是這位領導者Ｗ清楚意識到的主要工作：

> 　　……要成員原地跑步持續半小時，成員都累得像跑幾千公尺了……我會說，你可以調整速度但不要放棄，也不要掉入自哀自憐的情緒中，……分享時，他們很清楚的體會到人際生活中的苦啊、悲哀啊、挫折……；生命是挫折時……起碼這裡有個團體與你分享，形成一個支持的感受，從此以後即使團體沒有主題，大家還是支持相伴著，這是我的團體大部分形成的模式。

　　在 Ｗ 的實做方法中，「身體」是操作出某種特定團體經驗的工具，透過身體的運作靈活、憤怒、悲傷及衝突的情緒均是領導者所欲引發的重要經驗，因為「……衝突的呈現後，成員像洗過一樣」、「悲傷更是深層，團體的密合力很高了」！Ｗ雖然接受了團內及團外資深團體帶領者的訓練，但指導他帶領團體的觀點主要是「化解衝突」，及在人們挫折的生命經驗中「形成相伴支持的」人際聯繫。Ｗ對人們生活中痛苦與挫折顯然深具同情並企圖協助，當團體在他的引導下湧現出悲傷與痛苦時，他說：

> 　　我希望團體能體驗到的經驗，不是只有悲傷，也有歡笑，所以我錄了各種笑聲的錄音帶放給成員聽……，但成員卻覺得很奇怪。

　　Ｗ對成員的奇怪反應並未深究，他可能只覺得自己企圖帶給團體歡笑體驗的做法不太成功而已。Ｗ依憑著他對人的豐富情感，由積極的成員變成團體領導者；姑且不論他的實做到底在發生著怎樣的一個

社會作用，W的勇氣與坦誠倒是少見的，他對訪員表示：

> W：「我不可能 help everyone，我做的是以我的學習和 experience，去跟
> 　　欣賞我的人分享互動，事實上我是在找同類，而不是去改變任何
> 　　人。有這樣的認識，我就不在乎外界對我的批評……。」

> 訪員：「你由對方哪些特質看出是同類？怎麼進行？」

> W：「從對方的氣質，如果我覺得他氣質很好，我就跟他講話，然後拿
> 　　文宣向他介紹，很勇敢的邀他來工作室聽講座，那時要很有勇氣！
> 　　我站在一個比較低的姿態，後來到工作室的人就差不多固定有30位
> 　　到個別諮商，然後我給他們組織一個團體，每週 1～2 次活動，二
> 　　十次後就一個月一次，現在已一年多了。」

　　W這一位半路出家的團體領導者，運用團體方法為自己找到「同類」，相結合凝聚成一個以他為中心的小團體，重點是它是建立在助人與被助人的收費關係上的。

三、小結

　　在這一節中，我指出了團體領導者在運用身體動作方法時的幾個問題，它們的共通之處在於領導者可能對自己的理論及實做之中出現矛盾或不一致的訊息並未深入探究。當團體領導者不發展出方法，以在自己的實做中推進對工作對象處境及問題複雜性的瞭解，以及不能發現自己的矛盾時，專業實踐的方法便不能存在。

　　做為一個長期投入在臺灣小團體方法的工作者，研究者認為身體動作做為一種教育介入的方法是值得專業工作者、學術機構及政府有關單位投注心力的。如前文所述，中、小學教師背景的團體領導者在學習到一種自己認為有效的教育方法時，很自然地想回到學校體制進

行一些變革的教育工作；教師們這種企圖以專業方法來解決學生及學校教育問題的努力絕對是值得支持與鼓勵，重要的是如何創造更好的訓練及研究條件使中、小學的教育工作者應用任何一種教育方法時，能突破他在認識歷程上所可能犯的失誤，進而針對國內教育的特定問題，逐步地建立起我們自己的教育方法。這也是應該努力的一個工作目標。

第 6 章	社會角色關係模式 之形成	國小班級 團體實例 說明

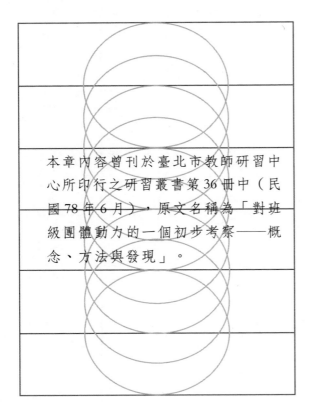

本章內容曾刊於臺北市教師研習中心所印行之研習叢書第 36 冊中（民國 78 年 6 月），原文名稱為「對班級團體動力的一個初步考察——概念、方法與發現」。

　　這一章中，我所賴以探討社會角色之關係模式的素材，是國小教室內班級團體的互動資料。學校是兒童社會化歷程（socialization）發生的主要場境，在成人生活中可被觀察到的關係模式，源自於幼年的家庭及學校經驗。這一章的一、二節，即是針對國小教室中所發生的互動現象進行分析討論。

第一節　國小班級團體是個小社會

　　由社會系統的觀點來看，學校體制中的班級團體像是一個小的社會系統，在這個小社會系統中，教師、幹部與同學是三個主要的社會角色，研究者對班級團體的運作有下列六點假設：

　　⑴教師與所有學生在教室情境中認識他所知覺到的訊息，並基於他的認識在行動著。

　　⑵班級團體成員的行動，相互影響連結而形成一人際行為的脈絡。

　　⑶班級團體做為一社會系統，其中存在著的社會角色及社會規範，反映了一小系統與外在學校及大社會系統之間的關聯性。例如，老師、學生及班長等幹部角色與品行道德等規範標準。

　　⑷角色與角色之間存在著某些預設的關係，成員是被期待進入角色並表現出與角色要求相符合的行為。

　　⑸成員做為團體中一行動者，對社會角色及行為規範進行著認識與回應的行動。

　　⑹成員為某一社會角色的行動者，因此，在成員參與班級團體的行動策略與大家共同建構的人際行為脈絡中，可以發現社會角色與規範是如何與團體中的行動者在互動著的。

　　在這些假設的導引下，針對臺北市國小一年級三個班級及四年級一個班級進行了一學期每週 12 節課的觀察；這些觀察資料，使得我們對國小班級團體中老師、幹部與學生間互動的方式，得以由社會角色關係模式的角度進行描述。

一、一年級甲班:「我們班就是這樣!」（稱 A 班）

A 班導師為四十多歲的中年女性教師,學生人數 39 人。A 老師被同事形容為好好先生型的教師,在她的班級教學中也的確呈現出此種特色;相對於 A 老師的溫和,A 班同學則表現出主動活潑的團體氣氛。A 班班級團體不只在上課中主動參與,在早自習、下課的時段內,當教師不在時,學生團體中的互動更是有趣而豐富。A 老師慣用的整頓班級秩序的方式是,A 老師先喊一聲「坐姿正」,所有小朋友跟著唸:「坐姿正!」,並默然坐好。在接受觀察的五個早上的授課過程中,A 老師一共只用了五次秩序重建的策略。A 老師用遊戲、詢問及邀請學生回答的方式進行主要的教學活動;而調節與輔助主要教學活動之教導策略,則依其使用次數多寡依序為:暗示期待、提醒、告誡、對比競爭、表揚模範、稱讚、代幣獎品。在觀察中未發現指責及處罰。此外,除課程內容的學習外(注意符號及數數目),A 老師一律強調「專心」與「知錯能改」的重要性,反覆告訴小朋友錯了沒有關係,改過來就好了。例如早自習,A 老師交代完名牌的事情後整頓了一下秩序(「坐姿正」)。接著,A 老師說:

> ……老師發現眼睛很專心的小朋友,唸書都會很棒,老師常說要學李小平。李小平在幼稚園時,上課很不專心,現在他改變了很多,除了早自習外都很專心。有小朋友放學不跟路隊走,老師常說:「做錯了,沒關係,但是要改。」錯了要改成什麼?(小朋友答:對的。)老師說美術課畫畫時要用彩色筆,不要用鉛筆,用彩色筆畫海底世界時,畫錯了一條線,我們可以把它改成一條魚,這就是很聰明的小朋友,可以把錯的改成對的,像李小平一樣知錯能改……。

在 A 老師這樣溫和引導的教導策略下,小朋友對課堂學習的參與(回答問題)十分踴躍,但同時,小朋友在上課的過程中亦有某種程

度的自由度在進行交談與短短的遊戲。例如在下段描述中所出現的師生教學互動與學生遊戲同時並進的景象：

　　……陳成功站起來跑到張糖的座位旁，老師對陳說：「上課別跑到那邊去。」陳走回座位。吳星野舉手要回答問題，許具平轉頭對觀察者笑，蔣紅和王林森在後排聊得很開心，不一會兒兩人又開始準備回答老師的問題，並開始聽課……。

　　A 班學生除了主動回答教師問題外，彼此之間亦有相互學習的互動出現。做數學作業時，互相詢問如何畫，也互相對照，A 老師則走動教導不會的學生；鼓勵做得好的同學，如 A 老師稱讚呂明（副班長）用的方法很好，有小朋友便轉告其他人說：「我們來用呂明那一招。」A 班小朋友彼此間互動多且熱絡，副班長呂明在班級團體動力中成為一帶動班級遊戲與學習的焦點人物。下面這一段描述，便可生動的呈現出 A 班學生群體的豐富互動：

　　……觀察者走上樓梯，進入 A 班教室，小朋友對我說：「大姐姐好！」觀察員也向他們回禮。……副班長呂明正站在黑板前維持秩序，明佳回頭對觀察員笑一笑，陳勇、王銘也回頭望。……林人儒對江士鴻說：「姓江的、豆漿，請你不要講話，可不可以？」副班長在台上很威嚴的喊了一聲：「還有人在講話！」陳平（班長）走上講台去幫他維持秩序。許怡拿著水壺站了起來，李鈴回頭好奇的看著觀察員記錄的稿紙。呂明在台上說：「現在開始登記在講話的人。」過了一會兒後，呂明把兩個板擦拿在手上，作來回狀走動，接著又把班長的名字登記在黑板上。小朋友看見了都開始笑了起來，班長拿板擦把他的名字擦掉。江士鴻用墊板打了李小平一下。陳平和呂明開始在黑板上畫起包子，呂明記了一次陳平的名字，陳平在黑板前跑來跑去，小朋友們看得很高興。李安傑跑到教室外看了看，回頭說：「老師回來了。」呂明也跑出去

看。有位小朋友大叫一聲：「媽媽咪啊！」小朋友們大笑。……別班一位小女生跑過來，靠在近前門的窗戶旁，向教室內看，小朋友們開始與她談話並笑鬧……隔壁班小朋友走了以後，呂明與陳平開始在黑板上畫大××。這時，有小朋友在下面說：「要告訴老師，管秩序都管不好！」林人儒拿了一本老夫子開始看了起來。呂明在台上亂畫之時，吳星野上台去把他拉下來，但是他又繼續跑上去畫。江士鴻大叫：「老師來了，大家快坐好。」楊晨離開座位走動。呂明喊：「老師快回來了！還在笑！」朱光榮伸手拉楊晨的背帶；陳平把呂明的名字登記在黑板上，李安傑大叫一聲：「老師來了！」陳平、呂明迅速擦掉黑板上的字。朱光榮靠在夏小娟身上交談著。江士鴻大聲說：「副班長！有二個女生要跟你結婚。」李雯雯回聲大叫：「誰叫你亂講，神經病！」……老師回來了，開始晨間檢查。

如果我們站在糾察秩序維持的角度來看，這班學生可以說是在「胡鬧」！但站在班級團體動力的角度來看，前面這一段描述主要顯現出 A 班班級團體發展的兩個特點：(1)班級幹部成員與其所扮演角色之間的關係，不是以角色規範為主導的關係，扮演班級幹部的成員在早自習老師不在時，將幹部的角色當成遊戲的工具，引導了全班小朋友共同投入一場團體遊戲中。(2)這場遊戲的特點，在於學生群體在此時形成獨立於角色控制（教師、糾察隊等）的自主生命的空間。班級團體成員因而共享一特有的團體經驗；在這團體中，管理幹部並非構成代替的執行者，其他成員也隨時可上台拉他下台，或嚇唬他。不過，熟悉與受制於國小教育環境中秩序規範的老師，或許要忍不住為 A 班老師擔心，擔心她可能在學校中承擔的壓力！事實上，A 老師自有她生存於學校環境中的策略！

A 老師在以溫和的方式給予學生活潑互動（不太守規矩）空間的同時，亦訓練學生對外表現出良好的秩序！A 老師在早自習時進行升旗立正、稍息姿勢的操練，並要求小朋友在升旗的集會場合要有合於

規範的行為表現，事實上，A 班在我們的觀察期間得過一次秩序獎。
這表示溫和的 A 老師把握了在學校環境中的生存策略。除此之外，A
老師亦讓小朋友知道，她不是不知道早自習時大家的吵鬧。A老師說：
「昨天早自習很好，今天有人鬧對不對？」小朋友說：「對！」A 老
師說：「你們還不能自己管理自己……陳平、呂明小心點，管秩序不
是大吼大叫……自己太吵怎麼管別人……王玲玉最乖，下次要換班長了！」

　　A 老師的溫和管理與學生們活潑的互動所建構出 A 班班級團體的
特殊氣氛，在一位小朋友對觀察員說明下課時男生的扭打遊戲中便可
看到，他說：「我們班就是這樣！」A 班是才開學不過二個月的一年
級班級團體，但隱然已形成一特定的班級團體文化，且得到班上成員
的認同。

二、一年乙班：「他們都聽我的啊！」（稱 B 班）

　　B 班導師為二十餘歲的年輕女教師，學生人數 38 人。B 老師教書
才三年，一直都擔任低年級導師；個子小巧，站在班上，像是學生的
阿姨，但在我們的觀察中，B 班幹部的有效管理與班級規矩的建立是
其特點。

　　B 老師並無特定整頓秩序的方式，她只以要求的方式來要小朋友
安靜！那麼B老師較常用哪些教導策略呢？B老師所使用之教導策略，
依其被觀察記錄到次數的多寡為：給予代幣獎牌、對比競爭、指出錯
誤、認錯處罰與稱讚。除此之外，B 班級較常出現對班級團體特色形
成有影響的活動有下列三類：

1. 界線控制的活動

　　界線控制是指為處理班級團體與外在環境（人、事物或制度）間
關係的活動，以及對輸出加以控制、檢查之活動。B 老師在處理觀察
員進入班級團體時的方式，顯出她對班級團體界線建立的用心。當觀
察者致電 B 老師表達欲去觀察時，B 老師說：「明天還不行，因為我

還沒有告訴他們，我們班上同學都聽我的，有一次我沒到學校，我班上同學就拒絕升旗呢！」B 老師口中班上同學接受自己管理的印象。在觀察者進入班級時，班長的「待客清楚有禮」的行為表現，的確反映了事前所做之準備以及學生對 B 老師行為舉止對待的教導策略。由觀察員在下面的描述中，我們看到一個彬彬有禮、進退有節的待客過程：

> 到班上的門口看一看，我沒有看到老師，就轉身往後端走，我想去洗手間，快要到時，有一個小女孩在背後叫：「大姐姐，大姐姐。」然後說：「你是要到我們班上的大姐姐嗎？」我回答：「是的，你們老師在嗎？」「不在，她在開會！」由她領我到班上去。路上我問那位小女孩：「你叫什麼名字？」「吳綠萍。」……我一踏入教室，小朋友都回頭說：「大姐姐好！」我說：「大家好！」我笑得很開心，我看到教室後面已有一張「非同學」的椅子。綠萍告訴我：「大姐姐你就坐這裡，這是我們的座位表，老師說這是要給你的。這是第一排……這個是說（⟷的符號，）何立和張平換位子，林台和張凡換位子。」「謝謝你。」

2. 幹部負責檢查、秩序管理等監督性活動

B 班的班級幹部與 A 班相比較的話，執行教師所託負的管理職責明顯的有效得多，而班長在友伴中的地位亦有所不同。即使當老師在時，B 班班長亦執行其秩序維持之工作。觀察員記道：

> ……老師：「寫完早自修功課的同學請舉手！」大部分的同學都舉手了。林德光走到老師書桌前，老師一邊與德光談，一邊管理秩序。吳綠萍在教室內不斷巡迴走動、維持秩序。李芳、陳欣、黃隆昌把書本立在桌上看；馬芝倩在玩水壺；江萍春左右觀看。吳綠萍走到陸易之桌

前，不知在糾正他什麼事……。

小班長的構成不只在教室中發揮作用，在下課的操場上亦存在；觀察員觀察孩童下課盪鞦韆時發現：

　　……小朋友叫：「大姐姐，我們來玩這個……」班上小朋友會特別讓位給吳綠萍，吳綠萍站在鞦韆的位子上，小朋友就自動讓位……。

雖然B班班長在管理同學時有效，但也遭到同是幹部的股長抵制：

　　……綠萍開始維持班上秩序。黑板上有各排的評分表，她不斷的在黑板上記下一些數字。綠萍對春英說：「春英你不要走來走去好不好？」春英說：「我還沒有檢查好，我是衛生股長啊！」

對 B 班學生而言，早自習所進行的例行抄寫生字、衛生檢查及記名字，發揮了結構化班級團體學習經驗中，準備進入一天的學校生活作用。

3. 小朋友（以小女生爲主）找觀察員（大姐姐）去玩、送小禮物給大姐姐、找大姐姐幫忙、帶大姐姐參觀學校等活動

這可能反映了此位觀察員特殊的吸引力，但也可能是反映了班級團體中缺乏能發揮與小朋友親近及照顧功能角色的成員。再以朝會爲例，與 A 班不同的是，B 老師對朝會時的訓練著重在教學生要「聽誰指揮」——老師問：「排隊升旗，應該先聽誰的指揮？」全班異口同聲的回答：「校長！」老師再問：「校長嗎？」全班改答：「班長。」……

由上述的描述中，可以發現 B 班是一規矩分明、教師與幹部管理功能很強的班級團體。規範清楚被要求，對比競爭，對錯清楚被指認

的班級氣氛，對學生與學生間的互動有怎樣的影響呢？B 班一位小朋友對考試的焦慮反應或可說明一些。在第三次觀察記錄中，觀察員記道：

> 考完試後小麗跑來哭著對我（觀察員）說：「老師考的我都不會。」……

第四次觀察時：

> ……進教室後，同學等考試本發下來，……光榮拿他的考試本給我看，說：「全部 100 分。」珊蒂：「今天 98，以前我都考 100。」小麗找不到自己的考試本，開始大哭！

B 班學生之間相互比較成績與分數的行為，股長與班長對抗的行為，都反映了此一班級團體成員之間的互動關係，有以評價、比較、競爭（分數為評價標準）以及幹部階層之角色，為主導該班級團體動力發展傾向的因素之一。不過，值得注意的是，B 班強有力的幹部管理，並未使班級同學在課堂中失去其自由參與的空間；與 A 班相似的是，當 B 老師進行教學時，也容許小朋友有某種程度的互動、交談。而這種在A、B班皆存在的「課堂中的自由空間」在C班中卻不易存在。

三、一年丙班：「還有誰不會背書的？」（稱 C 班）

C 班的特點在於，C 老師常使用秩序整頓的策略以使自己的教學活動能繼續。C 老師是三十多歲面色嚴肅的老師，學生 36 人。

C 老師整頓秩序方法是以「立正、稍息、向前看」的動作操練。在觀察的過程中，C 老師總共用過二十次「立正、稍息、向前看」來整頓秩序。以兩次上國文課為例，C 老師所使用之教導策略依次如表1。

由表 1 所述中，可以看到，C 老師使用的教學方法本身（抽排、

男女輪流、點名抽背等），易導致學生在自己未背書時互相講話，以至於老師需一再使用整頓秩序的方法使學生回到背書或唸書的主題上。這種情形在 C 老師上數學課時就不同了，數學課有作業，小朋友每人都各自畫圈圈（作業內容），整堂課下來，C 老師不必用到秩序整頓的策略。由此可以說明，C 老師在國文課中是被自己的教學法所困住了。

表 1　C 老師所使用的教導策略

・上課：整頓秩序 ↓	・上課：整頓秩序 ↓
・學生仍嘈雜 ↓	・讀注音 ↓
・整頓秩序 ↓	・處罰講話的學生 ↓
・背書 ↓	・整頓坐的姿勢；挺胸、腳放好、手背在背後 ↓
・指責學生聲音太小 ↓	
・男、女生分開背、比賽個別學生抽背 ↓	・一排一排唸 ↓
・抽排背（此時學生漸嘈雜） ↓	・點單個學生唸 ↓
・整頓秩序 ↓	・抽排唸 ↓
・叫一不會背的學生閉著眼睛背（因為該生站起來背會緊張） ↓	・男生、女生唸 ↓
・叫還不會背的學生起來背 ↓	・指責那二位講話、玩耍的學生 ↓
・叫全班給背好的學生「愛的鼓勵」 ↓	・叫女生唱歌 ↓
・叫一會背的學生教一不會背的學生在下課時留在教室內背書 ↓	・叫男生唱歌 ↓
・下課：二位學生等老師一走出教室後就停止背書，遊玩起來。 ↓	・整頓秩序 ↓
	・下課

　　站在 C 班同學的學習與班級互動來看，在 C 老師不時以秩序整頓

來匡正學生互動時，C班學生不似A、B班學生，能在一面跟隨或進入教師教學內容的同時，也擁有自己的小世界。「秩序整頓」對學生內在的經驗歷程而言，可能經驗到的是「打斷」。我們的觀察也發現，在C班學生的課堂參與記錄中，較少有關學生之間的互動資料。因此，C班班級團體在上課時是以教師為中心的被動參與方式，而有關C班班級學生之間的關係是如何發展的資料，則顯得十分不足。要瞭解這樣的班級團體，下課後的觀察以及當教師不在時的班級觀察將是十分重要的；在我們的觀察中發現，「下課」對C班學生來說不啻是一種解脫——「下課鈴響，小朋友動作很快的衝出去！」但數學課的下課情形則沒有這種「衝出教室」的現象！

四、四年甲班：「在活潑中保有秩序！」（稱D班）

和一年級的班級來比較，四年級的D班（47人）有下列幾點特色：(1)每日晨檢時幹部與同學之間的衝突明顯；(2)班級團體對規範反應出一致的行為。

在我們的觀察中，D班每日的晨檢，常常爆發幹部與學生之間的衝突。被幹部管理的學生明白地表達對幹部的意見，甚至於對抗的行為；由下二例中我們可對跪拜情形略知一二：

（例一）：……衛生股長李鈴在台上拿一個夾子，對大家說：「沒穿制服的站起來。」（聲音很大，臉上表情嚴肅）這時班上仍是鬧烘烘的，有人在教室內走動，並未理會李的講話。李皺了皺眉頭大聲喊：「沒穿制服的站起來！」一位同學坐在位子上大聲說：「別那麼兇嘛！」……。

（例二）：李鈴走到講台上，大聲地說：「沒帶笛子的站起來。」班上仍是嘈雜聲不斷，有的人吹著笛子，有二分之一的同學仍在外掃區掃地未回來。李鈴又繼續喊：「沒帶手帕衛生紙的站起來。」台下沒有人站起來。班上同學仍大聲談笑，四、五個人走動著，有的把整個身體

趴在桌上與前一排的人說話，李大喊：「安靜一點。」仍沒任何作用，李在黑板記了兩個名字：宗平及辜佰。有人說：「你又不是管秩序的。」小強：「衛生股長管秩序，你說奇怪不奇怪。」班上另一名同學對著李說：「你跟班長換好了，班長管衛生，你管秩序。」班上同學大笑。

　　D 班的幹部在執行晨檢工作時，常受到同學的挑戰，與班級幹部的管理角色及管理關係相對應而產生的班級團體行為是不服與抗議。當 D 班班級團體內部存在幹部與同學間矛盾的關係時，全班同學和老師之間卻存在一致性的規範反應行為模式。當 D 老師一聲令下時，全班整齊劃一的反應在秩序整頓、收拾東西以及對待客人的禮貌行為；在這些行為上，D 班同學都表現得非常整齊一致。這些一致的規範性反應，正是 D 老師在活潑中「保有秩序」的反映，那麼，D 班的活潑在班級團體中是如何出現且被老師塑造的呢？

　　D 班的活潑，在課堂 D 老師教學的過程中出現，D 老師善用學生生活中的各種實例來引申課本上的觀念，並相當鼓勵學生發言（但發言一定要遵守舉手的規則）討論。例如 D 老師對「鼻子一酸」一詞所引導的班級討論：團體將十六課課文唸了一遍（課本內容主要是在說作者觀察育幼院的經過）。

　　　　D：「有什麼感覺啊，有沒有鼻子一酸？」
　　同學：「沒有。」
　　　　D：「什麼叫做鼻子一酸？」
　　同學：「流鼻涕。」
　　珍惠舉手。
　　　　D：「珍惠。」
　　珍惠：「很感動，很想要哭。」
　　　　D：「很感動，很想要哭，還沒有哭出來，有沒有這種經驗？」

同學：「有」、「沒有」。

　D：「下次讓宗平鼻子一酸。」

同學：「老師也有哭過啊！」

　D：「就是啊！我想宗平一定有鼻子一酸的經驗，我記得三年級
　　　的時候啊，邵玉龍要轉學的時候啊，那時宗平有哭；還有一
　　　次，他搗蛋，站在前面，老師告訴他很多事，講他的爸爸
　　　啊，記不記得？」

同學：「記得。」

　D：「他被老師說得就哭啊哭啊，然後又想到好笑的，又笑，然
　　　後眼淚、鼻涕、笑容都有。」

全班大笑。

　D：「記不記得，你想起鼻子一酸的感覺沒有？」（問宗平）

宗平：「我經常想起。」

　　D 老師的教學過程是生動而順暢的，同學們的參與十分熱烈，D
老師和學生關係的親密，亦可由學生私下買生日蛋糕為 D 老師慶祝生
日，而 D 老師當場落淚的實例中反映出來。

　　在緊密的師生關係中，學生彼此之間的矛盾和學生與權威者（老
師）的關係發生了什麼關聯呢？D 班同學的告狀行為，在我們五次的
觀察中，記錄到四次告狀事件，而 D 老師均認真處理告狀事件（仲
裁、處罰或是藉機教育）。而在班級團體告狀事件中，我們也可看到
學生之間的矛盾與師生的關係這兩者之間發生了些什麼？例：

　　李嘉：「老師，君平在射吸管！」

　　　D：「君平，你妨害了班上的秩序，到前面向同學道歉！」

　　君平走到講台上，行個禮後說：「對不起！」

　　　D：「大家原不原諒他？」

　　同學嘈雜聲四起，有的說「原諒」，有的說「不原諒」。君平回到

座位上。

　　　李偉：「像那天，君平在射筷子。」

　　　君平：「是他（李偉）叫我射的。」

　　　　D：「我們每個人都要有頭腦，不要像電動玩具，人家按一下，
　　　　　　　你就跳一下，要有自己的想法。君平，以後不能再講這種不
　　　　　　　負責任的話！」

　　　宗華：「君平午睡時沒睡覺，……吵別人。」

　　　有人：「那宗華也一定沒睡覺，他才知道啊！」

　　　有人：「扣榮譽卡。」吵鬧聲四起。

　　　　D：「君平是哪一組的？」（第五組）

　D轉身向黑板，在黑板上第五組內打一個×。

　　　李嘉：「我們講君平，他理由好多！」

　　　　D：「以後不要再說是別人叫你做的，自己要有自己的思想。」

　　在這一個班級事件中可以看到：⑴班級規範——妨害了班級秩序
要向全班道歉！⑵團體成員對個體的行為有參與決定仲裁的權力；⑶
當君平成為眾矢之的時，君平並沒有為自己抗辯及說明的空間（雖然
D老師在道理上表示君平是可以說理由的，但在同學交相指責下，君
平未為自己表示些什麼）；⑷老師接受同學所告發的事實，而執行另
一項班級規範——「行為做不對的，要扣榮譽卡（打×）」；⑸老師
的介入行為，事實上鼓勵了學生的告狀行為，並增強了君平在班級團
體中被標定為壞小孩的可能性；而老師的「說理」行為（不要不負責
任，人可以為自己說理）在此事件中效用不大。

　　以D班來說，這個班級已形成一獨特的小社會系統，對類似上述
告狀的班級事件的分析，可更深入我們對班級團體動力的認識。在這
次的觀察中，因資料有限，故只能做以上之簡單描繪。

第二節　班級幹部的角色功能

在前一節中，我們可以發現班級幹部是班級團體中的管理者，代替權威或協助權威者（教師）管理一個班級；經由對一班級團體中幹部角色功能的分析，可以使我們對此一社會系統的功能特性有所瞭解。接著，我們以班級團體中教師與同學和班級幹部的互動行為，以及班級幹部彼此間的互動行為做為分析的焦點，發現下列四大類（共十五項）互動行為：

一、幹部與教師的互動

(1)教師在同學面前強調幹部角色的重要性，如對同學表示要認同班長執行秩序管理的權力。

(2)教師對幹部要求其工作執行之標準或角色模範之行為表現，如：「王芳芳，你是班長，你應該⋯⋯。」

(3)教師對幹部表現不佳或失職表示生氣或處罰。

(4)教師詢問幹部工作執行困難的原因，如問：「為什麼秩序管理不好？」

(5)幹部對教師報告工作執行狀況或結果。

(6)幹部主動對教師告狀（舉發其他同學的不合規範或教師要求之行為）。

二、幹部與班級團體整體的互動

(7)幹部執行班級團體規則的互動，如秩序維持、喊口令等。

(8)幹部執行角色工作，如收本子、檢查儀容等。

(9)幹部在班級上所享受之規則豁免權，如幹部可以不必被記名字等。

(10)幹部帶領全班與其他班級競爭、幹部與老師的互動。

三、幹部與同學間的互動

⑾同學對幹部告狀（告其他同學的狀）或肯定其管理權力的行為，例如將「棍子」交給副班長，表示只有他有權力使用棍子。

⑿同學對幹部捉弄或開玩笑。

⒀同學對幹部之管理行為進行反駁或反擊。

四、幹部與幹部之間的互動

⒁幹部間互推責任。

⒂幹部間對彼此的權力及職位及大小進行比較。

由上面四大類（十五項）的互動行為中，我們清楚的看到集中在幹部角色上的班級秩序管理、規範行為檢查及學習成果檢查（如檢查作業完成否）的功能；當然這些功能的設定與執行是權威者（教師）所賦予幹部的。班級幹部在成為教師「好幫手」的過程中扮演著管理者的角色，是班級團體權力結構中的中間階層。這一點，由幹部舉發同學不合規範之行為、幹部的特權位置（規則豁免權）及同學對幹部告其他同學狀的行為中可以證明。班級團體中，教師（在教室中握有最高決策權者）、幹部與一般同學的權力結構是一種階層式的結構。被管理的學生對幹部權力的接受（如只有副班長可以使用教師的棍子）及對抗（捉弄及反擊），凸顯一般學生在被管理的位置上所學習到的角色行為；而幹部之間的競爭及推卸責任，也正是班級團體中階層式權力結構的另一特色。

接著，我們再來看一下，一、三、五年級班級團體幹部的角色功能在上面各項互動行為上出現強、弱的程度是怎樣的？在前面十五項角色互動的行為中，第七項「執行班級團體規則」，不論在哪一年級的班級團體中均是出現最頻繁的行為；出現次數第二高的行為則是「幹部執行工作的行為」；相較於這二項行為，其他十三項行為則在出現的次數上明顯的不及前二項。我們可以說，班級幹部的角色功能

幾乎完全是以「執行規則及工作要求」為主！此外，在不同年級的班級團體中，三、五年級的幹部角色行為，在第十二、十三項行為上明顯的高於一年級，即同學對幹部的管理權或以攻擊、反駁或是以捉弄、開玩笑的方式進行挑戰。

班級幹部與同學之間的互動，在執行管理、享受某些特權的同時，也隨著年級的增加而被清楚的挑戰著；但在教師與幹部的互動行為中，則幾乎全部是以教師為中心的互動（如教師要求工作達成的標準、工作報告以及對幹部失責的生氣等行為），也並未出現如幹部與同學間的矛盾張力（服從與反擊）。由教師在班級中對幹部角色的強烈依賴（依賴他們執行管理的功能），以及強調同學對幹部角色的認同上看來，教師與擔負管理責任的班級幹部和其他同學之間存在著管理與被管理的關係；而愈到高年級時，一般同學對被管理的不滿及生氣會轉化成對幹部的反擊或捉弄的行為上。

小結：關係模式的學習

由前面概括的描述及分析中，我們可以看到三個一年級的班級團體在開學不滿三個月的時間內，已隱約形成了各自的特色。每一班級團體都有教師、班級幹部以及學生三種角色，但A、B、C三班所展現出的角色關係卻是不同的。小朋友在不同的班級團體中所學習到的與他人關係發展的方式以及對班級中不同角色的認識與情感，也就有所不同。

以學生幹部的角色與幹部與非幹部學生間關係來看，B班的班長在執行管理同學的功能上最為稱職有效，但她和其他同學之間的關係卻有著距離（同學畏懼其角色權威而自動讓她先盪鞦韆）。A班的班長、副班長顯然未能有效管理好全班的秩序，他們放棄了「幹部管理同學以練習班級自治」的機會，但卻成功地藉幹部角色所提供給自己的機會，帶動了全班參與了一場共同的遊戲；由這個角度看，這場台上、台下皆大歡喜的遊戲，未嘗不是一「全班主動參與，共同掌握了

適當遊戲界線」（老師一來，迅速安靜）的自主經驗。特別是當我們看到 C 班在「整風」（整頓秩序與風紀）中度過時，便不覺地感受到 A 班學生在「胡鬧一場」中所透露出來的自由與活力。如果說一年級的班級團體隱約的正在形成一小社會，那麼在四年級的班級中，我們所看到的就是一頗具其特色的小社會系統。D 班幹部與非幹部的衝突，一「壞」學生成為全班指責的焦點、全班接受且遵循的團體規範，以及 D 老師在致力完成其「在活潑中保有秩序」的理想時所影響塑造的師生關係模式，都建構了 D 班獨特的班級團體動力。

　　C 班學生與 C 老師的關係，似乎是三個班中最為權威的一個；換個角度來看，在秩序整頓與背書、唸書之後，學生「衝」出教室的景象，未嘗不也是 C 班學生所獨特的經驗及能力。這種「衝」出教室的經驗，說不定使得小朋友在長大後特別能體會個體在被權威所設定的組織結構中的壓抑。同理，B 班的學生對班長權威的體驗，說不定有助於日後對「特權」的體認；這些能力，不也都是在我們成人生活中常出現的嗎？

　　由三班班級團體的觀察中，我們可以發現，教師特定的教導策略所帶動形成的師生關係，對學生與學生間的互動所帶來的影響。最普遍的是，教師使用比較與激起競爭的策略，可能增加了同學之間相互比較成績、分數的互動；B、C玩的記錄中均有具體實例可以說明。又例如同學之間告狀，甚至相互攻擊對方錯處的行為，亦與教師如何處理學生對或錯的行為表現，以及如何解決學生之間的紛爭有關。A、B班的老師對待課堂中學生告狀的行為，均以「忽略，不予反應」或是「表示知道了，但不對告狀者做出任何鼓勵，也不對被告狀者予以處分的決定」的方式來處理。這種介入的策略，不致使學生們為免於處罰或爭取教師好感而學習到相互推卸責任或相互攻訐的行為方式。

　　教師要覺察到自己與學生互動過程中「反應方式」，要比在口中再耳提面命的「道理」所帶給學生的教育效果要大得多，而班級團體動力的研究可提供教師省察自己的資料。

　　班級管理與教室經營是學校教師最常用來談論自己所帶班級所面臨問題時的用語，這兩個詞都是以教師為中心來看班級團體的。一班級是需要被教師有效管理的，教室是教師所主導控制的，是他可以全權經營的！我們甚少站到學生的世界去認識他所身處的小社會；我們還不太能發現「胡鬧」與「嘈雜」之中自有其天地。我們更缺少能為自己如何帶領班級的想法與做法，起而辯護、能與學校環境中某些不利於班級團體發展的結構性因素抗爭的教師。當教師們不能為自己所處學校體制中不利於教師發展條件而爭取改變時，我們怎能期待臺灣的教師有勇氣也有能力為下一代創造更豐富、寬廣的教育環境。教師對自己在學校體制環境中的覺察和對自己在班級團體中行動策略與關係方式的覺察，是可以同時發生，並且互相有所刺激和引發的。認識自己的班級團體，不啻給自己找一面反觀自我的鏡子！

第 7 章

壓抑衝突人際聯盟

故事一

　　年輕的李老師說：「在我的小單位裡，每個人都只管自己的事。上級說什麼，他們能做就做，不能做的就不管它。雖然我較會表示自己的意見，可是每次都只有我說話，他們有意見也不敢說。剛開始時，我常做他們的代言人，但到現在也懶得講了……，才畢業二年的我，卻有逐漸老化的感覺！」

故事二

　　在與自然科其他老師商量過後，黃老師徵得大家的支持，決定在第二天的早會上，向校長提出爭取參加校外研習會名額的意見。星期三早會時，黃老師鼓足了勇氣說：「感謝校長和主任給我一個說話的機會。××研習會對我們自然老師是難得的研習機會，前幾天聽教務主任說有興趣的都可以參加，所以我們幾位老師特地把星期二下午的課都調開了，想一起去參加。可是昨天又通知我們說只能一位參加，不知道為什麼會有變化？校方能否讓我們一起去？」王校長聽完後，問道：「有幾個人想去？」四位老師舉起手來。王校長看了一下又說：「舉手看不清楚，站起來好嗎？」沈默一、二秒後，黃老師發現只有她一個人孤單地站著！王校長環視會場後說：「那這是個人問題，很容易解決，你要去就去，不要占用大家的開會時間！」說完，王校長便宣布其他事項。黃老師抑制住自己對同事對校長的氣，沈默地坐下。

　　教育環境原本應是最易引發改變及成長的環境，但對瞭解臺灣教育體制的人來說，在學校系統內各種不同形式的團體（如班會、早會、行政會議……）中，壓抑與遲滯的沈默卻是最令人熟悉不過的團體氣氛。這也是過去五年中研究者從事教師訓練工作中最深刻的體驗，這種瀰漫在教師團體中的遲緩氣氛到底是怎麼一回事？在這一章中，研究者從 25 位中、小學教師組成的團體在長達半年的發展過程中

所發生的現象，來探討這種團體現象的意義。

第一節　在團體沈默中觀察、試探與等待

R團體背景資料：

成員：25人（6男、19女）

年齡：35～45歲　13人

　　　25～35歲　12人

背景：國小教師　12位

　　　國中教師　8位

　　　高中教師　5位

R團體組成性質：

　　R團體是在「學習團體動力」的目標下，由學員報名而組成的一個學習團體；團體的設計著重在運用團體成員在團體中的參與行為做為成員學習的素材。領導者介入與催化的方向有二：(1)反映成員的參與行為，使成員能由自我及團體的行為資料中，察覺與面對自己的行動方式，並重新選擇如何參與。(2)要求成員在團體中提出有關自己或團體的案例素材，做為自我與團體學習的資料；成員在提出自己的案例時，其他成員則在團體中練習如何協助當事人（提出案例者）認清自己的問題及困難。

　　領導者對R團體的設計，使得團體成員要為自己及他人的學習負起責任，領導者主要的催化功能發生在當成員在團體參與及互動中產生困難時，反映與揭露成員彼此的互動行為如何建構了他們在團體中所經驗到的困難。對R團體的教師們而言，R團體的經驗是一個充滿矛盾性的經驗，多數的教師原本期待到團體中聽「教授」傳授「團體動力」的知識及能力，易言之，自己是一個「被動的吸收者」，但來

到團體後卻發現「自主的參與」是學習經驗的唯一要求。

表1　對團體沉默現象的知覺

大團體現象	成員當時心中的感覺	行動反應策略
沈默	・不安、怕出醜 ・孤單 ・擔心不被接納 ・焦慮 ・不安全 ・害怕 ・生氣	・按兵不動、等待觀望 ・掙扎、度量人我的距離，在團體中保留自己的掙扎（不露出它們，掩飾自己的掙扎） ・對由過去經驗中學習到的團體規範予以妥協，無奈地「存在」，不做什麼。 ・試探領導者的規範、標準及企圖。

　　R 團體的初階段便是在沈默及參與時常中斷的現象中度過，團體成員沉默或被動的行為表現包含了上述的成員對團體情境的知覺及反應策略。

　　由上面的表中，我們約略可以排列出成員對團體初期曖昧不明的發展狀態知覺，及反應策略共同建構了團體中等待、觀望與試探的團體氣氛。在領導者的協助下，R 團體對上述中，自己與他人對團體情境的知覺及策略有所反映後，成員開始較為自由地選擇在團體中出現自己及與他人的互動。

　　對這本書所關切的主題而言，R 團體最大的特色並不在於初期的曖昧狀態，而是在中、後期團體中所發生的一個重要的動力結構，我稱之為「人際衝突的慣性壓抑」。

第二節　慣性的壓抑

　　當 R 團體進行到中期時，成員間的差異性已清晰地在團體中出現；但 R 團體的成員絕少在團體中表達出自己對某位成員的不滿。團體中潛藏著成員間的不同意與不滿意，導致團體氣氛的遲滯及壓抑。研究

者稱成員在團體中處理自己內在對某位成員不滿情緒的方式,為一種「慣性壓抑衝突」的行為模式,在 R 團體結束後,研究者對成員進行訪談,訪談中特別針對成員在團體中處理內在矛盾或不滿情緒的部分進行瞭解。由團體過程的記錄及訪談資料中發現,當團體中某位成員的言行令自己不滿意或強烈地不同意時,幾乎毫無例外的,大家選擇「不表達」自己不滿情緒的方式,這種外顯十分一致的對不滿現象採取「不表達」及「保留觀望」的行為方式,有幾種不同的認知及反應策略:

(1)壓抑「生氣」的情緒,因為「表達了也不會有用」。

(2)「不耐煩」但不會表達出來,因為「我不可能在他身上獲得什麼學習,也不可能改變他,我就先把門關起來,就是把自己收起來,然後再很客套地進行或是稱讚他。」

(3)「忍受焦慮」,因為「不喜歡聽他講話,又不敢拒絕他!」

(4)「害怕」衝突會發生;發現「原來你是這樣。和我不同類,如果衝突起來,我可能被拒絕!」

(5)「被焦慮折磨」,因為「想出來說話,卻再壓抑下去,我應該要說,但團體還不太瞭解我,我若出現,團體會認為我和他們不在同一線上,我擔心別人認為我不夠好!」

(6)表現出「困惑不解」的樣子以「逃避可能的衝突」,因為「衝突性其實很大,而我不見得會贏。」

(7)和前面六種壓抑負向情緒方式不一樣的是,當事人在團體進行中甚至「不覺得自己生氣了!」但事後由自己在團體中的表現發現,自己其實是在「掩飾自己的生氣」,而掩飾自己生氣情緒的行為,使得自己無法覺察到自己的確有生氣的情緒。

R 團體在進行中,有一、二位成員的參與方式獨占了團體的時間而令其他成員不滿,部分成員選擇用間接暗示、迂迴引導的方式,企圖改變這一、二位特定成員;而多數成員則在壓抑自己的情緒的同時,出現沈默、保持距離以及觀望保留的參與姿態。R 團體由中期一

直到結束，都被成員們「壓抑負向情緒表達」的方式所共同建構的遲
滯與壓抑的團體氣氛所困擾。重點是，成員似乎十分習慣這種氣氛，
儘管不滿卻可以忍受！幾位成員在團體結束的訪談中，提到自己生活
經驗裡這種壓抑的來源。

　　H 教師（男性，在學校擔任行政角色）提到自己在團體裡及日常
生活中都習慣出現「順從」的行為模式，在別人的眼中，自己是一個
「很能忍」的人。H 描述自己順從、能忍性格被模塑的來源，為幼年
農家辛苦農事的生活背景與學校教育體制中威權管理方式的合成品：

　　……有人對我說，我這個人平常看起來很能忍，其實我的內在還是
　很緊張的；有時感覺自己有種爆發力，似乎一觸即發，弄得我自己也很
　緊張，自己的內在常花力氣衝突了半天……，這和我的出身可能有關
　……，我家在中部海邊，只產稻米，生活很辛苦……，每天放學一回到
　家馬上到田裡工作，父母也不會讓你先去寫功課……，功課沒寫、沒
　交，導師就打……，後來升上師院，也是有名的軍事化管理，每個學生
　都是乖乖牌……，長久下來，就不知不覺的變成這種生活方式，反正別
　人不要太過分，我忍一下就好了！……

　　R 團體中另一位年輕的男性教師 C，亦提到類似的壓抑方式，但
與 H 相比較，C 較清晰地覺察到自己內在的兩股矛盾力量：在人際關
係中不希望自己受權威的扭曲，敢表現出自己的動力以及面對衝突時
害怕原有關係的改變而孤立。在 C 的語言中，這兩股矛盾拉鋸的力量
分別被 C 稱之為「理性批判」v.s.「情感失落」。與 H 相同的是，C 也
提及師專體制中的保守性對自己思想自主的壓抑：

　　……我在師專時，許信良選舉時，我是桃園縣人，我回到學校和同
　學們談，還帶回一本書；他們每個人都說我是偏激分子，我馬上就把書
　收起來！我沒有這個意思，我不是要反抗國家，只是說想要瞭解這些事

情為什麼會是這樣？

C所謂的「理性批判」就是對抗這種壓制的能力；而「情感失落」則除了前述的害怕被孤立之外，也包涵了對避免因關係破壞而損及自己利益的考量。

> ……當我在談理性批判時，會擔心人際關係的問題……，像我看「我們的」雜誌，許多文章談到人是和諧的，或是如何和長官相處之類的，或是吃虧就是占便宜，我常去研究這些行為，以達到我日後能夠發展的途徑。

當我描述 R 團體中存在一慣性壓抑衝突的人際行為世界時，是想要說明三件事：(1)絕大多數成員在團體中壓抑自己負向情緒的表露；(2)這種壓抑負向情緒與迴避衝突的行為模式，不只是個人的適應策略，它同時是臺灣社會經驗的一部分；(3)當一成員在團體中企圖逃避衝突時，其他成員選擇不去協助他面對衝突，反而與他聯盟成一氣，而共同建構了一迴避衝突或壓抑衝突的行為世界。下一節我便用行動圖解的方法，以成員 Y 的例子來說明。

第三節　迴避衝突的聯盟

Y 在團體的初期，曾和數位團體成員交談到自己的宗教信仰。Y 本身是一虔誠的基督徒，在她和其他成員的交談中，Y 感覺到團體中某些成員「對宗教抱持著很深的偏見」，這使得虔誠基督徒的 Y「有點難過，並想利用機會改變他們的想法」。所以當團體進行到中後期，大家輪流提出自己的案例討論時，Y 選擇提出一與自己家庭經驗，特別是 Y 和父親間矛盾關係的經驗，做為案例呈現的主題；Y 主觀的期待是想藉著談自己如何由對父親矛盾與不滿的情感關係中度過的經

驗（在這個過程中，宗教信仰發生了重要的影響），來影響團體中某些成員對宗教的觀點。因此，Y 一開始在團體中提出自己的案例時，是一種隱含地誘引團體進入宗教經驗的策略，當時團體成員對 Y 此一策略的回應及其後的互動發展，如圖 1 所示。

①

Y：提出個人的案例（宗教經驗隱含在其中）→

Y 未揭露的隱含的推理：「我想改變部分成員對宗教的看法，但我感到他們的觀點可能有很深的偏見；我和他們之間對宗教的看法可能有很大的衝突，我不太容易戰勝或成功，不見得有把握可以影響成功，所以先不要說出我的企圖。」

②Y 的矛盾

Y：儘量坦白或開放自己，有機會時，希望可以說到信仰對我的改變，但又擔心到這個敏感的話題，我得孤軍奮鬥，承受許多壓力。

T 成員

T：沒想到 Y 平靜的外表，有這麼辛苦的過程，想進一步瞭解她和父親關係中的矛盾心結現在度過沒有（T 即是與 Y 在以前談論過宗教經驗的成員）。

③

Y 在團體中與 T 對談，稍後其他成員也加入討論

④Y 的被動等待策略

Y：我很難預料團體會往哪走！走一步算一步，順其自然，我的態度是絕對開放。

K 成員

K：Y 其實是想談她的宗教經驗，我來試探看一看（K 將話題引到宗教經驗）。

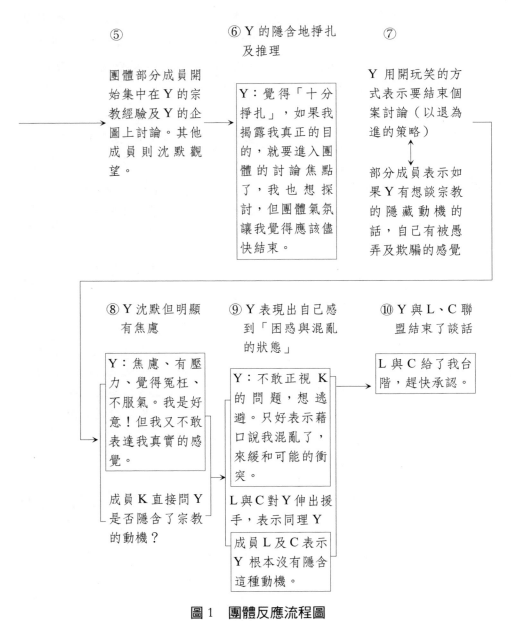

⑤

團體部分成員開始集中在 Y 的宗教經驗及 Y 的企圖上討論。其他成員則沈默觀望。

⑥ Y 的隱含地掙扎及推理

Y：覺得「十分掙扎」，如果我揭露我真正的目的，就要進入團體的討論焦點了，我也想探討，但團體氣氛讓我覺得應該儘快結束。

⑦

Y 用開玩笑的方式表示要結束個案討論（以退為進的策略）

部分成員表示如果 Y 有想談宗教的隱藏動機的話，自己有被愚弄及欺騙的感覺

⑧ Y 沈默但明顯有焦慮

Y：焦慮、有壓力、覺得冤枉、不服氣。我是好意！但我又不敢表達我真實的感覺。

成員 K 直接問 Y 是否隱含了宗教的動機？

⑨ Y 表現出自己感到「困惑與混亂的狀態」

Y：不敢正視 K 的問題，想逃避。只好表示藉口說我混亂了，來緩和可能的衝突。

L 與 C 對 Y 伸出援手，表示同理 Y

成員 L 及 C 表示 Y 根本沒有隱含這種動機。

⑩ Y 與 L、C 聯盟結束了談話

L 與 C 給了我台階，趕快承認。

圖 1　團體反應流程圖

*流程圖中未加框的部分為成員外顯的行為，加框的部分則為成員在當下未表明的隱含內在推理。

　　由上圖中我們可以看到團體成員對隱含衝突的處理方式，共同建構了一抑制衝突明朗化的人際行為世界。在 R 團體中，此種迴避衝突的行為方式在六位男性成員身上亦特別明顯出現，年輕男性教師對年長男性教師（負責行政工作者）以一種「尊敬」的方式觀察年長者在團體中的反應，而後再選擇自己如何出現；我們與其說這是年輕者對年長者的「尊敬」，還不如說是教師角色對行政角色（主任與校長）的一種關係模式。R 團體的後期，團體中的女性成員 K 即針對成員 L 一慣出現的「間接迂迴」的溝通方式表示輕微的不滿，女性成員 J 則在團體外戲稱 L 為「老江湖」（意指行政手腕很高）。在這裡，我們再回頭看看 H 及 C 成員（也為二男性成員）在成長過程中所經驗到的教育體制中所生產的壓抑經驗，可以發現，R 團體的男性教師們在團體中的參與仍清楚地被學校體制中的角色關係所規約著；正如 C 所說：

　　　　……在團體外，我碰到 L，一定稱呼他 L 校長，打電話給 R（另一
　　　位男性主任），就叫 R 主任……，在團體內，我有時說太多話就會停下
　　　來看 L，他年紀比我大，又是校長，他都沒說話，我說太多不好！

　　另一位年輕的男性教師 G，則在訪談中表示自己對權威角色（包括父親及行政者）是害怕的，而這種害怕使自己在團體中，不敢清晰出現（G 自稱為「和稀泥」的出現方式）。

小　結

　　R 團體的故事是由人際行為世界對阻礙團體發展的動力做了一個切片式的素描，它所企圖凸顯的是，教師在團體學習情境中迴避衝突的人際聯盟，不只是阻礙了學習的深化，同時也維持了學校環境中角色關係的既定模式。前文所描述，每一位成員在當下的推理歷程便是建構「迴避衝突人際聯盟」的基石；但在當下，成員對導引自己行動

的內在推理卻是未覺察到的。對 R 團體的成員來說,對壓抑及遲滯團
體動力的學習,也是由成員的隱含推理漸被揭露及覺察的時候才開始
了一個轉折。

第 8 章

結構性衝突與
既存角色關係

第一節　父權式僱傭關係對工人集體與工會的分化作用

在這一章中，我以解嚴後臺灣自主工運脈絡中的工會抗爭經驗為例，父權式僱傭關係的既存模式被鬆動、被挑戰及被要求改變成勞資對等關係方式的現象，將是我描述的焦點。

在我們日常的工作生活中，雇主與受雇者這一組社會關係的關係方式（ways of relating），是可以有多種運作型態的。父權或威權式關係模式，常被用來描述附著於不平等的管理—被管理關係上的一種意識型態的表現。臺灣的企業界與政府，在解嚴前也十分擅用各種具有父權思想的隱喻（metaphor）來做為一種無形的、鞏固其威權控制的工具；這種控制策略的實施和不平等權力體制的維持，是相生相隨的。在這一章中，我將舉勞資衝突的三個實例來說明，父權式的僱傭關係的確在工會抗爭的集體經驗中發生了變化。在進行僱傭關係變化的描述前，先以 C 工會成立過程之案例資料來凸顯結構性衝突的發展是如何以系列大團體與小團體的形式來展現的。

總體來說，臺灣在 1987 至 1990 年代中期所發生的工會權益、抗爭事件，均是臺灣工人集體行動的案例。由個別工人在工會集體行動中的參與及學習的角度來看，工會抗爭的經驗引發了參與勞工原有人際關係脈絡的一個變化歷程，而這個變化歷程是一個具有方向性的轉化過程（evolutionary process）——由過去熟悉的朋友、家人及主管關係中走到以一新的身分（工會會員與理事）所參與的一組新的角色關係中（共享勞工意識的會員關係，一種奮鬥抗爭類似戰友的理事關係，以及與資方對等、對抗的勞資關係）。（夏林清，*1990*）工會的經驗使主動投身的基層勞工對其生活世界中社會關係與生產關係的既存模式得以覺知反省，繼而採取行動企圖在原有的關係方式中增加一能由基層勞工主控發動的關係方式；可是這卻是一個充滿衝突與困難的社會過

程。這些衝突的形成及建構反映了存在於臺灣社會中那些相互矛盾的力量？這些矛盾與衝突對勞工意識與力量的形成揭示出了哪些重要的議題？前面所描述工會幹部的主體知覺經驗，也必須要放回到彰顯出社會動力的矛盾與衝突中來考察，才不至於忽略了個人社會存在的本質。抗爭過程中的衝突到底反映了什麼？又是如何在變化著的呢？下一節針對 C 工會抗爭過程中的各種衝突事件加以描述和分析。

第二節　結構性衝突中的大、小團體

　　邏輯上來說，人際互動中的衝突是指爭論，即個人或團體各自認同他們雙方所持有相互排斥的矛盾陳述；時常，隱含在一衝突之下的是人們不同的利益。英國社會者安東尼・紀登斯（A. Giddens）即界定社會衝突為行動者或不同群體所表達之社會實踐間的爭論與鬥爭；而社會運動就是一社會群體身處在一結構性矛盾湧現的社會系統中，企圖利用散漫分歧資訊的一種集合性的組織形式。C 工會成立的背景時空即為臺灣解嚴後和各種社會運動蓬勃展開之際，因此 C 工會成立過程中的抗爭色彩也就凸顯了臺灣基層勞工在既存體系中與資方及政府間的矛盾關係。我們發現由「衝突」的觀點來審視 C 工會的抗爭經驗可以更深入地剖析現階段臺灣自主工會經驗在社會運動中的意義，以及工會團體實際操作上所出現的困境。在這一節中研究者分兩部分來陳述研究中的發現。

一、衝突的不同面相

　　如上節一開始曾提及，C 工會在抗爭的不同階段中衝突的性質、形式及涉及的層面均有所變化。

　　C 工會在經過長達五個月的挫敗停滯期後，又逐漸開始了其會務的運作，但本研究選擇以挫敗停滯期為研究行動的停止階段以利於現象的討論及目標的達成。我們可以發現 C 工會的抗爭歷程出現了涉及

下列四種不同內涵的衝突形式：(1)勞方 v.s. 官方（勞工局為主）；(2)勞方 v.s. 資方；(3)勞工不同部門之間的衝突；(4)勞方工會領袖之間的衝突。這些涉及不同對象的衝突，反映了一個自主工會由成立到運作過程中所涉及到既存社會系統中的不同面相，也反映了 C 工會的領導幹部們在投身與致力於成立自主工會的過程中是如何思考及行動的。

　　C 工會在前述三階段中有一明顯的現象，就是衝突的現象在不同面相中的轉變——由第一階段與勞工局的衝突到第二階段勞資對立衝突明顯化，再到挫敗後工會內部衝突不斷。受訪的工會幹部一致表示，在與勞工局的衝突中增加了自己對勞工關係、勞工處境、相關法令與政府行政執行問題的認識；但對後二種衝突則反應不一，工會理事 K 的陳述中清楚地說明這三種不同面相的衝突在他眼中的轉化關係（3 月 26 日訪談）：

　　　　對勞工局、政府系統，我們是一致對外，也沒有利益上的衝突……但在面臨和老闆的抗爭中直接面對的生存問題，就會考慮到利益得失，所以退到內部時就會各懷心思。有人想利用這個達到知名度，或是跟老闆更親近……勞資衝突和內部衝突關係較大；跟老闆衝突時，利益會構成內部矛盾，如 T……這種影響自身生存才會有衝突，甚至相互攻擊。過去這幾個月，我們就好像面對一面牆，我們想衝過去，結果衝得頭破血流，有的人立刻就想我何必衝，不衝的話還可以好好生存下去，這種面臨生存問題時，就有人在乎，有人不在乎，意見就不同了……。

　　「衝牆」的比喻傳神地描繪了勞資對峙的緊張，以及當對應策略失敗時工會幹部對自己工作保障的威脅感如何發生了作用；勞資衝突做為工會的外部條件，使得工會內部的矛盾轉化為衝突。如果我們以衝突矛盾與妥協現象的發生來檢視 C 工會抗爭中勞資關係的發展時，可以發現如表 1 的變化過程。

表 1　衝突矛盾與妥協現象的轉化過程

抗爭階段	主要事件	性　質	說　　明
誕生抗爭期	・勞方與官方衝突 ・勞方與資方協商 ・勞方發動怠工 ↓ ・資方妥協：接受勞方對工會籌組方式之提案	矛盾◎ 衝突＊ 妥協□	工廠體制中原先隱含存在的勞資之間矛盾，在工會籌組過程中浮現，勞工局首當其衝，因處理勞方工會籌組申請不公而遭到抗議
生存戰鬥期	・工會成立會員大會 ↓ ・資方解僱三人 ↓ ・勞資衝突情勢升高 ・勞方要求談判，資方拒絕與迴避 ・勞方舉辦三場說明會 ・資方舉辦說明會，會外發生肢體衝突事件，雙方緊張對峙 ・勞方欲發動罷工未果 ↓ ・勞方妥協，停止激烈抗爭行動，以靜坐抗議結束抗爭行動	 衝突＊ 矛盾◎ 衝突＊ 妥協□	此一階段中兩種既存的矛盾逐漸凸顯出來，形成衝突： (1)說明會中，不同部門勞工之間的利益矛盾浮現； (2)工會理事對抗爭姿態與策略所採取之不同立場的矛盾浮現。 這一階段可以說是勞方群體內部矛盾出現及轉化為衝突的過程
挫敗停滯期	・工會外在功能（會務工作）狀似停頓，內部衝突不斷	衝突＊	前一階段理事團體內的立場矛盾與利益矛盾轉化成理事間不同工作方式及做法的爭執與衝突

　　由表 1 中可以發現，在生存戰鬥階段中，伴隨著勞資衝突的激化，C 工會內部的矛盾與衝突亦漸次發生，以下針對這一階段中的主要事件及其作用加以分析。

二、大小團體中的矛盾與衝突

　　如前曾提及 C 工會的生存戰鬥期始於資方在工會甫成立之際對三名工會籌組重要幹部予以調職、解僱處分。勞資雙方對此一行動之主觀認定是完全相反的（資方所認定的行政調動之必需性與勞方所認定資方此舉是瓦解工會的迫害行為）；事件發生後，勞方一方面到勞工局申請明知不可能有結果的「行政調解」，另方面展開了文宣的行動。工會與資方行政主管溝通三次，均因資方始終不同意與工會就三人解僱事件進行談判而宣告失敗。此時三名解僱員工仍繼續至工廠上班以示抗議，工廠則加派警衛嚴防三人入廠。九月十九日三名解僱員工之一的J在未被警衛發覺的情況下進入工廠內的工會辦公室，而引發了一場工廠警衛系統召來管區警察強制J出廠區的衝突事件。此一事件使得資方解僱三人的做法成為會員關注的焦點，工會在面對會員的不解與不同意見時，決定一連舉辦三場說明會與會員溝通，並邀請資方代表出席溝通（資方並未有任何行政主管出席），藉此進行動員，逐漸將聲勢營造高升。資方緊張，接著於三日後在廠區內舉辦一場說明會，但拒絕被解僱的三人進場，工會幹部於會場內抗議無效後，選擇集體退席並企圖與等待於門外的三名解僱人員會合，並想突破警衛系統進入會場。此一策略再度引發會員、工會幹部與工廠警衛的衝突，衝突中解僱員工之一的W被鐵門夾傷送醫。會議現場勞資對峙，氣氛緊張。

　　工會於此時再次提出談判的要求，但資方仍拒絕談判，工會於談判不成後決定當晚發動罷工。匆促中決定的罷工行動並未成功，而此一失敗迫使工會降低姿態，終以妥協結束了生存戰鬥期。由九月中旬至十月中旬的一個月中，C 工會經歷了集體抗爭的經驗，此段抗爭歷程是經由一連串大團體與小團體的運作而發生的；不同形式的團體經驗對抗爭集團經驗的建構發生著不同的作用，現將這一段抗爭經驗中的主要事件及其性質明如表2。

表2 工會抗爭之運作形式及其性質

說　明	事　件	運作形式	性質與進行主題
① 9/19	工會與工廠警衛系統的衝突	LG 下班時會員聚集於工廠門外，工會進行說明，會員聚集約 80～120 人（流動性）	凸顯了資方解僱三人打擊工會的用意，使會員藉由工會與警衛系統的衝突對資方的做法、意圖及工會處理有所知覺 （9 月 19 日～26 日間，工會運用文宣企圖推動會員共識：不是為三個個人在爭，而是爭工會的存亡。26 日工會在面對會員歧異的態度與瞭解時，決定舉辦三場說明會）
② 9/28	第一次說明會	LG 會員聚集約 100 人左右，以座談會方式進行，工會除了對 9 月 19 日事件進行說明外，並邀請其他工會代表及學者出席	說明 9 月 19 日衝突事件，其他工會來賓及學者表達自己的看法，會員表達對工會的意見
③ 9/29 凌晨	工會內部檢討	SG 工會工作會議	此次工作會議進行之主題為幹部團體之內部批判，工會幹部針對立場與原則問題相互批評，團體內產生明顯的對立與衝突
④ 9/29	第二次說明會	LG 會員聚集的 300 人座談進行了 4 小時，至深夜 12 時始結束	(1)在工會幹部的說明及與其他工會經驗的分享中，勞工處境及對問題的意識得以釐清。團體進行中發生兩次衝突，一為工會幹部發現工廠派員前來錄音而予以揭露；一為工運人士針對會員 P 的意見表示強烈不滿，工會理事制止該工運人士過於強烈的表達 (2)會員對工會抗爭決定與策略的質疑得以在團體中表達 (3)友會及工運等社會人士對 X 工會的支持及意見得以表達

說　明	事　件	運作形式	性質與進行主題
⑤ 9/30	工會內部檢討	SG 工會工作會議	會議主題除了對理事缺席之事檢討外，大家針對在籌組的前一階段中積極投入的 C 部門會員在最近抗爭中不似過去積極的原因加以檢討
⑥ 9/30	第三次說明會	LG 會員聚集 500 人以上，座談會進行了 5 小時，至凌晨 1 時始結束	(1)不同部門會員對雙方在抗爭行動中所採取不同姿態的意見得以表達 (2)會員與理事針對資方分化策略及部門間的利益矛盾進行溝通 (3)工運人士與持較保守立場之會員 C 產生衝突，X 工會理事介入，邀請 C 在團體中提出問題公開討論
⑦ 10/1 凌晨	工會內部檢討	SG 工會工作會議：非工會理事之 C 部門非正式領導者（informal leader）Y 進入工作會議參與討論，此外，福利委員會代表亦參加討論	(1)Y 與工會溝通 C 部門的情況 (2)工會理事與福利委員籌備會代表針對工會抗爭中福利委員勞方代表的態度與立場表示不滿，工會理事與福利委員代表 Z 發生爭執
⑧ 10/1	部門代表與工會溝通	SG 小團體討論	會員 P 與另二位該部門的會員至工會，與工會溝通雙方對工會策略應用及抗爭時機的意見
⑨ 10/2	部門代表與工會溝通	SG 小團體討論	C 部門非正式領導者 Y 至工會，雙方針對工廠內部組織狀況及行政主管間的權力關係交換意見
⑩ 10/3	資方說明會	LG 由工廠高級主管主持，各部門人員皆接獲開會通知，合計出席約 700～800 人	工會理事在會議中爭取發言權以干預資方片面的說詞，並帶動會員集體退席以示抗議

*表中 LG 與 SG 分別代表大團體的運作形式，這裡採用 Patrick de Mare 對大小團體的界定：3～20 人為小團體，20 人以上但參與成員可以直接看到及聽到彼此者為大團體。

　　表 2 中大團體與小團體經驗的穿插發展，對這一階段集體抗爭經驗的建構發生了下列的幾個作用：

　　⑴由 C 工會與警衛系統的衝突到為爭取對等的談判權所引發的肢體衝突（事件⑩），都反映了工會對勞資關係中既存的權力控制的方式表示異議並予以對抗。在此一對抗過程中，C 工會的會員在三次勞方舉行的說明會中（②③⑥）經由對資方分析認識，體驗到勞工群體的共同處境，同時會員也交換了彼此的情感與意見。而由資方所舉辦的說明會，不但未如資方所預期的達到說服員工的作用，反而因衝突及資方拒絕談判的態度，更凸顯了勞工的位置與處境。因此，我們可以說工會會員群體的團體意識極可能在大團體的經驗中被加強了。

　　⑵同一工廠的勞工群體在僱傭關係上固然處於同一位置上，工會的基礎也正是建立在個體勞工認識了自己的處境後所認同及發展出來之相互依賴的凝聚力上；但同時，不同部門及職位間的利益矛盾（如工作輕鬆與繁重的不同單位，或技術工與半技術工）又使得工會會員的凝聚力增加了一個可被操縱的變數。C 工會的此種內部矛盾在說明會（⑥）中由隱晦而明朗浮現；不同部門會員及會員次團體（同一部門）與工會亦因而得以發展出對談及溝通的關係（⑥⑦⑧⑨）。我們可以說，當 C 工會剛成立，在其內部的矛盾關係尚未能經由勞工教育與會務運作的機會發展出適當的對內、對外、對資方關係並形成共識時，便必須面對運用「罷工」以爭取談判權力的抗爭方式，對全體會員來說，當然是不易被一致認同的。以表 2 中說明會及會後的溝通事件來論，C 工會對其內部矛盾的處理應該算是成功地將它（部門間的矛盾）在大團體中開放的討論，轉化到教育的層面上，使參與的會員對內部矛盾的性質有所認識；但這並不足以使數日後匆促決定的罷工行動得以獲得多數會員的支持，也並不意味著 C 工會會員團體間的內部矛盾（不同部門間的利益矛盾）就不再存在了。事實上，在 C 工會後期的組織工作中，這一直是一項重要的工作。

　　⑶工會除了對內部的關係外，同時需面對外部的關係（如其他工

會及工運人士）。在抗爭中，C 工會在面對外部的關係上，亦努力地釐清與建立主客體的關係位置。在三次說明會中，所有參與會員及工會幹部是主體，而其他社會人士均是工會企圖建立適當對待方式的客體。在說明會中曾發生社會工運人士對某位會員的言論強烈不滿（④⑥），工會幹部們在二次事件均有所介入——即當此類激烈的言詞衝突發生時，工會理事一方面制止該工運人士過於強烈的對會員指責，一方面尊重會員表達異議的權利，並邀請會員公開討論意見。工會的此種做法維護了工會會員做為一個自主團體的應有界線（boundary），釐清了主客體的關係位置。

（4）如果說大團體經驗（說明會及群體參與的抗爭行動）建構了工會抗爭的集體經驗（指只有在大團體聚會過程中，「我們」的團體意識才可能清晰地被參與成員經驗到），那麼工會理事團體則發揮了作為「決策機制」的重要功能。C 工會的理事會在面對大團體中來自會員的質疑與要求，無法迴避它做決定與策略執行的責任。以 C 工會為例，理事會作為一個決策與執行的行動單位，面對抗爭中來自會員要求質疑以及資方強硬的態度時，產生了內部矛盾與衝突。如前一節中所描述的，當 C 工會在匆促中發動的罷工行動失敗後，工會理事會內部衝突更為惡化以致無法正常運作。工會理事會的內部衝突純粹如 K 理事描述的是生存利害的衡量嗎？還是具有其他的性質？對任一在既存體制中尋求自主命運的工會團體來說，抗爭高壓情境中的工會幹部團體所出現的內部衝突反映了什麼問題？C 工會的勞工領袖們在運作理事團體時遭到怎樣的困難呢？

簡言之，如果我們檢驗 C 工會抗爭歷程中的系列衝突事件，則可發現勞工作為一個社會團體，以集體的方式（工會組織）企圖發展與另一個社會團體（以雇主或資本家為主，以管理人員為輔的群體）之間自主與依賴共存的關係時（以往只有個體勞工受僱並依賴於雇主的關係方式），勞資關係中的矛盾便在雙方對工會自主權利設定上之分歧而揭露，衝突或抗爭的關係形式即無可避免地出現。矛盾與衝突雖

傾向於同時發生，但行動者對自己利益的自覺程度與行動者是否有動機及能力為自己的利益採取行動，將影響矛盾轉化成為衝突的可能性。由此看來，C 工會籌組與成立過程中確實觸及了原來隱晦未顯的勞方與政府、勞方與資方、勞方利益不同之部門間的各種矛盾。而會員群體的集體面貌也在不同的衝突事件中，逐漸清晰的浮現出來，它不是一個單一立場、利益一致的群體，相反的，它存在著內部的各種矛盾。這裡的啟示是，一個自主工會的發展不只是在勞資關係中的自主關係，會員群體內部各個部分與部分（parts）之間也需要能發展出有機的對待關係。

此外，在前述矛盾與衝突事件的發生及轉化過程中，我們可以區辨出兩個層次：(1)既存工廠體制及權力結構中矛盾性；(2)經由行動者（包括勞方、資方、政府單位以及其他社會人士）的行動所建構成的或衝突或妥協的互動形式。前者是不同個體與群體之間社會利益的差距，後者是雙方處理差距之方式的歧異性及其相互對待的方式；而社會運動正是既存體制的社會存在經驗與行動者實踐介入之辯證地發展的過程；C 工會的抗爭歷程即為一清楚的案例資料。

第三節　父權式僱傭關係的作用及其變化

這一節描述的焦點將轉入在前述這一類反映結構性矛盾的勞資衝突事件中，父權式僱傭關係的作用及其變化，下面將以三個案例故事來串連勾勒出這個主題。

故事一　父權式僱傭關係對工人集體力量的分化

第一個故事發生在 1987 年以製造芭比娃娃聞名之 M 工廠關廠事件中。M 廠以製造芭比娃娃聞名，它的關廠是一典型的企業出走案例。1987 年 7 月，M 廠資方貼出關廠資遣之通告。資方所持之關廠理由為，美國老闆預備到工資更低廉的國家設廠，因此，以「因國外訂單持續

減少，不得不資遣員工，實乃情非得已」為由，資遣員工。儘管員工及工會並不同意資方所提出的關廠理由，但M廠仍陸續分四批將全部員工資遣完畢。M廠設有一工會，資遣事件發生前，工會即有所警覺並企圖有所行動，但工會及工人們的行動均在資方計畫性關廠的各種策略中無疾而終。在資方所使用的各種關廠策略中，「分化工會」策略便是依靠父權式僱傭關係而完成的。

M廠是一以女工為主的工廠，少數男工集中在機器維修的技術部門，女工又以年資十年到二十年左右的中年婦女為多。當關廠資遣已成為所有M廠工人的命運時，接近退休年齡的中、老年女工是最憤怒的一群。但是，這群歐巴桑的憤怒卻在資方「特別照顧」的不實承諾中，輕易地被轉化成「期待補償」的心情。具體來說，M廠資方在資遣過程中，透過部門管理者私下對中、老年接近退休年資的女工表示，公司將她們安排在最後一批資遣並會給予特別優厚的待遇；當這群中、老年女工滿心冀望地以為捱到最後一批被資遣時，可以得到高於勞基法的補償，但最後卻普遍有「被騙」的體認。例如52歲年資十一年的喪偶女工 H，只領到十萬三千元；「被騙了！後來才知道職員是用六〇專案打九折的方式換算，工人用九折再打六點五折……資遣後有人再去工廠反應，但工廠已結束了，只剩一些契約工顧一條生產線，沒辦法！」（夏林清，*1993*，*p.75*）

資方這種欺騙的策略得以成功的一個重要心理基礎，即在於傳統父權式管理關係所發生的作用；對 M 廠的男工及男性工會領導者來說，雖然表面上發動了較為激烈的抗議行動，但仍存在著相同的困難。

在M廠的故事中，集中在維修部門的男性技術工人是資遣過程中唯一集體抗議的聲音。但男性技工的抗議行動只能說是一種集體反彈，而非有計畫的集體行動策略；不過當我們較深入地探究此一迴轉部門男性技工所主導的「迴轉股事件」，不難看出此一事件所代表的二種主要的策略。我們可以說迴轉股事件是一明一暗的二種策略所結合形成的：明的一面是這群男性技工所主導的一場勞資衝突；暗的一

面隱含在男性技工在試探性抗爭姿態之下的討價還價的策略。

和中年女工的利益位置稍為不同的是，M 廠男工除了是薪資較高的技術工人外，領班、組長及工會幹部也以男性為主。1986 年、1987年裁員資遣行動開始時，臺灣就業市場的景氣不錯，絕大部分男性技工認為出去找工作應不是大問題。「反正這邊拿一筆錢，出去馬上可以找到工作，沒什麼差別。」是多數男工的心態。在這種心態主導之下，男性技工的集體抗議行動其實是一種試探性的討價還價的策略，而非以工會所有會員利益為考量的計畫性談判行動的一個環節。為了更清楚的呈現，男性技工此一對工人集體力量凝聚發生決定性作用的策略，我將所謂的「迴轉股事件」的流程先描述於下表 1，之後再做一簡略的分析討論。

除了前面提及的自利心態外，我們由表 1 的流程描述，可以發現二個削弱工會集體力量的嚴重錯誤：

⑴勞資關係的工會幹部角色和僱傭關係的領班受僱者角色混淆，例如 D 用領班身分上簽呈。

⑵工會組織決策界線不清，不但沒在工會內部推動會員參與決策的歷程，反而要求公司召開行政系統內的會議，扼殺了工會自主運作空間可能發展的機會。（夏林清，*1993*，*pp.77～78*）

由社會關係模式化的觀點來看，D 在關鍵時刻不對工會會員提出訴求，反而向管理人員「求援」的行動，也說明了父權式僱傭關係時，常是已被受僱者內化成習慣性的反應模式了。由技術男工上述這種「集體反彈的試探性抗議行動」的過程來看，不一致的利益盤算與被傳統父權關係模糊化的勞工意識，是工人無法凝聚行動力的主要因素。

故事二　父權式僱傭關係的決裂

第二個故事是 S 紡織廠關廠抗爭的故事。

1988 年 10 月底，位於台北市的 S 紡織廠爆發了一場為期 76 天的激

表 1　M 廠迴轉股事件

① 民國 75 年 7 月左右工作量減少，公司改成 5 天上班，星期六不給錢。輪班由三班改成二班。

↓

② 工會常務理事 D 和其他工會幹部討論，得到共同結論，如果公司把外包結束拿回來做，應可解決困難。

③ D 用領班的身分寫了一份報告給有關主管部門。內容大致是：工廠必須把外包收回，還是維持 6 天，如果說外包工作收回來還沒辦法維持 6 天，到時候再討論。D 用領班身分反應，用「簽呈」放到主管桌上。

④ 公司沒有反應。在 5 天之內，很多員工都有一點情緒不穩定。

⑤ 第 6 天工會表示要主管階層出面，馬上召開一個會議以詢問大家的意見是如何的。

⑥ 總經理立即召開了會議，人事經理、成型經理、迴轉股股長與八個工人代表（迴轉股）參加。

↓

⑦ 會議開了 2 個小時沒什麼結果，在場工人中有人很生氣的回應：如果你一定要改為 5 天，那我寧願被資遣。於是，人事經理說：你們既然沒什麼辦法，我就只好資遣了！

↓

⑧ 部分工人代表就表示：資遣就資遣，怕什麼！D 攔阻無效。人事經理立即說：那你們就寫自願資遣！

⑨ 一工會幹部帶領，會議結束後自願接受資遣。他本想號召全股的人都簽來製造聲勢，結果簽了一大堆人。

↓

⑩ D 力勸無效！結果第二天早上 10 點，部分工人就被通知資遣，12 點即領資遣費。

⑪ 被資遣的有的是有簽名的，但也有簽了名卻沒被通知資遣，而沒簽名的反被通知。

⑫ 有些人很激動，因為當初大部分人的想法是以為不可能被裁！現在被通知資遣的是那些主管認為平時搗蛋的，以及平時較懦弱的。

⑬ 迴轉股工人被資遣之風聲很快傳出去，全廠工人都浮動起來，迴轉與維修部工人停止了工作。公司高階主管召來了警察進入廠區。

⑭ 一天過去了，也沒什麼辦法。被資遣的人在氣憤下領錢走路，迴轉股只剩下了三個領班做到關廠。

⑮ 工會被資遣理事在資遣後到勞工局檢舉公司勞保費少報，沒有任何結果。

烈工人抗爭行動。這次抗爭行動的起因，是 S 紡織公司在大多數員工毫不知情的狀況下，突然於 10 月 24 日以機器老舊、經營虧損、緊縮業務為由，正式宣布士林廠自 10 月 31 日起全面停工。消息傳來之後，四百多名士林廠員工旋即成立「關渡自救小組」，向資方進行抗爭。勞方最初以全面復工為訴求（並一度考慮接收工廠由工人自營，後作罷），但為資方所拒。後讓步提出「更新復工方案」，要求資方在原地以一部分土地改建工業大樓繼續營運，仍為資方拒絕。在數次談判破裂之後，勞方在 12 月 19 日至 S 總公司前夜宿抗爭，進行了六天「埋鍋造飯」的激烈抗爭行動。最後在情勢比人強的情況之下，於 1989 年 1 月 5 日集體領走資遣費，並成立「S 廠抗爭戰友團」，結束長達 76 天的抗爭行動。

　　S 紡織廠之所以關閉工廠，乃因其面對臺灣紡織業危機時，並非無力再經營下去，而將 S 廠關閉。關閉 S 廠，主要是其經營政策的轉變。S 廠並非無法經營下去（桃園廠的汰舊換新計畫，就技術面而言，一樣可以在 S 廠實施），而是因為繼續經營所獲得之利潤還不如土地開發的利潤。在此，S 紡織廠所考慮的重心純粹是資本如何再擴大的問題，而沒有其他的面向。因此，S 廠關廠的性質，基本上是企業集團資本投資型態的轉變。面對「關廠」的事實，工人無法使用罷工及怠工等抗爭方式，於是關廠抗爭活動的戰場是在工人生產領域之外的一場抗爭活動。工人所能運用的資源只有靠工人群眾的抗爭行動逼迫資方及國家機構解決問題。（何燕堂，1993）

　　與前述 M 廠工人不同的是，S 廠工人在當時解嚴後方興未艾的工運脈絡中，採取了一致的集體行動；而工人激烈抗爭行動的發生和工人與「頭家」關係模式的改變，是同時發生的二個歷程。更簡明直接地說，在 S 廠抗爭的故事裡，關廠的事實不只代表了生產關係的斷裂（徐正光，1991），也導致了父權式僱傭關係決裂的後果。S 廠抗爭活動的勞工文化晚會中，在工人自導自演的短劇中，出現下面的一幕：

「好天要存雨來糧！好天要存雨來糧！」老頭家「W」（工人甲飾演）用伊古意的面容跟大家說：（註：「好天要存雨來糧」乃是 S 廠創辦人生前常對員工說的一句話。意思是要員工努力工作，不用太在乎目前的待遇，一切要未雨綢繆，使公司業務能蒸蒸日上，也不用擔心未來生活，他一定會好好照顧員工的。）

「天壽！你兒子要將 S 廠關了，害大家都要沒飯通吃啦！你著要叫你後生復工啦！」台上的員工對著老頭家的墓牌哭訴。

「歹勢啦！我已經是死了，你們的代誌我嘛沒法度，有代誌找阮後生 WS 就好！」老頭家說。

話聲剛落，卻見「WS」嘶喊著喉嘴，趾高氣揚地說：

「復工？免談！你們不過是想多要點錢吧！復工，門都沒有！」（S 廠戰火錄，1993）

所謂的「好天要存雨來糧！」正是以家庭與父權照顧的意識型態來管理員工的一個實例。S 廠女工王秋月在回憶其抗爭經驗時也提到：

……國中畢業後，我與同學決定北上半工半讀，於是我們來到了 S 紡織廠做建教合作生。工廠裡的女工大多數是建教合作生，但也有一些三、四十歲的女工，可是她們也是十四、五歲就到 S 廠來的，甚至有好幾個人都還單身，曾聽到其中一個歐巴桑說：「不要緊，老頭家說過：『好天愛存雨來糧，以廠為家以廠為校，S 廠就是阮的厝，妳們這群學生就是我的小孩。』」真的，這些人給我的第一個感覺就像是一家人，大家彼此互相照顧，讓第一次出遠門的我倍感溫馨呢！……

這樣半工半讀的生活，很快的一年就過去了，因為我的表現不錯，所以由作業員的擋車工升格為班長，我非常高興自己的辛苦沒有白費，所以也就更加努力的工作。後來工廠要我回故鄉招生，我回到國中的母校招了一些學妹們來，當時認為也是一件功德，讓那些學妹和我一樣有書可讀又有錢可賺。招生回來沒幾個月，工廠又升我做工長，我非常感

激公司這麼賞識我，心中也暗許將好好回報公司的恩德。⋯⋯

　　好景不長，工長沒當兩個月，學妹們也才開學一個多月，工廠卻突然公告說要關廠，這突如其來的公告，打碎了我的理想、我的夢，⋯⋯此時我才覺醒到公司其實一直在利用我們、欺騙我們⋯⋯。（王秋月，1993）

　　這種對「頭家」原來父權式照顧圖像的否定與認清，使得工人在勞資衝突中得以凝結力量採取激烈的對抗行動。S廠工人拒斥父權式頭家形象及持續76天的抗爭行動對工人生活世界的影響，可以由S廠爭戰火錄的結語中看到：

　　⋯⋯長久以來我們一直被封閉在那塊小小的廠區裡頭，每天就是上工、下工，再也沒有別的。廠裡機器轟隆隆的運轉，我們的知覺也在機器聲中日漸遲鈍、日漸單調。即使在臺北，士林廠以外的世界對我們來說，竟像是個陌生的國度。吳□□的小王國，成了我們全部的世界。

　　離開S廠之後，許多人對S廠的低薪資感到驚訝，但更驚訝的是，自己怎麼到了離開以後才知道。回憶過往，關廠雖然帶給我們極大的創痛，但要不是關廠，我們還不知道要被S廠矇騙多少？而抗爭使得我們對這個社會有了別於以往的體會。儘管每個人的體會有所不同，評價也各不相同，但可以肯定的是，這場抗爭對每一個參與過的人而言，都是一生中最難忘懷的記憶！（S廠抗爭戰火錄，1993未發表）

　　我們也可以說，S廠工人經驗了一場辨識父權式僱傭關係差異的社會認識歷程！

故事三　父權式僱傭關係的變革挑戰

　　第三個故事是C報社自主工會籌組的抗爭故事。

　　1988年4月C報資方授意管理階層籌組工會；為防止工會基層自

主特性的喪失，三名勞工新聞記者與檢排、印刷廠工人旋即發動工會的籌組工作。資方在得知勞方籌組企圖時亦加速主導另一批發起人申請籌組權，於是由 1988 年 4 月開始，C 報工人便經歷了，由爭取工會籌組權利到成立權利的七個月的抗爭歷程。C 工會籌備的成立工作於 1988 年 6 月經過一次激烈怠工而爭到籌組權利，至 9 月工會正式成立。但工會成立之後，資方立即以調職及解僱手法打壓三名勞工記者，C 報工會隨即再與資方發生強烈的衝突，因而產生了由 9 月到 10 月的抗爭。

在 1988 年自主工運方興未艾的脈絡中，C 報工會籌組抗爭很明白地是基層工人對抗資方控制及壓制其工會自主權益的一個反抗行動；待工會成立後，面對資方分化的打壓手段，工會不得不為了護衛辛苦爭得之工會自主權，而發動了抗爭的行動。在這一場衝突中，工人主要對抗的是資方的控制。

與前面二個故事不同的是，「關廠」事件的重要特性是生產關係的斷裂；而工會成立的自主性抗爭則是在持續發展的生產關係及僱傭關係脈絡中進行的。所以，在 C 報的故事中我們看到了下面這個精彩的故事片段：

　　　　在工會發起人和資方發起人爭奪工會發起權的過程中，在一次工會發起人對二百五十名左右工人進行說明會的時候，C 報總經理 Y 先生進入會場。「小老闆」（Y 為報社創始人之子，工人皆稱之為小老闆）的參與，立即影響了當時的議程，因而發生了下面這一段對質互動的事件：當二百五十位左右員工正在熱烈討論工會籌組事情時，「小老闆」走進說明會會場，工人於是邀請小老闆說話。Y 接受工人的邀請起而發言。他的發言主要有三部分，首先，他強調自己自始就支持工會成立，所以他不會干涉工會的自主性，而且，他會提供工會所需要的任何協助。接著，他表示他認為資方發起人所提的雙方如何合併的提案很好，他不瞭解為什麼大家還不滿意！最後，「小老闆」對在場的老員工提及

自己是從小在工廠裡長大的，他從小就和大家很熟識。在表達中流露出他對工廠及在場老員工的情感後，他表示在這次工會籌組事件以前，他從來不覺得他和工人之間有任何衝突，因為他和他的父親和工人一起度過艱辛的創業過程。

當「Y小老闆」說完上述的故事時，團體沈默了2～3分鐘，一時之間沒有一個人有任何回應。工會主要發起人之一的J事後回憶這一幕時表示，這是很關鍵的一幕，因為在當時，他清楚的感受到一位「和藹的家長」的面貌正模糊了僱傭關係的本質，而工人在當下是有困難去捕捉這種曖昧的矛盾來回應的。所以，他在等了一陣子後決定起來對質，面對Y及所有在場工人，J回應道：

「我們很感謝你願意面對面和我們溝通，我們看得到你是關心和保護員工的，但是組織工會是我們工人自己的事情，因為你的位置是老闆，所以你的誠意和好心可能在無心之中仍會導致對工人不利的後果。這不是有關你個人的問題，而是和你的職位有關。就是因為你今天是老闆，所以你的話可能會被我們聽成命令，在目前的情境下，工人是很難平等地和你溝通的。所以在現在這個關鍵時刻，我們工人所需要的是一個空間——一個自己組織工會的空間，這個時候任何好的、仁慈的建議都可能干擾了我們目前的行動。雖然你說你們的提案是好的，但工人需要自己來決定他們是否接受它。我們現在需要這個空間，最重要的是工人也要有他們自己的提案，如果他們的提案有任何錯誤，他們都是成人，依法有權組工會，所以他們也要自己來面對任何可能發生的錯誤……」

J發言過後，工人跟進表達意見。數位資深中年檢排與印製廠工人直接對「小老闆」表達他們對人事政策的不同意及不滿之處。當這幾位資深工人表達長期累積在他們心中的不滿後，「小老闆」一面流淚、一面說：

「一直到這一刻為止，我從來沒有意識到過去四十年我是一個資方。」

這個時候，面對小老闆的眼淚，幾位工人對「小老闆」表達歉意。J 在日後回憶時表示，這是一個最關鍵的時刻，因為他覺得小老闆的淚水激發了部分工人某種罪惡感，而開始自責，所以他立即再度發言：

「我們知道這對你而言很辛苦，因為要學習如何成為一個現代化老闆，要面對挑戰，是一件艱辛的工作。這是一個我們都需要面對及經過的歷程。這也是學習做一位現代管理者的代價！」

在 J 的發言後，小老闆的淚水所帶給團體的緊張才放鬆下來，工人繼續原先的討論。（夏林清，*1992*，*pp.110～112*）

由前面的小故事中，我們可以看到，在不平等權力關係中「對質」性質的溝通行動是弱勢的一方，維護與取得自己主體性的一種必要能力。這個故事正是勞雇關係中傳統父權的管理模式被勞資對等的現代工業組織關係所挑戰的一個實例。在 C 報工會往後五年的發展歷程中，工會得以在日常會務運作及勞資協商過程中，始終維持了一定程度與管理階層對等來往的自主能力，上述對質性勞資溝通的學習歷程是一個重要的基礎。

小　結

在這一章中，我用二節的篇幅，輔以簡明的案例資料，說明了一組特定社會關係的既有模式維持與改變的現象。如此描述的目的，在於應用臺灣當下社會變革的素材來理解大團體理論中的一個基礎概念——模式化社會關係的變與不變。

第 9 章　中學生集體行動：
　　　　想像與反思

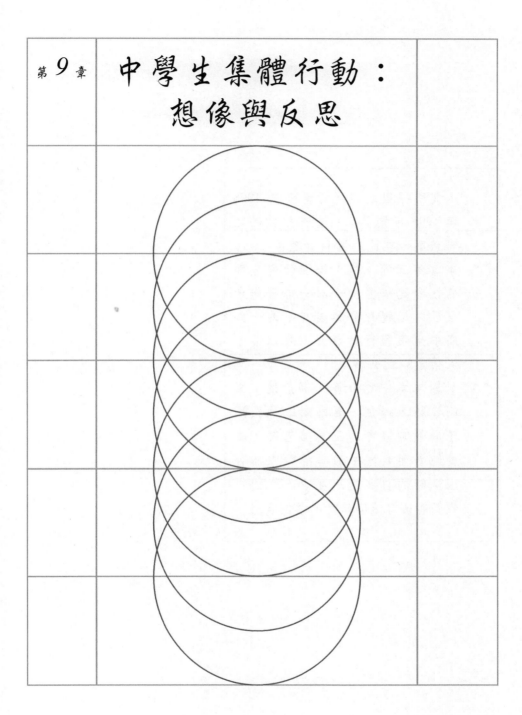

* 本文所採用之田野資料來自 1998 與 1999 年接受國科會部分補助之研究案,在此對國科會致謝。

** 本章第三節「炸:校園鞭炮事件的社會建構歷程」則是本書作者自己以母親身分參與其中的一件高中生集體行動事件,故以第一人稱予以記錄成文。

***針對本章中「帶著悲傷前進」案例資料之提供,要感謝中華民國基層教師協會的王慧婉老師,基於她對面對國中教學經驗中痛苦困境時的自我反思要求,才使得我們能擁有這麼珍貴的案例資料。

　　本書的最後一章經驗性調查報告，我選擇以 1998～1999 年所搜集之中學生集體行動的案例故事做一個結尾。章節文本陳述方式則還該口述者之故事版本之原始面貌，章名叫「想像與反思」，便是希望由學生與教師口中陳述的故事能發揮刺激讀者想像的空間，而故事生活素材之真實性則無法不令教育工作者反思。缺乏想像自由度的教育者難以萌發對人類生命現象豐富的理解，當然也就不易培養出具深刻反省與行動能力的實踐者。

第一節　集體行動三菱鏡

　　1998 年一年中我用校園內外「學生集體行動事件」這個主題來邀請學生與教師報導他們經驗中的故事，同時也搜集分析報章雜誌所報導的青少年集體行動事件。與搜集到的四十六篇學生所撰寫的故事來看，它們可分為三大類九小項：

鏡面一

表 1　集體行動事件分類（學生故事版）

一、對學校制度、教師管理與教育方式的反應	1. 學生不服管教	10
	2. 學生被集體處罰	2
	3. 學生對學習的抗拒與逃離	11
	4. 學生對教育制度或學校體制的反彈與抗議	1
	5. 學生對不合理管教與制度的溝通	2
二、學生群體內部互動	6. 同學友伴之間的互動（遊玩、吵架……）	11
	7. 班級團體事件	5
	8. 班級之間的互動	1
三、合模集體學習	9. 合作或協同學習	3

鏡面二

搜集到教師版本的故事三十八則，這三十八則故事的分類如下表三大類十二小項：

表 2　集體行動事件分類（教師故事版）

一、對學校制度、教師管教與教學的反應	1. 學生不服管教	6
	2. 對教師教學反彈、抵制或對抗	4
	3. 挑戰學校紀律與規範	7
	4. 課堂上課秩序管理	1
二、一起遊戲、共同興趣的踐行（對老師具威脅性）	5. 集體遊戲或活動，但已挑戰了學校學習或上課規則	3
	6. 班級儀式化行動	1
	7. 嬉、鬧遊戲或挑釁，但內容或方式令老師認為不妥當	4
三、友伴之間的互動對待	8. 集體偷竊、勒索或威嚇	4
	9. 多人欺負（處罰）一人	3
	10. 群毆	2
	11. 以友伴關係強制要求	1
	12. 情愛與性	2

鏡面三

由 1998～1999 年搜集媒體報導之青少年集體行動事件新聞六十八則，可分類如下表八大類十三項：

表 3　集體行動事件分類（媒體版）

一、抗議學校或教育體制	1. 宣洩性表達	6
	2. 逃學與罷課	8
二、青少年群聚遊移流動	3. 集體遊蕩、玩耍	7
	4. 離家共居	3
三、青少年群體內部互動與彼此對待	5. 集體鬥毆（打群架）	10
	6. 集體欺凌	14
	7. 性活動	5
四、攻擊師長	8. 學生打老師	2
五、觸法或攻擊執法者	9. 集體偷竊	3
	10. 攻擊警局	1
六、逃家	11. 結伴離家	3
七、厭世	12. 友伴相偕自殺	1
八、校園黑幫現象	13. 結夥加入幫派	5

學生、老師與媒體的報導在角度上有什麼同異？在學生的故事中，對學校制度與管教方式的不滿與反應占 57%的報導量，高於教師的 47%與媒體的 20%。在老師的故事報導中，不論是哪一類均明顯流露出對教師管理與教導學生不易的困難，例如教師所敘說的第二大類：「一起遊戲或共同興趣的踐行」的事件，均是未明顯觸犯學校管理規則的行為規範，但對教師而言，卻是引發焦慮與威脅感的。

　　老師與學生所報導的事件內容在分類上十分接近，學生的報導中有趣味橫生的玩耍事件，亦有反映了對學校教育體制問題的省思感傷。媒體報導的角度則明顯地以「暴力」、「犯法」與「自殺」等對社會穩定秩序有威脅的標準來突顯問題。標籤化青少年及其行為（如「黑幫」、「中輟生」）與誇大強調問題嚴重性（如不愛上學的國中生像十四萬顆炸彈）是報導慣用的手法，與教師故事第二大類相似的一個分類是「青少年群聚之遊移流動」現象，例如：飆車、遊蕩街頭、離家少年共居與青少年聚集特定地區，進行兩性交往與交易活動。

　　這一類活動可被理解為青少年以吉普賽式的聚集移動方式來實踐他們的慾望，然而，對社會而言卻是具有或騷亂或破壞了社會穩定秩序的巨大潛在能量，所以它多半被視為負向的、不正當的。也就是說，當青少年或集體作樂、或宣洩性抗議、或遊走開拓屬於他們空間的行動本身，對學校與社會都發生了很大的衝擊力。重點是，社會可以接受甚至是鼓勵被商品邏輯規約操控之偶像崇拜的青少年集體表意行動，但對未被規約住的、自主自發的集體表達行動卻有著未知的恐懼。

　　讓我們先站到青少年在臺灣教育體制中的生存處境中來看，他們是怎樣報導著教育體制與學校教師對他們生命經驗的規約與處置。

第二節　學校集體學習經驗的社會建構

　　學校是一群人在一起學習的地方，在臺灣，這一群人可以是數十人，也可是數千人！學生年齡發展階段不同，人又多，怎麼教呢？「班級」就既是學習也是一個管理單位，「學校」是一個進行「教與學」的社會組織。教育基本法、學制、考試制度、學校組織法規、教師聘用辦法等大大小小的政策法規架設了「學校」這種社會組織的制度性發展條件。「教師」就是在這些條件的規約下，以他們的教育實踐行動（包含教學、帶班、行政參與……）結構著、組織著學生在學校中

的學習經驗；「學生」進入學校，在學校所提供給他們的學習經驗中成長。二名小學六年級的學生回答老師的提問：「你來學校做什麼？」時寫道：

> 我來學校是來學習知識的，可是我認為像以前的填鴨式教育很煩，月考、小考很多，回家就要背書，把課文一字不漏的背起來，現在想起來很白痴，可是為了考試又不得不背，考不好會被父母打，所以，以前每天的上課就是：念一念課文、寫一寫功課就完了。

> 我來學校是學習知識，並運用在生活上，如果我來學校是為了考試，那乾脆請家庭教師每天在你身邊出考試題目，到月考才去學校考試就好了！學習了知識不會用在生活上就等於「廢人」，什麼都要人家照顧你了，生活在社會上有什麼意義呢？（韓昌宏，1999）

一、弱肉強食的小社會

在臺灣，「小學」已無須為升學考試所苦，但「考試」卻早已脫離了學習評量方法的性質，而成了規約住學生學校學習方式與內容的制式機制。稱它為「制式機制」，就是說「考試」這事件早已不只是停留在學科考試而已；在臺灣中、小學的學校生活中，「競爭」及經由競爭而區分優劣以分配資源的規則早已衍生成各種教育設計結構著學生的經驗。請看下面二則故事所描述的學校生活世界的景象：

故事一：學藝競賽

　　國中二年級時候，曾經在老師的推薦之下參與學藝競賽的訓練過程，由於是代表學校比賽，所以班上同學對於這樣的一個機會，自然是不肯輕易放過，由於競賽的項目不單只是學科成績的比較，其中包含了科學實驗、文藝創作、童軍活動、體能競技等項目，由於當時對科學實

驗以及文藝創作有著濃厚的興趣，再加上曾經參與班上許多的活動，因此被老師推舉為此活動的班級男生代表。

但是校方要求各代表班級，必須推派男女代表各一，所以除了自己之外，班上還必須選出一名女同學參與訓練，由於當時班上的女同學，有的是演說比賽的長勝將軍，有的是寫作高手，但是老師最後選的，卻是一個在班上表現不是很突出的女孩，在之後大概一個多月的時間，我和她一天到晚都在學校的安排之下接受特訓，在一次偶然的男生聚會中，我從其他的同學口中得知，和我一起參與訓練女孩，在班上已經受到了其他女同學的質疑和排擠，雖然表面上同學之間還是和以前一樣，但是私底下部分女同學和我的搭檔之間，存在著忌妒和冷戰的僵局。雖然我試圖化解這樣的一種潛在的衝突，但是大部分的人卻缺乏解決問題的誠意，甚至將箭頭指向老師；所以我的搭檔，除了每一天必須卯足了全力和別班的代表一較長短，特訓之後又必須面對班上同學的敵對，有時候看在眼裡，雖然是於心不忍，但是卻也無能為力，一直到了特訓的後期，由於要求參賽代表，必須具備至少一種的樂器演奏能力，而衡量自己本身對音樂的造詣有限，所以主動要求退出特訓，回到了班上，發現自己也有被孤立的感覺，在往後的團體工作之中，我和我以前一起工作的夥伴，所面臨的是同學之間強烈的競爭，但是我和我的夥伴一次又一次的勝利，使得我和班上同學之間的對立更加地明顯。

這樣的情形持續到了國三，為了準備高中聯考，這樣無聊的遊戲也隨著時間的流逝以及繁重的課業壓力而終止，到了最近的同學會，有人無意中提起了這樣的一段往事，雖然現在想起來，只覺得當時心胸怎麼會那麼狹隘，但是我們這一群親身經歷這場遊戲的同學，每個人都得到了一種畢生難忘的回憶；那種為了忌妒而競爭，為了競爭而憤怒的生活，讓我們每個人都體驗了人性黑暗的一面，沒有人願意也沒有人希望這樣的回憶，在我們現在的生活中重演。

報導的學生稍後表示此一集體事件的記憶之所以如此的鮮明深

刻，是因為：

> 這樣的一種回憶，讓我曾經在生活中受盡煎熬，不單只是外在環境
> 的壓迫，更多時候，這種煎熬是來自內心對自我的反省，每一天的生活
> 只是為了打敗對手，而且必須毫不留情的將他們壓在腳下，否則有一天
> 當他們反過來打擊自己的時候，誰都無法預測我是不是會一敗塗地，為
> 了保護自己，我每一天都必須小心謹慎，因為我的對手不會給我走任何
> 下一步的機會。久而久之，這樣的生活變成了習慣，而這種生活卻成為
> 我日後的負擔，第一次體驗到弱肉強食的生活，是那麼的現實、那麼的
> 無奈……。

故事二：拔河比賽

截至目前為止，我就只發生過這麼一次群架事件（旁觀者），那是
在國中時一年一度的運動大會，一個極重要的年度盛事，在那個每天都
只有唸書的日子裡，大家都為了運動會卯足了全力，不僅因為它是唯一
的課外活動，更因為它代表了全班同學的榮譽，以及團隊精神。因此，
不論是「前段班」的我們，或是「放牛班」的同學，都會全力以赴以贏
得最後的歡呼。其中，除了許多的個人表現成績獎項以外，全體師生最
重視的，莫過於數天前就開始預賽的「拔河」。這是很有意思的，班上
同學平常各自有小團體，也吵、鬥過，但是到了這需要一致對外的非常
時期，倒是團結得很，會有一種微妙而強烈的情操油然而生。

事情的發生，是導因於在「拔河」比賽進入前四強的比賽時，由於
原先的班級有十四班，所以最後這四班都是身經百戰的，和我們搶冠軍
戰資格的是「放牛班」——這一戰是非常激烈的。槍聲一響，我們不久
就陷入僵持戰，後竟能險勝，大家都興奮得大叫，卻沒有人發現對面一
群憤憤的眼神，接下來，就等冠軍了，同學們紛紛回教室休息，不久發
現我們班上男生都不在教室，突然有一個女生叫了出來，你怎麼會受傷
了？只見阿宗左手握著歪掉的鏡框，鏡片早碎了，右手捂著眼睛，走進

教室。女生們都嚇壞了，急忙去請老師來，並先帶他到健康中心去，其他男生也都回到教室，問了究竟，才知道阿宗先被帶去狠狠揍了一拳，再叫他回來把全班帶去，否則威脅給他好看，阿宗照做了。結果我們班男生去，並不是去打群架（是被打），一個也沒還手，乖乖的被揍了好幾拳。老師知道了很生氣，不許我們被欺負，便告到訓導主任那兒，堅持要他們班向我們道歉。他們的頭頭也不服輸，說是我們一贏了就放掉繩，害他們班的跌倒，所以很不爽，是我們錯在先，一定要出口氣，說完立刻被訓導主任狠狠訓了一頓。那頭頭倒是正眼也沒看他一眼，一付吊兒郎噹的樣子，十分不情願。主任更火了，大聲斥喝，要他向阿宗道歉。他不說話，主任威脅他：「不說是吧？好啊，看我治不治得了你，你是不想畢業了啊？再一支小過就不用來了，隨便你！」最後他還是被迫、不情願地道歉，畢竟他還是輸不起這支小過⋯⋯。

就這事件而言，不純粹只是「不爽」而已，我那時便深刻地感覺前段班與後段班的強烈對立與衝突，那一明顯的是後段班同學的報復，打架是後段班同學形成的這個小社會決定生存階層的方式，以類似戰爭的方式決定權力的大小。這一架他們把平日被對待的不公平和歧視，一併還給我們，同時也在警告我們不能太囂張，我們仍是在他們底下歸他們所管。而前段班的同學，雖說是不想也應是不敢吧。校方的不公平，不停的增強他們的敵意，事實上，被決定的前段班一群，不得不接受這種敵視。

「放牛班」與「升學班」是學校裡不同價值與位階的兩種人，兩種人在其群體內或用打架，或用文明的分數競爭群體內高高低低的生存位置。如果我們視學校為一個小社會，學生們不正直接赤裸地在學校生活中提前進入了對大社會濃縮版本之生存邏輯的學習！

二、自娛與逃離結盟

和一般人的日常生活相同，社會規約人們生存的邏輯如此強制而

固定，「找樂子」或「打混」這種「不是出路的一種出路」，但卻是人們證明自己存在的自主表現。多年來流行於國、高中男生間的阿魯巴遊戲，也可以被玩得觸犯禁忌但全班患難與共：

故事三：阿魯巴

　　當初阿魯巴的目標物，想到不能想了，還有方式包括：窗戶、柱子、樹，能想的都想了，而有一天我就突發奇想，旗竿我們就沒想過，學校的操場在另外一邊，所以在做什麼事都會相當醒目，所以有一天就趁著我們班上的同學生日，他是一個……算是悲劇英雄吧，因為他的名字是「XX」，所以他的綽號就變成腎虧了，相當耍寶的人，那一天就抬著他，從教室出發，沿路走到旗竿旁邊，雖然事後教官知道了非常生氣，而我們也贏得了全校的注目，當然的，教官要我們推出幾個主謀要懲戒，不過班上的同學也相當的團結，感覺上真的是同生共死，也許就是經過這幾次的事件，班上的同學更加融洽。

　　只有頑皮的男生才能如此冒險犯難嗎？成績好的女學生一樣選擇集體逃離學習現場的自主表達。

故事四：沈悶國中的集體蹺課

　　悶熱的 6 月，接近畢業的日子，每個人看起來都有些心浮氣躁的……好想跑到合作社買枝冰棒解暑，或者去游泳池泡在水裡悠遊……可是我們「不能」！因為天氣再熱，教室再悶，課還是要上；因為，我們是即將聯考的國三「烤」生。

　　我唸的班級，由於同學成績表現不好，又有不少不愛唸書卻常抽煙打架的學生，所以在學校老師的眼裡，是被貼了標籤的放牛班。我在裡面算是個異類吧！當時認真唸書的我，不管後面的同學有多吵鬧，總是堅持自己要專心地聽老師上課。卻有一個老師例外。

　　那是一個國三下學期才來我們班上代課的英文老師，因為原來的英

文老師請長期的病假。我不想批評她教得不好，但每次上課她敷衍的態度加上冷嘲熱諷的口氣，真的讓我很受不了！好像擺明了我們就是放牛班，就是一群被放棄的學生，沒什麼好教的。她臉上那種鄙視我們的神情，那無時無刻表現出來瞧不起我們的姿態，至今我仍印象深刻。有什麼了不起！妳不想教我們，也不屑讓妳教！於是我開始在英文課堂上自己看書，不去理會她所教的任何內容；反正我成績好得很，放學後還有補習，不聽課也沒有關係。

終於，大家也相安無事地「撐」到了學期末……一個還是很悶熱的初夏午後，那已經是畢業前最後的一堂輔導課了……4:20 的放學鐘聲響起，開始就有人陸陸續續地收拾書包離開教室，上不上輔導課，對於不考聯考的他們來說，早就已經無所謂了……想到待會兒又要上那個老師的英文課，我的心情就更煩躁起來了……好羨慕那些率性直接蹺課走掉的同學喔～，可是我是班上的模範生，從來沒有蹺過課ㄟ……可是再想想，「此時不走，更待何時」，再不蹺課就要沒有機會了……那麼機車的老師，確實應該給她一點教訓，否則會讓她以為我們班是好欺負的。

這樣的念頭，在我一向乖順的腦袋裡浮現，我馬上就和身邊較熟悉要好的同學討論了起來，問他們要不要一起蹺課。可能是因為我太反常了（難得搞怪），可能是畢業前大家都陷入一種莫名的瘋狂狀態，一些本來決心要好好上完這最後一堂輔導課的同學，也呼應了我的號召，決定來個「全班集體大蹺課」，讓那個老師面對全班無人空教室的窘境！……臨走之前，我仍不死心地努力勸說著那些還是決定留下來的同學：「一起蹺課啦！」

我們一起離開學校的十幾個人，在蹺課的這一個小時裡，其實也沒幹嘛……我選了一個我最常去讀書的地方（孔子廟），大家就在那兒的涼亭裡說話、聊天，繼續畢業前依依不捨的道別……雖然有一點小小的罪惡感，畢竟這是我這輩子第一次（當然不是最後一次）的蹺課，但是那種輕微不安的感覺，早就被我心裡終於出了一口氣的快感和興奮所淹沒了。沒想到，隔天早上我到教務處交作業時，教務主任還特別問起我

們班昨天上輔導課的情形。他說：「我昨天下午還特別廣播，告訴同學們，已經是最後一堂輔導課了，千萬不要蹺課，我會去巡堂。結果巡堂時發現，你們班竟然只剩下不到十個學生在教室裡上課……到底發生了什麼事？」我心虛地以「我不知道。」敷衍了他的詢問。我當然不會笨得跟他說：「是的！主任。我們對任課老師不爽，所以集體蹺課，而且，我也蹺課了……。」

　　身為一個因為成績很好而一直備受老師疼愛的學生，那個老師的鄙視態度，讓我覺得非常不習慣而且不舒服；而和班上同學相處三年累積下來的情感，更是讓我對於我們班（我的同學）一直被老師們貼上放牛班（壞學生）的標籤，感到不爽！後來我才發現，是因為我成績好，才會把這個老師的輕視，看得那麼嚴重。對於很多和我一起上課、畢業的國中同學來說，老師們瞧不起的眼光，他們早就已經習慣了（見怪不怪）……在這麼一個升學主義以分數成績為導向的教育體制裡，學業成績不佳的他們，在學校教育的學習裡頭，當然無法獲得任何滿足、快樂或成就，甚至可能滿滿都是挫敗和屈辱。也因此，學校外面的世界，才是他們可以尋找自我的肯定和認同的地方。在我自己同班的同學身上，我看到了另外一種解決問題的方式，另外一種目標的追求，另外一種生活的價值；他們不愛唸書但重視朋友，他們抽煙打架但講求義氣；那是一個大人、老師始終不懂的另外的一個世界。（陳慧雪，*1999*，*pp.12～14*）

「逃課」的逃離現場或「上課睡覺」的現場遁離，二者都是以一種不合作的方式來表達抗議的自主性，「不合作的抗議方式」是考試制度下無效教學的果實：

　　或許我和同學的做法，會讓老師們覺得，這是不應該的、是很不尊重老師的。但我認為，我們只是清楚地利用這種行為在表達我們對她上課方式和內容的不滿和抗議……反正關於考試，我們自己可以準備，成績也不會太差。在學生的世界裡，不習慣也不被允許和老師爭辯，所以

我們的不滿，只能利用這樣的一種不合作的抗議方式來表達……。（陳慧雪，1999，p.15）

面對學校帶給學生的成長經驗，不只要能解讀學生身上的集體經驗，還要能理解學生表達自主聲息的各種形式，成年人對青少年生命動能的「欣賞」才有可能發生！

三、共振、共存與共舞的教師

在學校的管教制度中，要求老師能「理解與欣賞」學生的反彈與抗議十分困難，絕大多數教師在卡入秩序維持與規矩管教的標準中，只能與四處流竄的學生集體行動共振共存！

再看二則老師所說的故事。一所南部鄉下地區的國中，為了安排國三技藝班學生的學習課程，每週二日與附近商職合作，為技藝班學生安排到商職上技藝課：

故事五：蹺課一起打球去

在某個星期四早上聽說有九個技藝班的學生到高商以後就蹺得不見了，教務主任（被其他女老師評為打混、不負責的教育行政人員）就到 P 鎮上找這些學生，結果星期五早上傳出消息，教務主任跟這幾個學生打了一天的保齡球，到下午快要放學時，才帶回學校，但是在保齡球館給家長看見，誤認為國中的老師帶穿著制服的學生在上課時間打保齡球，還打電話去國中找校長罵一頓。

這些集體蹺課打保齡球的學生，凸顯了國三技藝班的學習引不起這些學生的興趣，平常在學校沈悶死了，有機會到校外去，幾個人一約就蹺課溜了，而學校也只是往後把他們綁得更緊而已，技藝教育的吸引力遠比不上打保齡球的玩樂，在這樣的一個鄉下國中，這些學生既不愛唸書，也不想謀一技之長，整個教育資源十分貧乏，內容空洞，很難想像十年後，這些學生會有什麼發展。

一所都會區高中老師則說了下面故事：

故事六：裸女壁報

　　班上次團體很多，這次教室布置，前一天晚上還什麼都沒有，第二天就什麼都有了。他們就畫了臺大校門，三個裸女，旁邊就是師大、政大、東吳……，最醒目的就是三個裸女，我本來想主筆那個是受害者，push 他們去畫這種東西，主筆的一定是被逼得去畫這種東西，我就跟他們講說：「這樣真的很不好，很不雅觀，你們要不要考慮讓她們穿上衣服。」我在表示反對意見的時候，他們就有很多不同的聲音出來，其中就有人說：「我就知道，因為她們三個的身材都比你好！」我根本不理這種聲音啦！

　　早上一來其實我看得是有點瞠口呆的，結果一早班長進來，我就跟班長說：「班長你要好好處理，不然學校處理是先找班長呢！」班長說他晚上也沒留下來……，後來當天中午他們已經把衣服加上去，用蠟筆畫那薄紗，她們多少有穿點衣服了，我就不講話了，他們多少也如我的要求。結果第二天來，他們是加了衣服，可是旁邊又加了些口號了，最明顯的二句是，「你想上嗎？」、「興致勃勃」，另外是什麼「該補了」就是有一點暗示性的口號。

　　後來我不知道怎麼處理，我就問校長我說我不知怎麼處理，我本身啦，倒不是受到學校的壓力或什麼，因為我本身是個女性，我覺得是不雅觀的事。可是我們班男生在週記上寫說，我們所有的任課老師只有你跟公民老師是女生，只有你們反對，其他的人都叫好，說我們很聰明，想法很不錯，有受到鼓勵，校長也是女生、訓導主任也是女生，就只有你們女生才會反對，教官也是男生。不過後來校長想說教官是男生，男生跟他們講比較好一點，的確是有差，後來他們把「你想上嗎？」和「興致勃勃」這兩個口號拿下來，我就沒有再接觸。

　　後來我才知道做壁報的有五個人是負責人，這五個人當中有二個和學藝股長都是很乖巧的，那幫忙的三個人學業成績都還算蠻負責的，那

五個對於老師的反對覺得不解，他們只是覺得很好玩，沒有什麼意思，就打翻我原來的想法，我原來想一定是有一群人跟學藝股長壓迫，我就很納悶是不是集體行為，不過我跟他們說一旦呈現出來，就表示是班上的事，如果不反對就表示贊同，我就問了幾個問題：「你贊成壁報所呈現的形式嗎？」大概只有三、四個說沒意見，二、三個人反對，其他大部分都贊成；他們有些覺得說這沒什麼關係，這只是要玩啊，跟我要上大學沒什麼關係。我又問說為何不畫三個裸男？他們覺得我們是男生畫男生不是很變態……，第三個問題是如果學校反對，他們願意屈服嗎？很多人還是表示沒有意見、沒差、好啊。

這二則故事中的老師在什麼狀態中呢？

觀察「蹺課」事件的國中教師對「技藝班」在資源分配與升學導向教育制度中屬性描述如下：

> 這所國中升學率很差，歷年來皆沒有人可以考上第一志願省立高中，但學生很活潑好動，本性倒也不差，所以整個學校倒也不會有出大狀況，學生的小事倒是不斷。一個年級有三班，除了一班是所謂的「升學班」之外（指升上二、三流的高中或高職），另兩班就是技藝班了，而這兩班有分成「完全不讀書」班及「稍微讀書班」，而學生家的職業幾乎都是：農、漁、工的弱勢階級，學生只要在學校不出亂子即可，上補習班考上好高中的事，是不適用在這些學生身上的。

「裸女壁報」中的女導師則明顯地被男學生宣洩自娛的「性」趣表達，對教室內適宜出現什麼的標準的挑釁作為所僵住了，「裸女」壁畫既未違反行為常規，亦未直接挑戰教學與管理威權，但它卻衝出一個令學生愉悅的灰色的地帶。「壁畫」不過是學生將他們日常遐思世界中的一個小碎片轉成畫作放置到公開、共有的學習空間中，有趣的是「壁畫」做為一個教室內的公共看板，長期被預設與制約住的意

象和「裸女」是有衝突的。然而，這正是「集體行動」的某種重要作用！「蹺課打球」的事件衝擊到的是家長眼中「學校老師和學生」該做什麼事的認定，青少年街頭聚集、飆車嬉鬧威脅到的是社會秩序的穩定感。在前一節媒體報導之事件分析資料中，未明顯觸犯法令的青少年集體遊蕩一起逃學、蹺家、一起入幫派與已明顯犯法的集體偷竊、攻擊警局的比例占了 50%，這麼高的比例反映了社會對青少年不安於室的一股股流動能量的關注與擔心。

　　新聞輿論對各種專案與政策面的回應均朝向以再規約這些能量回到學生「本分」的角色中，鮮少人正視這種青少年身上所攜帶的慾望能量為自主結盟的一股社會力量！然而，在學校裡，身負社會控制作用執行者角色功能的教育工作者卻是無法避免被這股能量衝撞的命運，學校老師、主任與校長們便在學生集體行動所拉開的一個張力場域中和學生對峙與對話著！

四、與權威的對峙與對話

　　學生的集體行動是學生慾望與思想自主存在的一種表現形式，學生各種行動是慾望與思想對制度規範及管制機制的對話形式。在學校中，校長、教官與老師做為代表制度執行管教的人物，也對應的依各自的理解與情感狀態回應介入。在每一件集體行動的故事中，均不難看見學生自主慾求的表達與教師回應的溝通邏輯是如何被雙方建構的。「五月送花」的女導師描述了自己和教官對少年男女表達愛意的騷亂事件的不同做法與立場，怎樣建構了一場衝突。

故事七：五月送花

　　　　全班在對抗權威時很團結，有一次我們班上學期發生一件事，後來全班被處罰。全班在一個二年級女生生日的時候，全班一個人湊十塊錢，因為有一個男生很喜歡那個女生，全班幫他湊錢買一束玫瑰花，全班一人十元還不夠，又用班費出了五十塊錢，就在她生日那一天，風風

光光的拿著一束玫瑰花，中午下課十二點，有人告訴我說：「老師我們要去送花。」我覺得很可愛啊，我不反對，而且沒有用上課時間，結果他們就走到那女生班，那女生躲躲閃閃，後來被人推出來，我們班全班歡呼，不只是我們班，全校的人都跑出來看，三年級他們都用筆敲窗戶，結果教官室全部的人都出動，他們好像覺得說不得了了，有人要叛變那種感覺。教官出來管秩序，結果教官被人ㄅㄟˋ石頭，教官在全校都很亢奮的時候，跑出來煞風景，還把男女主角帶到教官室，有一個教官被丟到，那個男主角就被帶走了。

就有人跑來找我，那時候我聽了有點生氣，我覺得學生沒有做錯，他又沒有干擾到什麼，為什麼要把學生帶到訓導處去，我本來要去訓導處，但被同事勸住，說我這樣去反而可能更害了學生。結果沒多久又有學生跑來說全班被罰站在操場，我說為什麼？他們就支支吾吾，我們主任教官看到我就說你終於來了，你知不知道發生了什麼事情？我說我知道啊！他們說你贊成他們這樣嗎？你知道怎麼不阻止呢？我說我不覺得他們有什麼錯啊。所有的教官眼睛都快噴火，他們覺得說怎麼老師會這樣，後來我看情況不對勁，我就說我覺得這很單純，而且這是公開的，我們都可以看到，可是主任教官說那時正好五月，是學校最需要安靜的時候，因為學生要聯考了，而且期末了，學生難免心浮動了，他們每次到這個時候就很緊張。

後來主任教官發現我的立場跟他不一樣，他就說那既然你這個樣子，你的學生我沒辦法處理，你自己帶回去處理好了，他有點生氣。後來因為全班都在操場，我在旁邊就順便罵他們一下，其實我不會罵人，我只會軟性的訴求，當時的感受就好像自己小孩被人家罵沒有家教。

如果沒有教官的管秩序，慾望流動的集體騷動效應應該是不會演變成全班受罰的衝突事件。很多時候，當學生共享某種經驗時，學校老師並未意識到自己所做的一個合理的介入對學生而言是什麼樣的一種意涵。在「撕校刊」的故事中，學生所共享經驗世界中校長的干預

輕易地否定了學生集體決議的權利，但這位校長顯然缺乏自覺：

故事八：撕校刊

這是發生在高中三年級的集體行動事件。

那時即將進入畢業尾聲，我們學校的畢業班級有十幾班，而這些班級分別為理科班、商科班、電工班和電子班學生。其中理科班和商科班學生人數較多，人力最為龐大。畢業當前，各班級代表搜集了每一位畢業生的通訊電話地址和一些代表作品，編成了一本畢業刊。經過理、商、電工、電子班許多同學的努力之下，畢業刊出來了，可是卻出現了一個相當大的問題。

歷年來，畢業刊的封面都是理、商、電工、電子班個別設計，然後在經過編輯小組投票選出，最後再通過校長的批准，決定採用為校刊封面。我是理科班學生，為了使理科班的作品能脫穎而出，成為校刊封面，我們班和其他理科班幾個美術好的同學花了許多心思在設計上，創造一個美麗的封面。最後，通過小組投票，理科班的作品終能脫穎而出，評為校刊封面。

可是，校刊發出當日，全校震撼，因為出來的封面不是理科班的，而是商科班所設計的，這一來，引起理科班所有學生的不滿，而正巧校長出國去了，而副校長對這件事卻全不知情，在這民眾沸騰的情況，私下有商科班的同學說，校刊封面之所以被更換，是由於校長不欣賞理科班黑白拍攝的手法，認為過於消沈，他較喜歡商科班那大紅大紫、喜氣洋洋的封面設計，所以將封面換了，可是這件事所有理科班學生卻全不知情。找不著校長對質，一口氣無處宣洩，最終，班上一位參與封面設計的主要人（男生），帶頭將校刊上商科班封面設計撕了下來，丟在地上，接著，一個接一個的理科生都撕下校刊封面。其中一個好事者把所有撕下的封面搜集起來，然後拿到辦公室交給商科班的導師，以示憤怒。

自當日之後，商科班和理科班關係開始決裂，各班班導師欲加以干

涉卻無可奈何，因為所有人的反應實在太激烈了，自此以後，商科生不敢踏入理科班的地盤，而理科生也不涉入商科班的勢力範圍，這樣的關係一直維持將近一星期，校長回來後才慢慢平淡下來，這當中校長是做過了多番的調解和努力，才把事情鎮壓下來的。

「撕校刊」是對校長不尊重學生決議的抗議，但因肇事主角（校長）的缺席，憤怒不平轉成班級團體的對立；學生們宣洩憤怒的方式所建構的衝突焦點（班級對峙），不但模糊轉移了校長決策不當的問題點，也製造了校長介入調解與壓制的理由。

在校園中「集體行動事件」的發生都蘊含著一個力量演變的場域，參與在事件中的人物各自依其立場及狀態行動著，參與的力場由安靜旁觀到主導行動均可能存在，行動策略的表現形式也有各種風貌；但當場中不同行動者的參與建構出某種焦點衝突（focal conflict）時，行動場域中就被一組到數組對峙的張力建構了一個力場。對峙的張力並不一定是對立的相敵視或互斥的力量，然而，對峙的緊張極易激發場中教師的不安全與失控感，於是訓導工作者與教官是第一線負責進場處理的角色，這兩個角色在學校系統中的功能就展現在其秩序管理的教導策略之中！

當然，這一篇又一篇的故事就是要藉由集體行動的視野逐步勾勒出，學生與教師是如何各自有意識地以其行動策略建構著學校生活世界中的關係方式、意義與後果！下面「送口罩」故事中的學生以反諷的手法表達對授課老師的不滿，而後，老師與教官的處罰卻促成了男女學生結盟對抗教師的權威！

故事九：送口罩

我們都很討厭我們的公民老師，第一，她每次都上那種無聊的課，第二她都已經四十幾歲卻喜歡穿那種三十幾歲穿的洋裝，她講話聲音的頻率非常的刺耳……。最主要是她耽誤我們下課，一般高中老師都是一

打鐘就下課，但是她不會，下課十分鐘她不會一定留給學生，她下課鐘打了還會假裝沒聽到下課鐘繼續地上課，我是那種下課一定要起來走動走動的人，我就非常不能忍受，但其他同學都不會特別討厭，就算了，我們班大概只有四、五個特別討厭她。

　　然後男生班（a班）聽說非常討厭她，聽說有一堂第八堂課，一打鐘全班就站起來，沒有人管老師，只有大概五個比較乖的學生還坐著，其他只要鐘聲一響就背書包走；不然就是每次考試就敲敲桌子鬧一鬧。前一陣子我實在受不了就會跟老師說：「老師下課了，老師下課了。」她就會裝作沒聽到。我跟我同學就決定要送她一個口罩，在上面畫一個嘴巴，在上面再打一個叉，就是要她閉嘴的意思，我同學回家做，我就打一封信寫說：「親愛的老師，很榮幸被你教到，這個是我們覺得你上課最需要的東西，希望你以後常常使用它，愛你的學生上。」也沒有說是誰，就放在她桌上，我們本來以為會沒事，結果後來聽說那老師很生氣。她直接去找教官，希望教官幫她抓出來是誰，因為那老師教三班，女生班她沒有懷疑，因為她覺得女生班都很乖，而 a 班上課都與她作對，還給她取外號，所以她直覺就是 a 班，她就開始調查。

　　那時候我們就很緊張，因為我們不想害到 a 班的男生，我就跑上去找那群男生，問他們說有沒有怎樣？有沒有被罵？他們說還沒有，教官只是在問，我就說是我們，他們就說放心，我們不會供出是你們，好像很有義氣的樣子，我就說謝謝，他們還說要幫我們擔，我就說不用，只要打死不承認就沒有人知道是不是我們，就一整個星期都很緊張，因為擔心那男生會因為這事被記過。

　　結果他們就找一個最混的，跟老師有舊仇的，那個男生跟老師的舊仇是：在考卷上寫不想考試，寫髒話，那男生不然就蹺課去打球，不然就不考試，老師對這事非常生氣，等於我們這件事是導火線，讓老師對他更生氣，老師之前就有找教官說要處理這個學生，可是後來又不了了之，就因為我們這個事教官就要重新調查，教官就把那個男生的爸媽找

來學校，訓導主任也找那個男生，所有的人都把男生罵一頓，從老師那邊說是那男生承認了，考卷是他寫的，口罩也是他放的，所以就理所當然被記大過。可是我們後來去問那個男生，他說他承認考卷但沒有承認口罩是他放的。可是在那種情況下，沒有人要相信他，到星期五的時候，就確定他被記大過是暗過，可是操行被扣九分，主要是他們班都蠻團結的，對那個老師，他們班要下課就集體走出去，不管那個老師。還有那個老師抓作弊，結果那個學生就站起來說：「你哪隻眼睛看到我作弊！」其他學生就裝作不知道，所以老師就很慘，那老師看看旁邊沒有人要支持他，就假裝沒發生事就回講台上了。

在「送口罩」故事的學生世界中，「處罰記過」的意義與作用被抗拒與不屑權威管理的義氣重新詮釋與顛覆了！而這種故事版本卻是教官與教師所渾然不覺的。學生之間隱藏的行動聯盟支撐了許多學生度過無聊課業學習與權威管理的學校生活。在有些故事中，我們可以看到學生已具有一定的行動能力，集體地行動並推進與師長的對話溝通。一位女生回顧國三時全班和校長由衝突到溝通的故事：

故事十：自習課打球

國三下，我們班十四個人（我們全班只有十四個人），我們之前自習課都去打籃球，我們班是自學班，我們班是最混的，校長就規定我們自習課不能去打球，一定要自習，通常我們工藝、家政……那種課都很無聊，都會去打球，可是校長通常都不准，然後就跟他抗議，跟他講。

那時候大概是下午七、八節課，大家都很想打球，然後就說要去打球就全班帶去，不要被發現，還是會有一些比較乖的不願意去，就留三個人在教室，後來校長巡堂就發現那三個人，因為如果全班去校長就不會覺得很奇怪，他就問三個，就去球場把我們抓回來。

我們就跟他講說，因為是自學班，自學班的長處就是要好好運動

啊，而且我們班上課都有好好上，那自習課本來就是要讓我們好好運動，我們跟他講他都不聽，因為我們其中有個同學是非常痞子就對了，他就在校長背後比中指，被校長發現了，校長當場打他一巴掌，當場就快打起來了，校長怎麼會跟學生打架！他說他會找訓導主任來看，訓導主任就來，我們就把門窗全部鎖上，然後我就說趴下來睡覺、趴下來睡覺。因為我們那時都沒有功課，段考剛考完了，也沒有書可以看啊，校長那時可能很生氣就說：「那你們睡覺啊！」

我們就把門窗都鎖起來，全班裝睡，他們就在外面一直敲都進不來，後來可能過了五分鐘吧，他又找了教務主任來，校長、訓導主任、教務主任都在我們門口，然後就被他們念了一頓，我們還是很生氣，就跟老師抱怨，我們老師基本上還是贊成去打球，只是說你們去不要被抓到就好了。那時有第八堂，我們班有七個同學就去跟校長說我們真的很希望去打球，把我們的想法講出來，校長就請我們喝飲料、吹冷氣一整節課都沒有上，後來他還是會念，可是只要全班行動，他就不會管。

可是我覺得就很明顯，有七個人就不願意去，我是覺得那個同學雖然不應該在校長背後作動作，校長也不應該打人，我們就跟校長道歉，也有跟校長說他不應該打人。

這個故事中，校長情緒爆發到失控打人的圖像，和學生們群情激怒但由集體反抗到主動出擊溝通的圖像，幾乎顛倒了傳統師生互動的圖像，凸顯了校長面臨在學生集體經驗的河流中，自己載浮載沈的尷尬與狼狽的處境。然而，絕大多數教師可以說是不諳水性，對載舟覆舟之潛在流動的學生集體的動能缺乏同理與瞭解！教師長期習慣並接受學校制度與管理機制所規約的角色行為模式，因為假若一套行為角色的規範能成功約束住學生的行為表現，教書就是一件方便省力的差事了，管它學生在課堂上是否真的有學習！

我們該如何來理解這些故事中強勁有力的、流動不拘的集體行動

的經驗？

　　批判教育學者 IRA Shor 說得好：

　　　　不同的官方組織錯誤地斷定學生「水準平庸」，而我卻認為那是學生「罷讀」，他們拒絕在現今的社會環境下學習。

　　　　動力的問題就像一塊黑色烏雲籠罩著學校，我們都知道那些在學校裡讀書欠缺動力的學生，在外邊是很有動力的。他們的消費模式被商業文化操控著，他們又會在學校和家庭以外找空間組織「小圈子」，建立一套個人對性、朋友運動、藥物、音樂等等的文化。當學生想得到他們夢寐以求的東西，他們花盡心思、千方百計也要得到。（IRS & P. Freiro, 1987）

　　如果學習成績不佳、水準下滑是「罷讀」，那麼校園中學生各種集體行動又揭示了什麼對體制的發言呢？

第三節　炸：校園鞭炮事件的社會建構歷程

　　民國 88 年 3 月 16 日各晚報均報導一則 C 中學二名高三女生在校放鞭炮遭退學處分的事件，正在進行中學生集體行動事件研究的我在這時卻以「母親」身分直接參與了「放鞭炮」此一高三學生的集體行動事件，整個事件在媒體的報導下由單純的校內違規事件演變成一連數天報端的公眾議題，直到 3 月 26 日學校處分確定後，事件才在大眾眼前落幕。我以母親的角色參與這整個事件，看到了這整個事件如何由涉入其中的各個參與角色所建構演變，而媒體的報導不僅失真亦無法充分揭示出這則事件對學校教育的意涵。

　　正因在媒體報導是看不到這則事件的複雜性對學校教育的啟示，所以我在當時就決定了以行動研究的立場，將我在「母親」這個角色參與中所思索的主題寫下來。

一、系列事件演變歷程

日　期	事　件

(1) 3 月 16 日　1.1 上午第三節課 C 中高三甲班女生數人於上課時間內在教室頂樓燃放鞭炮。其中二名，A 與 B 於稍後被查明。

1.2 中午，學校即通知 A 與 B 的父母到校，A 母於 12 點多到校，到校後即被告知 A 與 B 違規放炮，將擬處以退學處分。訓導主任給 A 母過目 A 的自白書乙份，A 亦清楚被告知教官已做出「退學」處分的決定，但會等校長回國開懲戒委員會後確定最後之處分。高三 D 班班導師 H 亦在現場，H 表示若僅因放炮被退學對即將聯考的 A 與 B 不公平，A 母表示一切依學校行政程序處理，A 母會到懲戒委員會說明，表示學生參加聯考權利不應因違規放炮受影響。

(2) 3 月 17 日　2.1 教官於校內各班發下座位表，要求學生簽名表示自己知道燃放鞭炮將遭退學處分。D 班部分學生（A 與 B 及其友伴小團體）及部分男生班拒簽，A 認為這種簽名單的做法像是切結書，所以拒絕簽字。

2.2 A 與 B 回到班上後，有同學探詢她們遭到什麼處分，因學校處分行程尚在進行中，所以學校訓導人員與導師均未對其他學生公開確認「退學」之處分。

(3) 3 月 18 日　3.1 上午臺北市教育局接到署名 C 高中 3D 班同學的傳真函，函中檢舉同學放鞭炮違規事件，傳真信函原始內容如下：「過去因有學生在校內放鞭炮，因此校長宣布學校內放鞭炮者一律退學，前天有兩位同學在校放鞭炮，在未查明是誰之前，教官及訓導人員一直強調放鞭炮者一律退學，如今，已查明是社會局長（註①），夏教授女兒所為，學校

註①：我（夏林清）並不是社會局長，但可能是因為稍早北市府尋覓社會局長人選時，曾被媒體報導為被詢問過的人選之一，所以 3D 班同學有此誤解。

就不敢辦了，簡直太不公平，如果這位學生是別人女兒，就一定要被退學，我們的公理何在，學校校規以後有誰遵守，我們是 C 高中 3D 班一群打抱不平的學生。」

3.2 隨後，有記者拿到上封傳真並將原信函中社會局長圈改為勞工局，夏教授改為鄭局長。

3.3 記者們分別打電話給父母及學校詢問放炮處分之事。

3.4 下午聯合晚報刊出新聞一則：「在校放鞭炮，鄭村棋女兒被檢舉」

(4) 3 月 19 日 4.1 早上升旗典禮時，教務主任（代校長）M 主任針對此事對所有師生說明了事實原委及處理流程。

4.2 學校原欲邀輔導主任至 3D 班進行班級輔導，3D 班女生 A 對主任表示應由該班導師 H 與班上同學自行溝通。主任同意，於是上午三、四節課，3D 班進行了班級溝通大會。

(5) 3 月 21 日 5.1 今週刊教育專題記者訪問 A 生，此次訪問刊於今週刊第 121 期「D 高中少女放鞭炮事件」。

(6) 3 月 23 日 6.1 立委秦慧珠為此事舉辦公聽會，A 母夏林清出席。

(7) 3 月 24 日 7.1 C 高中校長下午回國，晚上即刻到校開會，會後並邀 A 與 B 及二位母親到校溝通。

(8) 3 月 25 日 8.1 C 高中懲戒委員會開會會中決議 A 處以留校察看，B 則記二大過。

(9) 3 月 26 日 9.1 各大報均以明顯版面處理此一新聞。

(10) 4 月 1 日 10.1 今週刊記者以放鞭炮事件訪問校長並刊於第 102 期：「從北一女到 C 高中有多遠？」

(11) 4 月 4 日 11.1 夏林清收到今週刊 102 期，A 生於讀閱後對文中提及：「……鄭小妹妹在這學期的一堂英文課放甩炮遭到老師制止，竟然不理同學上課權利，又繼續放甩炮，這樣的說法目前也已被證實。這樣的發展讓（校長）想翻案的動作遲疑了。……」十分生氣，因事實並非如此。

⑿ 4 月 5 日　　12.1　A 生到校向英文老師及相關同學查問甩炮事件，並與今
　　　　　　　　　　週刊記者聯絡，要求記者向英文老師查證，並決定以投
　　　　　　　　　　書方式傳達意見。

⒀ 4 月 11 日　　13.1　今週刊 103 期刊出 A 的讀者投書。

⒁ 4 月 16 日　　14.1　因 C 高中部分教師對今週刊 102 期中，校長於受訪時對
　　　　　　　　　　學校的評價很不同意，故 16 日中午校長約今週刊記者到
　　　　　　　　　　校說明，教師會亦發函對記者及校長表達意見。

二、「放炮」炸出了什麼？

　　「放炮」事件一波三折。原先，它單純的是一件高三學生宣洩情緒的儀式化遊戲，這一遊戲勾動了 3 年 D 班班級團體內原有的矛盾張力，由同學傳送的匿名傳真檢舉函與媒體記者的泛政治化詮釋將此一事件轉成了公眾議題。當「放鞭炮」成了新聞事件後，一個攪入了校外社會角色與各種詮釋觀點的壓力場域就把「學校」納入了一個複雜社會力場。於是學校決策歷程及教育品質成為大眾的焦點，週刊記者進一步的深入報導觸發了教師與校長的衝突。在整個事件中，學生、校長與教師的集體互動歷程，所揭示的教育意涵遠比放鞭炮本身來得複雜。

㈠又見好學生與壞學生的矛盾

　　寫檢舉黑函在整個事件中並未被媒體特別留意，直到處分確定，A 與 B 才在記者的訪問中（聯合報，*3/19*）提到班級團體內的矛盾對立：

　　　問：為什麼會在校內放鞭炮？
　　　A：C 高中多年來一直有畢業班同學放鞭炮的「傳統」，今年在我和
　　　　　另一同學放鞭炮前，其實早已經有人放過，只差沒被逮到罷了。
　　　問：放鞭炮的遠因、近因是什麼，聽說妳們比較調皮？

記兩大過的女生（以下簡稱 B）答：從高一起，班上就有兩派，一派是
　　成天只知道 K 書，對分數斤斤計較的同學；一派則是 A 和我們一票
　　合得來的同學。我們這一票比較勇於表達自我，於是就有某些同學
　　看不慣，覺得我們老愛鬧事，影響他人作功課。

問：情況是怎麼樣發生的？

B：放鞭炮前一天的地理課，我們有一票人較晚進教室，同時被風紀股
　　長記曠課，於是我們找她理論。那風紀股長如果自己遲到，從來不
　　記自己曠課，所以大夥兒覺得很嘔，決定第二天找個機會表達不滿。
　　由於先前已有畢業班學生放鞭炮，所以我們也放，最後被抓到。

A：放鞭炮時，我們心裡有數，惡作劇如果得逞，就可以開心哈哈一笑；
　　被抓到一定被處罰，沒想到會是留校察看和記兩大過這麼重。

　　B 口中對分數斤斤計較的好學生在 3 月 16 日 A 與 B 放鞭炮被抓到
的當天即在班上互傳紙條，紙條內容為：

　　妳知道嗎？如果我們願意以學生的力量，以多數人的輿論，不用任
何的重大行為，都有辦法把她們弄到退學，我們現在就是怕 H 太仁慈幫
她們說一些她們平時很乖只是一時壓力太大……的話，她們頂多只會被
記過而已，還是可以繼續上學，我們連署的目的只是希望她們別再出現
在學校裡了。我想 B 和 Y（即風紀股長）吵架的事、炮的事是引火線，
大家不爽的情緒到極限了，爆發一下也未嘗不好、就是一而再、再而三
的積弊才不可收拾。

　　班級團體內部的對立是黑函的驅動力，在臺灣唸書的人對好學生
與壞學生的矛盾對立並不陌生，這種性質的矛盾原本就是年輕學生在
臺灣應試教育文化中承擔的後果，只是強烈到欲除之而後快的情緒和
寄黑函的行動卻是少見的。

㈡教育行政決策者的擔當

　　放炮違規事件發生時校長不在國內，所以由教官簽出處分建議，經由訓導主任同意後即於當日簽呈校長，等校長回國後召開懲戒委員會再議決。

　　當放炮事件轉成了新聞事件後，學校行政系統就面對了超出於原來違規處分性質的壓力。特別是校長又不在國內，可以想見教務、訓導主任及教官便是一共同承擔此一教育決定的教育者（聯合報，*3/18*）。3 月 25 日校長回國正因此事件已鬧成大事一樁，所以回國後即先與負責的行政人員溝通，校長希望將原簽出之「退學」改成記「大過」的處分，但沒料到懲戒委員會未接受校長建議，仍議決嚴重處分（今週刊，第 *102* 期）。

　　校長事後表示她沒料到自己合乎教育理念的提議竟遭與會同仁抵制反對。獎懲委員同仁們對校長建議的拒絕所透露的意涵是什麼呢？

　　我瞭解到的是，校長一回國面對教官做出退學決定導致興論譁然，及第二天又在校內要學生簽名表態的做法表示不同意見。校長表示自己未說過放炮就要退學的重話。對學校教官而言，在這樣的對待過程中，做決策的擔當責任似乎轉到第一線教育工作者肩上，由教育歷程而言，處罰決定本身就具有恰當正確與否的教育判準與決策責任。在事件發生當時教官得當機立斷做出懲罰決定。之後因事件、因媒體的介入而擴大，此一「退學」決定就被迫加重了一層面對社會興論對高中教育「公論批評」時，所增加的「公開被檢驗的社會責任」。校長回國後的校內會議，極可能令教官或其他教育工作者覺得自己扛下了這一層責任卻未被尊重與理解。有可能是這種氣惱不平才抗拒了校長所提合於教育理念的輕罰建議！

　　當事的學生知道嗎？當然是體會到了的，當獎懲委員會做出重罰決議後，A 與 B 對此一決策過程前因後果中「大人」（老師們）規避了教育者該負的「對質討論、面對彼此」的作決定的責任，十分氣憤

與委屈。然而，這種開會議決過程的背景脈絡卻也是學校教育決策真實動力的一個實例。

㈢教師群體文化

建構這整個事件的另一股隱含的力量是學校教師的次文化。這一部分我雖無法進一步查證，但因親身參與其中，所以聽到了在這一事件表面的報導所觀察不到的教師經驗。

3D 班導師、科任教師、輔導室老師及 3D 班導師辦公室內的同科其他教師，均對此一事件的發展演變發生了若干的作用。3D 班導師 H 教國文，是對學生關愛的一位老師。整個過程中，H 最難過的是三件事：(1)二名學生頑皮的放炮卻遭受重罰，H 擔心學生受傷害，影響了參加聯考的機會與表現；(2)對黑函是由班上同學發出事件深感痛心，覺得自己花了很多心力帶班，為什麼現在的小孩心胸會這麼狹窄，對同學間的差異性這麼難容忍；(3)對一些同事在辦公室內、或道聽塗說、或憑自己主觀的認定對A、B及其友伴小群體傳播不切實的說法，感到不滿。

針對傳真檢舉信函一事，H 及學校相關老師均並未選擇進一步的調查介入方式，這凸顯了放炮行為是顯而易見的行為違規事件，容易循校規處理，但一封訊息不實的匿名信函所帶來的不易丈量的傷害，卻因為它不易處理而被忽略。然而 3D 班級團體內部的矛盾張力實已展現在放炮與黑函的二股集體行動中。

因此 4 月 19 日 3D 班的二小時班會便成為班級團體內二股對立力量溝通對話的較勁現場。這一場班會被學生稱之為「公幹大會」（公開幹架）。二路人馬及中間路線的同學均激烈發言各抒己見。

有趣的是，學生們反而主動搶奪時間在衝突中進行對話，但老師群體則顯得迴避衝突難以面對。此次涉入「可能」撰寫與發黑函的學生（用「可能」來說是大家由紙條字跡推斷為誰，但因老師並未明白面對與處理，所以誰發的黑函一直是一個大家暗自揣測的議題）在學

生暗自揣測中，黑函的來源指向班上某位好學生的母親，這位母親亦為學校教師。放鞭炮的學生次群體的猜測是：這位老師因女兒正是 3D 班所謂前面好學生次群體的領導成員，所以平日對 A 與 B 的友伴團體就由女兒口中獲得特定的看法。當黑函之事在老師之間傳開後，有些老師推論這種手法不可能是學生所為，所以懷疑猜測的眼光便指向這位教師。因此，因為這事件的未被明確處理，亦導致了教師群體內（以 H 教師辦公室次群體為主要發酵地區）激盪的伏流。然而，校園教師文化中壓抑衝突的慣性，一方面抑制了老師與輔導、訓導工作人員正面處理黑函事件，另一方面強化了教師次團體內曖昧溝通以致於歧見轉成偏見的關係方式。

稍後，學校教師會以集體名義藉由今週刊報導與校長進行對話，則是一種距離與模糊化了焦點議題的空包彈式的衝突，這一場稍後在校內發生的校長與老師溝通會議氣氛激烈，但並未扣回到具體問題的澄清與解決上。不過，這已是承載著學生放炮與黑函事件的教師群體發聲參與的一種努力了。

第四節　共振與爆

有位老師說在國中教書像活在壓力鍋中，一不小心在不該掀蓋時掀了，就爆了！對青少年身上所流動感染彼此的慾望水流而言，「學校」這種設計像是隙縫百出的閘門與堤鬆土軟的輸水渠道。要學大禹能治水，老師先得有能耐隨波逐流，但不滅頂的欣賞江河風暴。老師們在討論「春、夏、秋、冬」與「流星雨」這二則故事時均被「卡」在所謂的老師教導的「兩難處境」中：

故事十一：春夏秋冬

春蘭、秋菊、夏荷、冬梅四個人在本班是死黨，感情很好，都不喜歡讀書，但是玩都一定玩在一起，國中時就已習慣了把書放在學校的抽屜不

帶回家，但是進入新的學校，學校規定不可把書放在抽屜，一方面避免遺失，一方面保持抽屜的整潔。但這四人因為每天下課並非直接回家，還會在外面遊盪一、二個鐘頭後才回家，背著書包，裡面的書好重！而空書包背起來多輕鬆自在呢！所以幾個人商量好每天想辦法把書藏起來不帶回家，有時藏在講桌下，老師尚未到教室時取回，有時藏在學校的電線總開關間或廁所的水箱最上面，總之每天為藏書之位置而傷腦筋，但仍樂此不疲。有時書本不幸遺失時，就只好到其他班級去借書上課或是 A 別人的課本來使用，最下策就是上課時桌上隨便放本書，萬一給老師發現時就說忘記帶了，考試時把考試的範圍影印下來，應付應付就好了。

　　日前因為老師上課的秩序太差，所以將班上的座位做了一些調整，剛開始班上安靜了幾天，第二週就有同學在週記上反應，只有導師的課按照位子坐，其他課任老師的課有幾個調皮的同學都玩起大風吹的遊戲，每個人找到自己聊得來的同學與其旁邊的同學談妥了後，就利用其他的課大玩互調位置的遊戲，有的任課老師，上次認識的同學下次上課就不知調到哪一個位子去了，對於這種現象怎麼說都沒有效，警告了幾次後，仍然舊事不斷重演。

故事十二：流星雨事件

　　「喂！爸爸！我已經在高速公路泰安休息站了。今晚不回家，因為我們學校的社團組隊要去阿里山，看流星雨，晚上不必等我了。」

　　「喂喂！怎麼是這樣？是臨時決定的嗎？你怎麼就跟去？你馬上回來！一個女孩子怎麼可以……？」

　　當晚，小范果真沒回家，父母又急又氣，「等她回來，一定要好好說她。」其實，這行程也非臨時決定的，社團本來就在前一天提議過，於是有熱心的同學和遊覽車公司接洽，倉促成隊，隊員彼此不認識也沒關係，車費共同負擔，不怕招不到人，「看流星雨」，百年難得的盛事，怎可錯過？在此時刻，校規算什麼，沒看到流星雨，等於青春留白，只有呆頭鵝才會選乖乖坐在教室裡，想想，以後子孫問你當年流星

雨時，還可以很驕傲地述說這夜的奇妙經驗。

車位很快就坐滿，沒經過多少宣傳及說明，只要掛出「流星雨」的字樣，只要口袋裡有幾百元，還怕上不了車？管他什麼父母老師婆婆媽媽的，只要你們讓他們知道一點蹊蹺，一定會追根究底地問，結果鐵定去不成！我們高中生有足夠的辦事能力，看！租車有問題嗎？選擇地點，也有天文社提供資訊及常識；再說，凌晨二、三點就可以上路回臺北，八點回到學校，毫無問題，頂多上課打個盹就是了，老師又能奈我何？愈想愈欣賞自己的能幹和通氣了……！

路況不太順，半夜竟也堵車，原來和我們同樣的目的的人不少。沒關係，解決問題是我們年輕人的特長，來個隨機應變，改到臺中的日月潭也可以。當然，我們還是有良心，別讓臺北的人擔心太久！

流星雨來得不夠「熱烈」，媒體報導也許是渲染得太過了，這和我們所期待的，有相當的距離；但還是不後悔，因我們終於看到了，算是不虛此行。也該踏上回程了，車上可以補眠，至少可睡幾個小時吧！……奇怪，車子怎麼開開停停？天啊！又是大堵車！這下子不能準時回校了，車上有人著急，有人還呼呼大睡，有人在談論著「不必理會學校」的話題。

到校門口，已是第三節快上課了，有衝向教室的；有繼續要往西門町逛的；有要趕「學者影城」看早場電影的。小范還算知趣，知道那位神經質的老師會查，還是先向她露個臉，交代一下。原來導師已和父母聯絡許多通電話了，真是窮緊張。

「不做，會後悔，我終於是流星雨的見證人了。」小范為自己生命刻下難忘而甜美的一頁。

一、「兩難處境中」的教育抉擇

「春、夏、秋、冬」與「流」普遍帶給老師一個陷入「兩難」的難題。「兩難分析」（dilemma analysis）是一個協助教師不斷面對需要

專業判斷與決策的方法。（*Winter, 1982; Altrichter, 1997*；夏林清譯，*1998*）我在四次工作坊中與參與教師討論他們認為自己的兩難困局。以「流星雨」為例，下面是兩個典型的思考：

導師甲

一方面我們教導學生勇於追求自己所愛，為自己認為值得的事有所犧牲、取捨；另一方面我們又為他們處事不夠圓融、先斬後奏的態度和行為覺得遺憾。一方面我們同意「人不痴狂枉少年」；另一方面我們又為他們不顧一切，做了再說的念頭擔心。一方面我們肯定孩子辦事的能力、效率，及為追求自己所願所愛而甘冒校規的勇氣；另一方面又為其他一些遵從校規，聽從師長之言的孩子抱不平。（PS：如果違規的人不被處罰，守規的人豈不成了呆子，那麼還有誰願意守規？）

導師乙

學生無法看清「懲處」本身的目的何在，而有投機的心態。對於參與活動的學生而言，每一個人面對這則事件的態度都不同，身為導師的我，除了懲處之外，想花更多的時間、心力，帶領他們思考人與人之間的互相關係，希望他們學會尊重、體諒。

對於未參加的同學，也希望能替他們尋得一個平衡點，而不是讓他們覺得自己吃虧，或是認為師長處置不當。誠實的對他們訴說校方的立場、導師的處境，與參加、未參加學生各自的心態與考量，詢問他們的意見，自發性地尋求解決之道。不忘對學生的組織能力、辦活動的能力給予肯定，引導他有更周全的思考。

導師甲的兩難最後落在「懲處公平與否」的疑問上。看來甲的教育理念，支持她理解學生，但對遵從與不遵從校規而衍生的「公平性」不易形成分析判準抉擇。導師乙則並無做抉擇的兩難，因為她已清楚選擇懲處的立場，且認定了學生是在「投機」心態下而未看清懲

處目的。在這個對學生判定的前提下，導師乙便分別針對參加和未參加的學生設計了教導策略。

在現行校園環境中，導師乙的論斷與推理是較有效的管理策略，但對學生「投機」的論斷則侷限了與學生對少年痴狂熱情的欣賞與對話空間。面對學生自由強勁又有力的慾望能量，教師要先能允許自己有想像與反思的空間，不同的實踐策略才可能出現。

包括甲、乙在內的多數教師，在探討另一篇故事「春夏秋冬」時，他們的推理亦反映了下列這一個共同的思考歷程：

集中在問題怎麼解決？

老師的焦慮和責任。秩序、自由、規範要到什麼程度？

因為這種焦慮和責任的壓力，結果轉成是「壓制的教導策略」，老師常常怕我若鬆了一個口，學生就變壞了，主動地為學生擔心；如果學生叛逆，就應該被磨平……。

當這樣的推理歷程被指出來後，教師們開始進入「叛逆磨平」與「負責任與不負責任教師」的思辯與討論。在臺灣當前教改局勢中，教師非常迫切需要這種公開討論、自由表達但不受評價的空間，否則對任何創新的實踐策略的期待無異是緣木求魚。

下面的一小段對話，可以看到一位老師在這種思辯討論的學習空間中，提出自己受困於學生評價的問題，也接受了來自他人的挑戰：

A：我想要問夏老師（研究者）一個問題。就是說，像剛剛那個老師說，像她先生，他就選抵制（老師的考試）自己唸自己的書這樣子，而後長得有個性又自主，可是很多我們的學生的話，他可能就覺得說反正逆來順受，老師這樣……然後他們都會，爸媽也會跟他們講說，老師這樣是為了你好。因為我帶高一的時候，第一篇作文是讓他們回憶國中三年的事情，然後我發現，他們寫他們最懷念的老師，都是對他們最嚴格、最兇，然後管最多的老師；然後他們在當下的時候，那時候都覺得痛苦不堪，可是到最後，很多人都是這樣寫，就

是說，他覺得如果沒有老師，他們今天就不會在這裡，如果老師沒有這樣逼他，他今天就不會在這個學校裡面；然後所以說，他非常感謝那位老師。可是問題是，我並不是說這種老師不值得感謝，而是說，他可能觀念裡面，他不是逆來順受而已，而且他是肯定；而且大概有 80%。

以上的人是這樣，當然也有少數例外。然後，一直到他們高二、高三以後，實際上高中老師很少這樣子、像國中在後面這樣，還留晚自修，還幫他們訂便當，幹嘛幹嘛的……所以說，譬如說現在我們高三，他們剛開始，或許現在他們也習慣了，剛開始他們會覺得說，老師為什麼沒有陪我們，所以他會覺得，「高中老師沒有國中老師這麼關心他們」，然後他會覺得說，「高中老師對他的愛比國中老師少，國中老師都會在後面一直盯著一直盯著，高中老師不會……。」總之，他會覺得，他們會做一個比較，很多學生反而覺得說，像這樣的老師反而才是一個好老師；可是如果像說，你是比較自由開放的，讓他們去選，也為自己的行為負責的，學習這樣子，反而是比較不負責任的老師。那我就覺得說，為什麼會有這樣子的一個觀念？

夏：你其實是指出一個你所面對的矛盾……你其實看清了我們學校教育下，老師及考試制度壓迫了許多學生變成逆來順受的學習者，去自主自發的能力，所以若是你的理念，你是支持一個有法子教導學生自主負責、自發學習的老師，在道理上你認為這才是好老師，可是，卻在學生的陳述裡聽到他們所感謝的老師反而是就會為升學逼學生的老師。所以你對自己到底該肯定哪一種好老師的認定開始矛盾起來。你提出對學生會認定逼他的老師是好老師感到困惑，這是一個重要的問題，其實，你的學生和你一樣都受限於考試主導了教學的學習經驗，所以當他們在學校中面對生存發展唯有「分數」時，當然他對「好」、「壞」的評定標準就被侷限在「有功能使他得分」上了。所以，你和你所不瞭解的學生都受限於被考試主導了的學習環境。

年輕的研究助理丁：我要講那個，就是剛剛，我要回應那個老師那個
　　「矛盾」的東西。因為我，我一直都是成績很好的那種學生，可是
　　剛剛在聽老師講的時候，我會覺得好像老師都是只有看到成績好的
　　學生。就是說，學生他們可能在國中的時候很痛苦，在面對那個升
　　學考試壓力的時候，還有包括老師逼迫的時候，他們當然很痛苦，
　　很痛恨老師；可是我覺得，到上了高中之後，能夠回去感謝老師的
　　通常是自己在這場升學的戰爭裡面是獲勝的……可是其實，有很多
　　人是沒有辦法，對，他們是根本考不上高中，甚至連高職都考不上
　　的。那我覺得說，我是針對國中老師來講，在這個時候，國中老師完
　　全沒有辦法考慮到這些學生，就是在成績上比較落後的那個部分。那
　　雖然我自己不是這樣的學生，可是我會覺得，我自己一聽到，我就會
　　想到，那「那些人怎麼辦？」他們的痛苦，可能是一生都沒有辦法說
　　我可以去感謝老師了，因為老師的教導沒有讓我的成績好起來。

　　透過這樣的對話，提問老師得面對自己要選擇以哪一種教導策略
來實踐自己教育者的面貌。而這個抉擇本身就已設定了是接受還是對
抗了考試文化對教師專業自主的規約。

二、兩難處境中的理解空間

　　「流星雨」故事中的老師，面對學生一呼百應的集體出遊，一方
面驚訝學生有效的組織與辦事能力，一方面對這麼多學生共襄盛舉的
集體犯規該如何處置，十分頭痛。事件發生後，面對懲戒問題，老師
們（高一、高二）也開會討論良久。報導此一故事的老師為事件主角
的導師，因著這個事件，導師口中對「小女生」的瞭解進入了較立體
的陳述：

　　丁老師：對因為她家裡是列管的甲級貧戶，反正她家裡的父母關係非常
　　　　　　非常奇怪，爸爸重殘，躺在床上；媽媽不管她，然後家裡是跟爺爺

奶奶在一起。她每個月的生活費是由社會局補助的。我本來認為這個小孩非常地上進，結果沒想到後來事情被問出來……她知道這個事情後，她自己去找旅行社、遊覽車，全部都辦好了，讓那些其他的同學，連父母親來了都說：「哇，妳們學校辦得這麼好。」跟去的家長都認為是學校辦的，還有家長跟去，等到第二天回不來的時候，他才發覺，「啊！這不是妳們學校辦的，原來是學生私底下辦的。」那我們所有的導師都不贊成她……。

夏：高幾的學生？

丁老師：高二。

丁老師：然後我們所有的老師所站的立場是，如果你私底下來找我們，也許我們可以採取個案的方式；但是教官有跟我們講說，好像在前一天有特別交待，就是在放學之後廣播：「不可以去，不可以集體行動。」但還是有兩部車子一起去。……那回來的時候，我們所有的老師跟行政人員、校長跟訓導主任都有開會；校長跟訓導主任都站在學生的立場說：「啊，這33年才一次，也許這次看了，下次也看不到了。」那我們是跟他講說，這跟剛剛老師說的一樣，今天是流星，也許明天就是趙薇，後天就是朱鎔基到我們臺灣來，那全部都去看了的話，那我們都不用管了。

就是講到最後，校長還是希望我們讓一步，那我們就想說，好吧，讓學生記曠課，但是讓他們允許請假。結果學生並沒有體會我們這種心情，學生拿請假單來跟我們都是講說：「怎麼樣啊，老師，我跟你說過，沒事嘛，現在學校照樣給請……。」我們老師心裡就會很不舒服。我們不是不讓你去，我們是怕萬一，加上學生沒有考慮到說，他們早上8點後能不能趕回來上課，他們也沒想到晚上會塞車……跟後面（寫的）其實一樣有些人就匆匆忙忙衝進來上課，對於這些同學，我們就認為你有這分心的話，也許我們也就睜一隻眼閉一隻眼；可是有的你如果說跑回家補眠，或者是跑去看電影，或者是跑到西門町去逛，這樣子我就會覺得，對其他那些想去，但是

我說過不准去，那他就想說：「好！那我放棄一次機會，看等 33 年後，我再去看好了。」就等於說，對他就沒有辦法交代，以致真的有類似的情形再發生，我就不能再處罰他們了。他們會說：「為什麼他可以，我就不行？只不過我們人數比較少，他們人數比較多⋯⋯。」

丁老師的陳述反映了一位導師在理解流星雨事件主角學生 X 時的二個重要構成部分。一個部分和前面二位老師提及的管理角色的難題一樣，丁老師亦卡入「若不處罰則對其他學生不公」的管理兩難之中，另一個構成部分則反映了教師在理解 X 時的另一種限制。

在上述第一段的陳述中，兩組現象資訊與導師丁的二個隱含的推理判斷：

推論一：甲級貧乏的家庭背景⋯⋯我本來認為這個小孩非常上進，結果沒想到⋯⋯。

推論二：X 自己找了旅行社，學生私自⋯⋯。那我們所有的導師都不贊成她⋯⋯。

推論二的判斷亦是「管理兩難」的一個後果，而整段陳述中導師丁對學生 X 這次驚人之舉的瞭解空間似乎只剩下對學生家庭背景的資料，然而這些資訊卻並未帶來更深入的瞭解，反倒狹隘地落入了以犯規行為貶抑學生（本來認為很上進，沒想到⋯⋯）的評價。

面對學生如流星雨般眩目迅捷的集體行動能力，老師們在兩難處境中的推論判斷顯得極度缺乏一種跟隨青少年慾望能量流動的想像空間，當教師們沒有一種想像空間任思想翱翔時，行為因應模式的防衛抗拒面貌就幾乎是一個逃不了的命運了。

三、爆：帶著悲傷前進！

這些年，我不斷地在教師研習的各個場合中面對前述管理兩難處境中想像空間受束縛與理解能力受限制的困頓教師。當學生集體行動

在壓力鍋式的學校生活中不幸引爆成重大違規與衝突事件後，教師幾乎是只能困獸猶鬥。學生之間集體「凌虐」事件也是近一、二年來的重要現象。

國中教師Ｗ報導了一件她「帶著悲傷前進」的班級內凌虐學員的故事。

發生這個案例是始料未及，從來也沒想到這樣的個案會發生在我學生身上，在電視新聞上看畢竟仍是有著距離感。我得去處理與瞭解的過程中，反而使我更接近這些學生與事件問題，我認為這是一個意外的學習，不只是學習，也有著對自己身為教師的限制的新瞭解，與發現到更多的問題：更多「想瞭解的」與「目前無解」的問題，面對無力與被限制住，實是不知如何是好的交織著痛苦、憂慮，與緊張，我一直以為，我有天塌下來都擋得住的魄力，但事實上是有著許多的不知如何前進，以及常常緊張，到底漏做了什麼沒有的憂慮，來看到無力解決的問題，現在仍舊是帶著傷痛去尋找答案。甚或在整理這份資料時，因著學校評鑑與手上工作的忙碌緊張，遇到學生與其他老師的擠壓，我第一次在學校大哭一場，面對自己做一個老師的各種感受，覺察到自己心中老師永遠要ＯＫ的神話迷思，而能重新開始，這一切都歸功於面對得要處理這事件而生。

故事十三：女生集體凌虐

（故事十三中的敘說者「我」均為Ｗ導師）

一、凌虐事件涉及學生

被害人：國三弱如

加害人：國三小盈、國三胖美、國二珠仔、國二小Ｙ、外校國三生、娟仔（與珠仔為小學同學）

旁觀者：同學大嘴秋（雙方共同朋友）、小琳、小雨、隔壁班小傳

（小盈的好友）

二、意外事件流程

　　小盈與弱知、大嘴秋在美容美髮班上是同一組的，弱如覺得小盈要搶大嘴秋這朋友，完全攔阻弱如與大嘴秋往來。弱如曾經要求過我處理這件事，但是我認為這事關乎個人交友，不便介入，教她如何與大嘴秋談就讓她自己去處理，結果後來就發生電扇事件。

　　弱如因為吹電風扇冷，罵說是誰開電風扇，大嘴秋告訴她是小琳開的，被大嘴秋傳給小琳聽，弱如就罵她及瞪她，黃心中不滿，小盈要替小琳出氣，小盈本來就看弱如不順眼。另一方面，弱如蹺家不想唸書，在溜冰場認識娟仔，在娟仔家住了一夜，後來到胖美家去躲，胖美父母在南部菜市場賣衣服，胖美也陪弱如蹺家去玩，後來回到胖美家時接到小盈call機，弱如被叫去小盈家樓頂被打耳光，之後兩人仍然沒有回家。

　　胖美、弱如家長急著找她們，我與她們取得聯絡，她們到大嘴秋家後，請大嘴秋家長協助帶二人到我家，她們有許多恐懼，說要轉學不想念，又怕小盈與琳認為她們告狀，第二天會打她們；當時我不知道那恐懼感有那麼重，拒絕她們轉學之說，只是與她們串通說詞瞞過別人，讓學生們以為我不知這事件。那時我腳受傷，請公傷假在家中。弱如、胖美於週一到校時果真被小盈逼問，同時因胖美、弱如蹺家時，母親到校詢問胖美時，她謊稱不知弱如在何處，致使原先班上好友也生她氣。胖美在恐懼與不服輸的心情下，跑到校內最高樓尋短要跳樓，以免於面對別人的責怪及要認錯這兩件事；這是她慣用的方式，每次都死不認錯與不道歉，只是這次無法推到別人身上就走極端！當時弱如也要隨著一起跳下去，被同學發現，後來我被緊急通知到校與訓導處及代導師、家長共同處理。臭罵胖美一頓後，叫來小盈與小琳，兩造確認此事結束不再算帳了，以減輕弱如與胖美的恐懼感，並處分小琳與小盈小過乙次。那時弱如與胖美的父母均到校，但沒叫盈、琳的父母來。（這樣看來那時倒是失策！）

　　真正的後果是胖美引來的，小盈打弱如時，弱如「ㄑㄧㄤ」說她是靠娟仔的，為的是免於被打得很厲害，結果胖美去向娟仔追問，娟仔知道她說謊就生氣。娟仔叫珠仔與小Y去質問弱如是否有說這話，說如果弱如承認就算了，如果說謊就打她，結果弱如先沒說實話，後來才說。

　　週三在巨蛋冰宮，胖美明知她們要打弱如，仍負責帶弱如去冰宮溜冰。娟仔、胖美、小Y毆打弱如，質問為何ㄑㄧㄤ娟仔的名字，後來娟仔乾哥出現，就說不要打人，這件事就此結束，這件事就此不算帳了。

　　但是乾哥質問弱如為何事被打？弱如回答說因小盈看她不順眼就打她，乾哥說怎麼可以？叫小盈下次去冰宮談，又引出下一件事。胖美通知小盈與小琳這件事，小盈對弱如更生氣，因為小盈與小琳怕被娟仔或是娟仔的乾哥打，後來胖美居中聯絡使她們與娟仔說明，事情解決了，就不必去冰宮。

　　之後，一個週六上午，因三年級導師開綜合中學說明會，導師於週六上午十時至十二時不在教室，學生自習（週六早上四節都是導師的課）。珠仔與小Y找小盈，詢問是否她是看弱如不順眼才要打她？小盈說不是，小盈說想要打弱如，就找她們一起去打，又找小琳、小雨、大嘴秋、胖美一起去烹飪技藝教室樓頂。叫胖美去叫弱如，結果慘烈的打人狀況開始。

　　她們先是在樓頂打弱如，之後懷疑有人來，就衝到樓梯間，又打了一頓，有踹腳與踹後腰，餘旁觀者明知道在打人，也不阻止，只是離遠些，置若罔聞（問為什麼不叫人，旁觀者推說不知道在打，或是以為打完就算了）。後來回到教室中質問，同學沒發現，小盈挑釁的摸弱如下體，弱如自然去抵擋，小盈生氣揪打弱如，弱如閃躲的過程中兩人跌倒，小盈有撞到頭，就覺得弱如傷她很重，一群別班的人要替她討公道。但那時要放學了，於是小琳就要說要繼續處理。她們正在想要去哪裡？有人說到胖美家，因為有撞球間較好打人！也有人說是胖美自己說家人不在，用她家方便。小琳跟弱如說：「去把事情談清楚，沒有我同意，不會讓人家動你！」弱如相信了，也覺得如果跑走也不是辦法，被

抓回來會打得更慘，就也跟著走而沒逃跑，沒想到後來會這麼嚴重。

後來就是一整群人進了胖美的家，在胖美家中、大樓撞球間、撞球間廁所、大樓三棟不同的樓頂打，包括也找小娟來一起打，用了撞球棍，丟鞋子（厚跟麵包鞋），用衣架、掃把、水管、竹子等當場找到可用的都成為工具一起打，怕被人發現則不斷換地方打，一直打到四點半才放她走。而珠仔、小Y與小盈是打得最狠的，後來甚至還以弱如的身體為開玩笑的對象，還脫弱如的衣服想看弱如的身體。胖美說要帶弱如到大樓樓頂去打時，她說這時她有偷偷叫弱如走，但弱如不走，也沒法子走，她也沒辦法。

弱如母親曾於一點半左右來電問胖美是否看到弱如（那時弱如正在胖美家中被打），胖美說很久沒跟她在一起了，就趕緊掛電話。胖美事後說她是弱如朋友，因為是弱如說錯話了才會被打，而她會出手對付弱如，是因為這時是被叫去幫忙脫弱如衣服與打她，故不敢不做，但是小偉與大嘴秋都在場旁觀，她們也有叫大嘴秋去打，而大嘴秋沒有做，也沒被威脅，而小琳與小雨都在胖美家中不跟著去。小Y、娟仔、珠仔、胖美、小盈都動手了！

之後打人打累了休息，小琳與小雨因沒鑰匙出不去，等很久就 call 胖美機子，大嘴秋就去帶他們上樓頂看，小盈、珠仔、小Y繼續逼問弱如，說如果弱如敢跟老師講要怎樣？弱如說再被打一次，才放她走，然後各自回家，弱如在路上走時被母親發現帶回家，此時約下午四點半。

1. 導師 W 對學生的瞭解

這個班是因為三年級學校有自辦式技藝班，因而從各班組合想參加美容美髮與商業技能的兩組人合成一班，班上共三十九人，其中二十二人是商業技能班，十七個是美容美髮班，女生有三十二人，男生七人。這次參與的人除胖美外，均為美容美髮班成員；而小偉是也是隔壁班水電修護技藝班同學。

弱如：

　　弱如是班上表現較差的人：包括幾乎每天遲到，不做掃地工作，遲交作業，這三項是班上表現最差的。因為常常做不到，就常常被我罵；而她又會找藉口是教人難以接受的，明顯的只是託詞；而經過與家長接觸又發現她的一些缺失：在家中叫她掃地時罵她，她會回罵外婆，父親是在臺北開混凝土車的司機，會跟爸爸告狀說爸爸寄來的錢媽媽都不讓她花，在電話中要求父親寄錢讓她出去租房子住，對阿嬤大吼大叫……。

　　主要她就是懶惰愛玩，希望能夠很有錢，羨慕別人有較好的處境，自己卻一點也不努力。她是班上最高的女生，皮膚稍黑，卻一點也沒有精神，怕被別人注目而常駝背，學習能力甚差，是班上倒數五名內。在我眼中她簡直是太離譜了的懶惰與愛慕虛榮，而遲到的習慣不改，使我十分不滿而常盯著她罵。我就走入一種找到毛病就要求改正的對付方式希望能矯正她，常常在班上說她不是；我罵她，她也曾跟我抗議說：「我以前在 Ａ 國中也是這樣，人家同學就不會討厭我，這些同學就會！」認為是這個班的問題，她不需要改，她還是會受到歡迎的。但的確因為班上商業技能班同學是成績中上的這一群女生，成績或是表現是比普通班好一些；女生又多，更容易被比較出來是能力、表現、待人處事較不好的，很不被喜歡！另一面是她憧憬愛情，很容易喜歡異性，但沒什麼人追她，被同學說是花痴！其實從另一方面看，她真的是在各方面能力上都比別人差，又沒能力發現或是改過！

小盈：

　　小盈就不同，生性開朗與愛撒嬌，雖是中等身材，但臉孔可愛，身材已經發育了。在班上很快就與同學打成一片，而且是成群的；在班上常常表現可親近與爽朗的個性，敢表現自己，成績表現中上，一看就是很聰明的人。不只在班上，在各班都有很多朋友，她跟朋友在一起的印象，就像是眾星拱月，而且她是想要有許多的朋友，當朋友到她家陪

她，她還跟人家講電話講很久。一開始與小琳、小雨為好朋友，後來因為蹺課與西施仙成為好朋友。前者是課後可以陪她的，後者是在學校裡可以陪她的。

父母離異，但小盈從不表現出不愉快，是父親來處理她蹺課行為時說出來我才知道。父親幾乎白天不在，半夜才回來。但他說小盈之前很乖，放學不會亂跑，都在家中，要出去會先 call 機等爸爸回電同意才出去；但的確在三年級有蹺課行為，人已經有所改變，他會調整她，調不好就轉回去臺北。因為父親看起來很兇的樣子，與他描述的小盈的乖，使我相信她很不錯。常跟她講道理，希望能夠穩定她不想學習的心情。說目前想玩不想唸書，好像我也只能勸告，而沒有什麼其他的方法。

胖美：

胖美父母在菜市場賣衣服，從小因為懂事乖巧，就是家中負責照顧弟弟的小幫手，媽媽描述說，只要是他們出去工作，她總是非常令人放心的把工作做好。身材胖，又常會大嘴巴傳流言，為了交朋友而會當牆頭草，為討人喜歡而傳祕密，說人壞話；而因為父親管教嚴厲打罵，變成她極愛面子，犯錯了就不能面對認錯與道歉的性格，於是就常常會因為別人的玩笑或是不被重視而生氣，為維護面子而口不擇言或誇大，或是說出很過分或是恐嚇別人的話，但是同學相處久了，仍會原諒她，但是，也因為說話太快要自己面子而不替人設想，以致惹別人生氣，甚至被欺負，人緣較差。

在這樣的人際困難中，有漸漸磨自己的性格較好相處些。但是常因為她胖及她的壞性情，而致班上一直有男生對她不順眼以欺負她為樂！但是她也會喜歡和男生打鬧，只不過因為不隨和或是不被照顧，最後都是不歡而散，她自己也很挫折委屈！

到三年級時，因為父母親常在屏東工作，家裡沒大人，又交往男朋友，有了自信，反而想要去欺負人，享受自己有能力的那種感受。

珠仔：

　　珠仔母親是原住民，父母親已離異，不說話時十分文靜，看起來一臉乖巧，不常威脅同學，較多是翹課的問題，在班上人緣亦可。原本有休學過再重讀，應該是讀國三，而現在是國二學生，原本與娟仔是國小同學。

娟仔：

　　娟仔父母離異，與父親同住，因不斷惹麻煩，致使父親生氣，後因為自己蹺家，到想回去時，聽說父親在一次出去逛時，沒多久就不見了，目前不知道父親在哪兒。一人在百貨公司工作，取得生活費，閒暇時就去冰宮玩耍，租的房子地方也成為別的小孩的避難所。

小 Y：

　　小 Y 父親有精神疾病而無法外出工作，媽媽因此就跑了，一家人由阿公阿嬤照顧，跟叔叔嬸嬸同住，因為阿公也無法工作，阿嬤在一人無法挺得起經濟的狀況下，哥哥放棄學業讀夜校，但因為她一直出事，而致沒人敢管她，也不願罵她了，甚至希望她被抓去關好了！快要無力管教與無力承擔她的行為了。

2. 導師 W 的介入過程

在國中，一位導師對這類事件的處理包括許多方面：最重要的就是在與學校共同確定處理方針及各項處理程序，以及是否通報至教育局，導師提出對學生的處置建議與校方提出處置建議後決定，導師一直不斷做穿針引線，讓家長，學校，導師學生彼此間更清楚。大致上有幾部分：

對受害學生與家長的協助：

　　從開始問清事情緣由時，就要同時輔導受害人，與盡全力協助家長

採取保護自己孩子權益的行為，包括要如何驗傷與到警察局備案才是有用的，要協助學生身心受到良好的照顧，要通報學校處理的界線，要協助家長的同時又要顧到學校的立場。

另一方面是要去理解家長是否有能力盤算清楚自己的主張，我發現家長其實一直猶疑不決，我想的是他們不知道如何取捨，我們就只能儘量分析法律條文與權益給他們聽，因為學校的決議是建議他們循法律途徑處理，我感受到他們是殷實的好人，相較於其他家長得知時的動用各種資源處理，弱如家長的反應也是很弱的不知如何是好，所以開始詢問他們是否需要什麼協助，主動站上積極立場協助提供諮詢。

當時要不要先通知施暴者家長，還是等受害人報警再說，我當時會猶疑，這是受害者與施暴者都是自己學生的矛盾，常常覺得自己在處理時立場頻頻更換。

努力瞭解案情：

包括去緊急找出施暴學生，個別的問案瞭解狀況，因當時尚未決定是否移送法辦（受害家長猶疑不決），反而是老師去調查。因為怕施暴者就先潛逃了，就緊急深入到每個家中去找學生與家長詢問。

當時自身覺得十分緊張，一股莫名的緊張就是無法放鬆，不斷的想：「有沒有漏掉什麼？還有什麼沒處理好的？」一方面是經驗到這件事的壓力：**面對暴力事件的家長與學生，心中有恐懼！又不瞭解這是否是自己該做與能做的？**另一方面是經驗到要謹慎處理自己協助雙方的界限：兩方都是需要受教育與受協助的，不能對任一方表示歧視與不滿，因此我要積極的協助雙方的過程中，反而因為這樣的設定，讓自己失去了自由度，沒法子彈性行動，當遇到施暴者不認為是自己的錯時，無法立刻強而有力去指責她與指出錯誤，特別老師面對家長想儘量減輕孩子責任時，想指正他反而與想跟家長建立信任的企圖衝突而不知如何去做。

緊急通報系統與校內行政的處理與參與：

　　詢問學生瞭解案情內容，以及瞭解為何這學生這樣做，從這其中詢問傷害事件的發生原因與過程，與學校行政系統（校長、訓、輔單位）及涉案學生班導師共同談及校內處理方針，詢問緊急通報系統的處理，共同的說詞以免流傳對學生成二度傷害；通知警察處理時又變成學校的代表與警察局交涉處理方法；另一大部分是，召集臨時導師會議宣布事情經過，對學生說法、與輔導注意事項和處理經驗的分享。

家長間協調溝通：

　　在各個學生的處理與家長協商這一環最難，同時是自己的學生，怎麼做才是不傷及另一方呢？這個立場搖擺不定，同時就他們決定訴訟與否的權利，與處理調解的程序的介紹；另一方面犯錯的學生、家長共同談論處置的方向與學校的方針。就是要對犯錯的學生分析我認為對她未來發展最好的考量，讓家長接受轉學的決定並不容易。

班級學生的說明輔導：

　　到案情一決定之後，立刻面臨的是如何告訴學生，他們的同學做了什麼，事情要讓學生知道到什麼狀況，以及如何讓他們知道對錯，以及對這件事的詮釋，都必須要立刻告訴學生。

涉案學生的處理與輔導：

　　在雙方調解之後，確定學生處置狀況，接著就是要與他們再更仔細的談他們的狀況，確定是否能轉學，這些全部都是我工作！但這時發現當時覺得會悔過的只有二個，而又對她們為什麼對這麼小的事要做得如此狠，我十分的不解，愈發覺得不可思議，就覺得他們有一天想到自己犯這樣的錯時，會更痛苦，至少要讓學生能夠經過這一件事，度過這一階段，希望能協助學生這部分，但有實質條件與資源的困難。

　　確定的是施暴者轉學，旁觀者處分，但因距離學期結束約莫有兩週

罷了，立刻轉學也轉不了，特別是國三生。因此是讓國二生先轉走，結果是一個轉學，但是珠仔卻在未辦轉學狀況下又告失蹤，無從尋找；三年級部分，在寒假前先都由各家長看管照顧，冷靜下來，各自前來考完第三次段考，有成績後，開學再轉學。但這之間又出現小盈到校內遊盪，又要求父親要管束她，這些是要導師伴隨著細細瑣瑣的進行各種處理。

3. 處理結果對學生的影響

我（W導師）在一次研討會中報告此一事件處理過後，學生們的情況：

弱如部分：

開學前，弱如母親來訪，決定要讓弱如去念A國中，主要父親做決定，因為有親戚在該校服務有關係，在鄉下奶奶家因為沒有住處而無法轉學過去，也沒辦法與爸爸至臺北唸書；現由母親負責接送，發現實在無資源處理與協助，就依他們。

胖美部分：

接著胖美父聯繫我要到學校，不辦轉學，希望能夠留下，2 月 23日，學生與父母到訓導處，我與管理組長與他們談，父親急躁怪我們把她逼出去，認為胖美完全是被栽贓，所以應該留下就讀至畢業，想要校方同意讓胖美不轉學，因組長曾答應可能可以在家自行教育，又因調解時有一高職校長為調解委員，說這樣的學生沒有人要收，故而十分擔心；經過深談後，決定轉學，是被新學校刁了一下，但已經進入新學校順利就讀。國中畢業後，仍想要回臺中。

小盈部分：

　　班上的小菁與別班的志文詢問我可否讓小盈回來，我一半生氣她自己不來，反而找別人來向我施壓；一方面覺得去找她等於又讓她溜掉自己的責任，而且去找她就是要回答她的要求：可不可以回來念書？我實在不想面對這麼不負責任的爸爸跟小孩，就沒去理她，本來是想要提醒他們早一點辦轉學仍是可以順利拿到畢業證書的，至少不必重讀，問題是小盈父親不肯來，我也就放話回去：若想要回來讀，請父親來學校談，同時說明是學校不肯，不是我不肯。得知小盈仍舊白天睡覺、看小說、電視，到傍晚出門找同學玩。覺得無奈，卻也無他法可想。

　　由另一生處知志文 3 月 25 日開媽媽的汽車蹺家，3 月 28 日凌晨小盈與西施仙也跟著一起蹺家了（這時我才知西施仙做檳榔西施時是住在小盈家，之前跟我與母親說住在一個高職學姊家中）。大概一起玩到 4 月 2 日，然後西施仙與他們分手至檳榔攤住與繼續工作，我得知後十分生氣西施仙騙我，而且同學小菁與小琳、大嘴秋都知道，又把這三人叫出來說明為什麼一定要讓我知道這狀況。通知小盈父及西施仙母小孩蹺家，原來西施仙的媽媽至 3 月 30 日前完全不知她蹺家，而小盈父親從志文蹺家就知道，且西施仙住他家他也沒說出來，他一直在找，卻也沒有通知我們。請同學協助傳話叫她們回來，但同學多半都說不知。小盈父此時只用「想不到」來描述小盈趁他睡著時溜出去的做法，不提及自己晚出早歸不管小孩，也不安排她去學一技之長的不負責。

　　4 月 7 日晚接到西施仙爸爸電話，說小盈父與志文的父親均不告知詳情，十點多我去檳榔攤找就找到了，與她平靜的談，她想回去但怕被打與被追問，我與她交換條件，要她肯配合的話我可以給結業證書以及不通知父母，由她自行回去，西施仙於 4 月 11 日來上學。

　　4 月 11 日下午小盈父親也來查問，希望西施仙能配合找出小盈與志文二生，小盈父在那當時，仍舊說是校方不讓她讀，故不轉學，且奶奶照顧不來，他說：「與其她在家蹺家讓我丟臉就好了，不要讓我媽管她時蹺家，我媽如何向我交代？」不面對曾說要負責把她帶在身邊管教，

不然出問題就送臺北的話！我說這就是太閒的緣故，如果繼續唸書，情況應該不至於如此，但是小盈父始終說可以啊，是小盈不想唸書，想唸書找家教都讓她唸，同等學力也可以考，但要讀書就是回來本校讀，不然就不要說了。

我仍覺得小盈父親其實是逃避責任，為了自己的面子，不願意小盈去唸書，也不願意管她。我有一些自責，我應該可以做什麼來避免這個現象產生，與隔壁班導師又是小盈一、二年級導師的林老師討論過後，她告訴我：她認為其實我沒有做錯或是少做什麼，只不過是無力影響小盈與她父親，即使小盈回校唸書仍無助於她學習，她會無聊，而且會做出更多的事來。但又無他法協助小盈，仍舊無奈。

而小盈父說是我們不讓她讀時，當下真是有同意他的意見，雖說不是因我而起，但的確我不同意她回校是事實，是否因此而導致此次問題發生？我是說不出話來反駁，但也沒能夠把對小盈父的責備說出；現在想想，當初相信她是乖孩子之餘，仍舊是要追查是否有說謊與其他問題行為，才能較早發現問題所在。

4月19日得知二生均已回家，志文到過屏東，在高雄工作，小盈在某一處賣檳榔，小盈父未曾來電聯繫知會狀況，我也不知要跟她或是父親說什麼了！就此打住。

西施仙部分：

西施仙自回來後，每天早上第一節就到校，另外每天每節都十分疲倦的樣子。我弄不清楚怎麼回事，英文老師也跟我反應讓她睡會影響全班，而且班上讀書風氣變差了！因著這樣我又去問她究竟怎麼一回事，結果又再次遇到像小盈的問題：雖然想要協助她們，卻一點辦法也沒有。西施仙的媽因為中風後，不敢生氣，管不了她；父親外遇不在家住，但幾個姊姊都十分努力，唯獨出了這個怪胎，一直想玩，愛花錢，不愛被管，也不愛唸書，沒什麼大問題，就是一出去玩就不見人影，到現在，根本就不能夠一直待在家中，雖然才國三，卻敢當檳榔西施賺

錢，不亂搞男女關係，卻也沒法子學學校的東西，就是走不上一般人的常軌。她壞嗎？不壞，卻令人十分擔心。但也沒有人可以影響與改變她的想法。

4.導師 W 對事件與介入的反映

在與其他老師交流時，我（W）發現事件溝通都是以我對學生或是學生對我的方向，沒有學生與學生之間的軸線，於是我希望能夠在班級中讓學生討論此事。就安排了一個週六上午的聯課活動中來討論。這一個後續的探究行動，是在和其他老師分享的過程中被迫面對後推進的，我的反思報告是這麼記錄的：

其實自己在四月初與中華民國基層教師協會老師談論時，是蠻不願意再談這件事的，也一直不能夠再整理這個經驗。談起來就覺得讓自己難過不舒服，卻說不出是為什麼。覺得人性的可怕吧！我本來很害怕與學生談，不知道學生會怎麼看我，一直也擔心學生受到小盈的好人緣影響，為她一直求情，故而此事發生後再沒談過。

在無預告的狀況下，我告訴學生要討論弱如事件，我希望能夠知道同學之間對此事的看法，大家互相交換意見，過去都是聽老師說，我想聽同學的看法，把這事件當作一個學習的素材。大家說都忘光了，我就如前面討論中學的對大家說：先從回憶事件發生過程開始吧！

從事情是怎麼會發生的談起：就請參與事件中的一份子說，原來是因為一個電風扇的事情，說弱如因為開電風扇之事罵了小琳，她不爽，小盈要出頭討回來，就在弱如蹺家的週六，叫弱如如至小盈家樓上打了三耳光，這過程幾個相關的人都說不太記得了！（我還以為她們會記憶深刻，難以忘懷）問大家對此事的看法：

(1)有人說太無聊了，就為了一點小事就鬧得那麼大！

(2)小琳也說：好像沒那麼嚴重！劉說：不值得，沒必要弄得那麼

大！

(3)敏說：不要太在意別人講的話！益說：這是不可能的，人家說的話聽了還是會生氣，愈想不在意，就愈難不在意。我也回答：都不生氣，是假的，但是可以漸漸的不放在心上，不能夠說別人有生氣，就永遠做不到不在意。人本來就是漸漸達到這種境地的！（澄清討論的方式）

(4)問小琳如果有人看她不順眼就打她，她覺得如何，小琳說會很不高興。問她為什麼會打弱如，說那是弱如說錯話了！大家啊了一聲驚訝，好像覺得小琳說得很矛盾。

(5)益說：矛盾，胖美為了要交娟仔這邊的朋友而出賣弱如，結果這種出賣朋友的行為，被娟仔她們看到更不會把她當朋友，她愈想交娟仔這些朋友，愈出賣朋友，結果娟仔就會更不願意與她交朋友，結果就跟她的目標相矛盾。（好反思）

(6)雯說：交朋友要看清楚，要夠朋友才交，不然像弱如太相信人，反而是選錯了朋友。

到了第二節課，我繼續嘗試，學生在前十分鐘有精神，後來就無法繼續，另一方面是很多人覺得事情過了不想提，以及提了仍會有威脅的感受而不敢說出想法。我問學生對我的處理有意見嗎？學生沒說，有一人說很好，我就提出我的看法、思考與為難：包括兩邊都是我的學生要如何同時都協助呢？我站的立場是：人不應該被強勢力量的人欺負，老師應該是保障學生的安全，所以我決定以保護弱如及同學安全為優先立場，同時也協助胖美、小盈仍能夠有最好的學習處境的考慮，請胖美、小盈換環境，不要繼續因為這錯誤而不能學習。

而胖美與小盈的條件不同，胖美家裡願意去改變環境配合她的發展，而小盈家庭的條件沒像胖美那麼好，不願意轉學，我也不能夠勉強家人，但是我同時也知道我沒有別的辦法去協助，而弱如也還好，雖然我覺得自己沒有做錯，也沒有對不起小盈，但是我仍舊帶著恐懼感，有一天小盈回顧過去的不順，認為是因我而起時，可能會怪我、砍我，我

也必須承受他會對我不滿意……等我內心的思考歷程。

我雖然達到了提出我自己的想法面對學生，但是我同樣經驗到在班級中，無法使學生說出來與共同討論的困難，也沒法子瞭解他們的想法。

5. 導師 W 在教導實踐中的困境與難題

W 對自己的困境與難題做了清楚的討論：

其實在處理過程中，一直是對班級的學生採取強勢的詮釋，並沒有讓學生發表他們看法的機會，頂多是在聯絡簿上寫與我對話，同時我過去處理學生問題也多半是師對生單線進行的宣告，並沒有進入到同學間的一個班級團體去討論。我認為這就是做了處理，即使在聯絡簿上批改，也只是老師對他的意見，同學之間的討論也只是個別的單線進行，而我也因為從沒想過要這樣做就停止了。但是在與基層教師協會的老師討論時，發現可以就這一層面與學生討論，讓學生在班級中彼此學習，讓事件成為團體學習的素材，也讓這學習歷程是在班級團體中進行，還原在既存的人際關係中進行學習。

身為老師，在教育體制中的最接近學生的位置上，在這個案例中充分顯示出學校體制的缺失。以小盈、胖美、弱如這三人而言，因為在事件發生後，要保護弱如，以至於小盈、胖美要轉學，甚至希望她們轉到外縣市去。但是對十分需要輔導的這兩個人，卻一定要離開對她們較瞭解的人，以及丟下對這問題經驗的整理與學習的機會，要重新開始去適應新的環境與失去其他的支持系統，孤獨的與自己的經驗搏鬥與理解這究竟是什麼，甚或在原來環境的學校較有資源去為這個孩子調整各種可能的對待方式，但是為了方便管理與安全保護別的同學的狀況下，又沒有資源來協助她們能夠在不影響他人的狀況下被協助，她們就會是無助的。而可能她們都不至於到失去家庭的支持，但是當家庭也無法支持她

或是成為協助的力量時，西施仙與小盈，已經自己開始到社會上尋找自己的出路，學校對她們而言是更沒有意義的，是一個換取文憑的場所罷了！

這個時候國家能給這些青少年什麼樣的協助呢？特別是當他們開始由家庭流落到社會上時，政府並沒有任何資源在非正式教育體系中的青少年，我相信所謂專業輔導人員能夠作的是一個關懷的出口，但是學校體制為什麼不能提供給這些學生幫助呢？

只有在學校中的學生受到協助，所以目前的學校只能做到切斷他們原來的關係網絡，以使這個學生能夠較壓抑與切割掉違反常規的重大行為的一面，有沒有能夠不趕她到新的環境中，可以留在原校而能有所幫助，又能給予他們的問題行為漸漸調整的空間，而且是尋找出能夠影響他們的辦法？

就如同小盈，現在她完全不唸書，也不做什麼，又不能讓她回到原校，但是她父親不肯嘗試時，還有什麼可以協助呢？現在是眼睜睜的看著她閒逛、鬱悶，變得更不能適應學校環境，等到年紀一到進入夜校去唸，繼續混在人群中，可預期的變壞的遠景，如何是好？就算抓回來了，沒有一個設計讓需要得到滿足的學習課程，她待在學校無異於把她關在學校，減緩與外界複雜的社會相處的速度罷了！

為什麼這個社會不能夠給這樣的孩子，設計適合她去探究與解決身上問題的方法資源呢？一定要她坐在課堂上，安靜的聽你說話嗎？她所需的知識在課本上是沒有的，除了要求她依體制去唸書，或容忍她坐在在那兒搗蛋或違規，來滿足我們對就學率數字的狂樂，以為這樣就算是已經受教育了嗎？

學校體制中對於一致化的管束，以及不斷的權威化使各種機制中的壓力壓到學生身上，一點也不能鬆綁時，學校如何讓這些帶著個別問題的孩子覺得有空間呢？甚或是這些由頭到腳的藉著外在規範，來馴化她們對權威服從的管理：對學校老師而言，「不管」就是讓學校在一種沒有秩序的狀況下被家長批評而失去學生來源，「管了」就是在學生痛苦

地去學習挫折的國中生涯中增加更多的壓力，甚或是僅存的十分鐘下課之餘的嚴格管控常規，會使學生悶到受不了而引發各種師生衝突，或是與學生間的重大失控衝突，我們沒有辦法對付那些已經大尾到犯法、偷竊、暴力，都有案底的學生，就以這些外在的管制來維持一道界線，相對的使其他守法的學生，陷入一種十分的沈悶與壓抑，但這似乎又是學校體制中不可少的那一塊，馴化一致化 v.s.個別化，要如何鬆綁才能轉化這種結構問題呢？

當學生留在原校時，對於她們所面對家庭與未來的挫折與憂慮時，沒有一個班級同儕團體的支持系統協助她們。在競爭與管制系統之下，每個人都是被要求一致與服從的訓練，團體的成員就很少有機會長出原先團體的力量來協助其中的成員。學生似乎是不能夠相互協助解決問題，反而是可以藉著相依偎，有親近與分擔的快樂。而當他們快樂、親密，而致干擾了升學的功能時，這個關係協助的功能又被切割掉，如父母師長的叮嚀：少打電話；少出去玩；多把握時間唸書……。於是一個成員是獨個兒的帶著自己身上的困擾，來到學校，在班級中沈默寂靜的放射出來她的情緒與痛苦，當權威的管理與升學的壓力，人際的挫折擠成一團時，爆發出來，老師只能成為一個收拾善後者，去瞭解各種已成型的糾結問題。

暫時性的結語

我認為還有許多的問題可以探究，但限於這個事件正在發生中，還可再更多的深究與尋找一個新的出路，一樣是帶著無力的悲傷與許多的問題在身上一邊前進，但是如果我沒有給自己機會去面對這些棘手的問題，有可能我將永遠難以瞭解學生，以及失去使自己更多專業成長與學習的機會，這是一個未完的故事，但要清楚的是我要更去面對與探究，才能真正長出面對與協助學生問題的能力。

6.後記：被學生集體行動教育的教師

　　隨著時間的前進，我（W導師／王慧婉）與學生在各自的生活圈中奮鬥，每次要回頭看後面這個案例所記載的這一段過去，都還是會有掙扎與不願意，覺得痛苦與莫名的牽動仍在，其實心中已然釋懷不少。我並不瞭解為什麼那時會抱著比我高一個頭的弱如哭泣。感到憐惜與想要安慰她，那是我第一次以作為一個「女」老師對「女」學生處境的支持與感同身受（之前我很少在與學生相處時覺得「我是女老師」，僅是「我是老師」），但那時我渾然不知的行動，直至三年後，才知道自己這樣的心情與對自己的意義：這是我一直不曾學會的有女性自覺的「與女學生相處」。

　　所以我在想：培養出沈穩思考與面對如何處理問題的擔當是重要的能力之餘，老師能夠留給自己一個空間，給自己當下心中的憤怒、困惑、痛苦與情感放一個位置，同時也帶著這些矛盾繼續願意去接近學生，嘗試透過學生眼中理解他們的生活世界，探究認識混沌的學生，也同時探究認識自己：即使像我這樣對於回顧與探究仍舊感到痛苦與掙扎，只要不放棄瞭解與認識，以及不強要自己一直是維持厲害與強壯的，就有機會經過一段補殘的豐富。

　　我一直覺得要作一個「好人或是全能的老師」是很重要的，但卻因為要追求「有能」而不面對自己的無能，不能夠面對無法處理學生，一心追求「制服」學生的方式，一直到經過了自己的痛苦，以及將這些經由不斷思索與探究困惑而得到的理解，再次以行動放回與現在的教學中，才比較有能力用比較真實的方式與學生相處，也漸漸才有空間瞭解自己對學生的情感，真實的師生關係也就此開始發展。

第五節 進入另一種想像空間

一、集體慾望的想像空間

前面所採集的集體行動事件均是臺灣教育體制中青少年自主慾望的一種集體表現形式。

社會心理學家麥克思・培基（Max Pages）的集體慾望（the collective desires）及潛意識團體目標（the group aim）的概念像是探針，可以指引了教育工作者在面對學生集體行動衝擊時，猶能開展內在的想像空間。一個沒有想像力的老師，在這個世紀轉換文化交替的變局中，是難以同理瞭解年輕的一代的。學生各種集體行動蘊含著一個豐富的、想像的、多向度的社會場域或空間。

培基說任何團體現象均是發生在一個多向度場域中的。首先，沒有任一團體是孤立獨存的，團體內在的生命均承載反映了團體存在之社會現實的內部矛盾及可變性。

團體從來是一個人們經驗內外交相滲透流動的開放系統，教育體制與學校管理制度不過只是企圖定性詮釋經驗與規約能量流轉的社會設計。

不論一種社會設計是多麼精密有效地規約管控著成員對自己情感與思想的理解，每個人生活存有的本身即是一統攝了政治、經濟、心理、生物及文化多面相的經驗性存在單元。培基認為人們經驗的這些面相在社會制度性機制的運作下形成了某種特定的社會情感結構（a social affective structures）。（*Pages, 1980*；夏林清，*1994*）由「學藝競賽」、「拔河比賽」到「鞭炮事件」，不都讓我們看到某種熟悉的緊張、對立與結盟的關係方式與依存於關係中的特定情感。

一個社會為了運作一定設計與實施著特定的政經、教育及文化制度，人在其中活著就發展了與這些制度相對應結合的社會情感的結構

（每個人的「感覺」亦都具社會情感的本質）；而這種結合是在維持一社會某一特定的發揮主導作用的社會組織模式與生活框架（即所謂的主流意識型態）的同時，無可避免地，同時滋養了社會成員被壓制與被控的集體經驗，這些集體經驗從而生產了集體慾望（the collective desires）。培基非常看重這種人類共享的集體慾望，因為人類共享的這一種集體慾望才使得人類關係存在一種全球性再組織的可能性。如果我們對前面故事中，學生對老師與學校的對抗現象願意進行一想像理解時，培基對團體中易出現的「成員對領導者對抗現象」的詮釋就不難接受了。培基認為團體成員對訓練員或領導員的抗議是生命的慾求對抗生命窒息感的一種鬥爭，它反映了人類企求生命影響力及行動的慾望。而團體中的這種經驗，多半是一種摻雜著歡樂的焦慮經驗。所以培基說每個團體都存在一潛意識的自主目標（the unconscious autonomous aims）。（*Pages, 1980*；夏林清，*1994*）

對教育工作者而言，培基的團體潛意識自主目標還有一個重要的對人性採正向積極假設的立足點。「潛意識自主目標」指團體成員「想要」對自己生命的所有面相（不論是愉快或痛苦）負起責任來的慾望，而當個人表達他自主慾望時（時而是以集體行動的方式出現），便無可避免地會引發與他人關係中的矛盾衝突。（夏林清，*1994*）

三十多年前全世界串連的年輕人的集體行動（在法國即是 1968 年的法國革命），1999 年的臺灣老師是否可以藉此釋放自己的想像空間，接近來自年輕生命自主對抗的能量？

二、無能想像即無同理的可能

這句話是這一章最後要做一個暫時性結束時，想和老師們說的話。1985 年以前的我，沒有機會貼近臺灣教師教學生活的真實處境。

由 1985 年迄今，則在各種研習場合出入，對中、小教師耗損疲困的身體與被僵住的思想感觸沈重，也許下世紀初該再來一次襲捲世界

的集體運動，才足以帶動我們在與他人自主慾望相結合的過程中長出新的教育實踐的能力！

參考文獻

中文部分

1. 夏林清、麥麗蓉譯，原著者：J.B.P. Shaffer & David Galinsky, 1988，《團體治療與敏感度訓練：歷史、概念與方法》，張老師出版社。

2. 夏林清，1988，〈大團體動力初探〉，收錄於傅占闔、梅瑤芳所編之《輔導工作理論與實務》，臺北市公務人員訓練中心。

3. 夏林清，1989，《對班級團體動力的一個初步考察：概念方法與發現》，臺北市立陽明山教師研習中心。

4. 徐正光，1989，〈從異化到自主：臺灣勞工運動的基本性格和趨勢〉，收錄於徐正光、宋文里合編《臺灣新興社會運動》，臺北：巨流。

5. 王振寰，1989，〈臺灣的政治轉型與反對運動〉，《臺灣社會研究季刊》，第二卷第一期。

6. 夏林清，1989，《對班級團體動力的一個初步考察——概念、方法與發現》，臺北市教師研習中心。

7. 夏林清、鄭村棋，1989，《行動科學—實踐中的探究》，張老師出版社。

8. 夏林清，1989，〈身體動作舞蹈在心理等上的應用〉，舞蹈成長雜誌創刊號，舞蹈成長雜誌社。

9. 李宗芹，1989，〈教師的身體呈現了什麼特質〉，舞蹈成長雜誌第二期，舞蹈成長雜誌社。

10. 夏林清，1990，《大團體動力研究：社會關係模式之形成、維持與改變》，國科會研究。

11. 夏林清，1990，〈社會變動與成人學習：兩個不同理論之比較興討論〉，輔仁大學文學院，第 19 期。

12. 夏林清，1990，〈結構性衝突與個人學習：一個自主工會抗爭歷程之案例研究〉，臺灣社會研究季刊（付印中）。

13. 張聖琳，1990，〈空間分析與勞工運動：新埔地區的個案研究〉，臺灣大學

土木工程研究所碩士論文。

14. 夏林清，1990，《團體治療與敏感度訓練》，張老師出版社。

15. 孫尚清，1990，《生產力經濟學辭典》，山西經濟出版社。

16. 夏林清、鄭村棋，1992，〈站在罷工第一線──由行動主體的角度看 1989 年遠化五月罷工抗爭的發生及影響〉，臺灣社會研究季刊，第 13 期。

17. 夏林清，1992, Learning in Conflict: Emergence and Substenance of Union Leadership in Thesis, The Graduate School of Harvard University，未發表之博士論文。

18. 趙剛，1992，〈從遠化工會的個案看 1987 年的臺灣工會、國家與工運〉，臺灣民主化過程中的國家與社會研討會論文。

19. 鄭村棋、舒詩偉等譯，1992，何雪影原著《臺灣自主工會運動史：1986～1989》，臺北：唐山書局。

20. 王振寰、方孝鼎，1992，〈國家機器、勞工政策與勞工運動〉，臺灣社會研究季刊，第 13 期。

21. 郭玫暖，1992，〈潛能開發不是速成班〉，生命潛能月刊第六期，生命潛能文化事業有限公司。

22. 夏林清，1993，《由實務取向到社會實踐：有關臺灣勞工生活的調查報告》，張老師出版社。

23. 夏林清，1993，《社會衝突與成人學習──勞資衝突中勞工意識的發生及轉化：概念建構與實例解說》，國科會 NVC81-0301-H-030-512。

24. 夏林清，1993，《臺北縣關廠問題調查研究報告》，臺北縣勞工局勞工教育中心。

25. 《新光戰火錄》（1994，付印中），臺灣勞工教育資訊發展中心編輯出版。

26. 王秋月，1993，《我的抗爭經驗》，臺灣工運。

27. 夏林清，1994，《大團體動力：理念，結構與現象之探討》，張老師出版社。

28. 夏林清、鄭村棋譯著，1996，《變──問題的形成與解決》，張老師出版社。

29. 夏林清譯著，1997，《行動研究方法導論》，遠流出版社。

30.王慧婉，1999，《青少年多元文化與校園集體行動研討會——帶著悲傷前進》，導航基金會。

英文部分

1. Bion, W.R., Experiences in Groups, New York: Basic Books, 1959.

2. Rice, A.K., Learning for Learning, London: Tavistock Publications, 1965.

3. Miller E.J. and Rice A.K., Systems of Organization, London: Tavistock Publications, 1967.

4. Tom Main, Some Psychodynamics of Large Groups, in The Large Group: Dynamics and therapy, edited by Lionel Kreeger, F.E. Peacock Publishers, Inc. 1975.

5. Pierre Turquent, Threats to Identity in the Large Group, in The Large Group: Dynamics and therapy, edited by Linoel Kreeger, F.E. Peacock Publishers, Inc. 1975.

6. Margaret J. Rioch, The Work of Wilfred Bion on Groups, in Group Relations Readers, edited by A.D. Colman & W.H. Bexton, GREX, 1975.

7. Arthur D. Colman, Group Consciousness as a Developmental Phase, in Gorup Relations Readers, edited by A.D. Colman & W.H. Bexton, GREX, 1975.

8. Menzies Isabel E.P., A Case-Study in the Functioning of Social Systems as a Defence Against Anxiety, in Group Relations Readers, edited by Colman A.D. & Bexton W.H. GREX, 1975.

9. Colman, A. D.（Ed.）, Group Relations Readers. A. K. Rice Institution 1975.

10. Grinberg L. & de Bianchedi, Introduction to the Work of Bion, Jason Aronson, Inc. 1977.

11. W. Gordon Lawrence, editor, Exploring Individual & Organizational Boundaries: A Tavistock Open Systems Approach, John Wiley & Sons Ltd, 1979.

12. Bernard Pasendorfer, Group Dynamics and Marxism, in Group Dynamics and Society: A Multinational Approach, edited by Trygve Johnstad, Oelgeschlagfer, Gunu & Hain, Publishers, Inc. 1980.

13. Max Pages, The Collective Unconscious and Social Change, in Group Dynamics and

Society: A Multinational Approach, edited by Trygve Johnstad, Oelgeschlagfer, Gunu & Hain, Publishers, Inc. 1980.

14. Mason, K. C.（Ed.）, Dance Therapy : Focus On Dance Vll. American Alliance for Health, 1980.

15. Page, M., Group Dynamic and Souiety : A Muetinational Approach. T. Johnsted（Ed.）. Oelgeschager, Gunn & Hain Publisher, Inc. 1980.

16. Reason, P. & Rowan, J., Human Inquiry : A Sourcebook of New Paradigm Research. John Wiley & Sons 1981.

17. Argyris, C. & Schon, D. A., Theory in Practice Increasing Professional Effectiveness. Jossey Bass Publisher, 1982.

18. Schon, D. A., Reflective Practice. Basic Books Inc. 1982.

19. Wilfred R. Bion, Elements of Psycho-Analysis, Jason Aronson Inc. 1983.

20. Herr☐ Rom and Lamb Rogen, editor, The Encyclopedic Dictionary of Psychology, The MIT Press, Cambridge, Mass, 1983.

21. Arthur D. Colman and Marvin H. Geller, editor, Group Relations Reader 2,A.K. Rice Institute, 1985.

22. Malcolm Pines, editor, Bion and Group Psychotherapy, Roufledge & Kegan Paul, 1985.

23. Pettigrew, A. M., Contexualist Rescarch : A Natural Way to Link Theory and Practice. In Edward E. Lawler Ⅲ（Ed.）, Doing Research That is Useful for Theory & Practice. Jossey-Bass Publisher, 1985.

24. Torbert, W., Human inquiry : A Sourcebook of New Paradigm Research. P. Reason & J. Rowan（Eds.）. John Wiley & Sons Ltd, 1985.

25. Argyris, C., Action Science. Jossey-Bass Publishers, 1985.

26. Brahler, E.（Ed.）, Body Experience: The Subjective Dimension of Psyche & Soma. Springer-Verlag Berlin Heidellierg, 1986.

國家圖書館出版品預行編目(CIP資料

大團體動力：理念、結構與現象／夏林清著.
-- 三版. -- 臺北市：五南圖書出版股份有
限公司，2023.08
　　面；　公分
ISBN 978-626-366-388-6（平裝）

1.CST: 團體諮商　2.CST: 團體輔導

178.4　　　　　　　　　　112012134

1BHO

大團體動力──
理念、結構與現象

作　　者 ─ 夏林清（436）

發 行 人 ─ 楊榮川

總 經 理 ─ 楊士清

總 編 輯 ─ 楊秀麗

副總編輯 ─ 王俐文

責任編輯 ─ 金明芬

封面設計 ─ 陳亭瑋

出 版 者 ─ 五南圖書出版股份有限公司

地　　址：106台北市大安區和平東路二段339號4樓

電　　話：(02)2705-5066　　傳　　真：(02)2706-6100

網　　址：https://www.wunan.com.tw

電子郵件：wunan@wunan.com.tw

劃撥帳號：01068953

戶　　名：五南圖書出版股份有限公司

法律顧問　林勝安律師

出版日期　2007年10月初版一刷
　　　　　2020年 8 月二版一刷
　　　　　2023年 8 月三版一刷

定　　價　新臺幣420元

經典永恆・名著常在

五十週年的獻禮 —— 經典名著文庫

五南，五十年了，半個世紀，人生旅程的一大半，走過來了。
思索著，邁向百年的未來歷程，能為知識界、文化學術界作些什麼？
在速食文化的生態下，有什麼值得讓人雋永品味的？

歷代經典・當今名著，經過時間的洗禮，千錘百鍊，流傳至今，光芒耀人；
不僅使我們能領悟前人的智慧，同時也增深加廣我們思考的深度與視野。
我們決心投入巨資，有計畫的系統梳選，成立「經典名著文庫」，
希望收入古今中外思想性的、充滿睿智與獨見的經典、名著。
這是一項理想性的、永續性的巨大出版工程。
不在意讀者的眾寡，只考慮它的學術價值，力求完整展現先哲思想的軌跡；
為知識界開啟一片智慧之窗，營造一座百花綻放的世界文明公園，
任君遨遊、取菁吸蜜、嘉惠學子！